阮　炜◎主编

论占卜 ^{第一卷}

【古罗马】马库斯·图留斯·西塞罗
（Marcus Tullius Cicero）◎著
戴连焜◎译

华东师范大学出版社

华东师范大学出版社六点分社　策划

总　　序

　　我国接触西方古典文明，始于明末清初。耶稣会士来华传教，为了吸引儒生士大夫入基督教，也向他们推销一些希腊罗马学问。但这种学问像"天学"一样，也并没有真正打动中国的读书人。他们中大多数人并不觉得"泰西之学"比中土之学高明。及至清末，中国读书人才开始认真看待"西学"，这当然包括有关希腊罗马的学问。及至新文化运动时期，中国人才如饥似渴地学习西方的一切，激情澎湃地引进一切西方思想。正是在这一过程中，我们对希腊罗马文明才有了初步的认识。

　　回头看去，在相当长一段时间里，我们对西方古典学的引进是热情有余，思考不足，而且主要集中在希腊神话和文学（以周作人为代表），后来虽扩展到哲学，再后来又扩大到希腊罗马历史，但对古代西方宗教、政治、社会、经济、艺术、体育、战争等方方面面的关注却滞后，对作为整体的古代西方文明的认知同样滞后。在抗日战争和解放战争期间，我们对希腊罗马文明的认知几乎完全陷于停滞。但从 50 年代起，商务印书馆按统一制订的选题计划，推出了"汉译世界学术名著丛书"，其中便有希罗多德的《历史》（王以铸译，1958 年、1978 年）和修昔底德的《伯罗奔尼撒战争史》（上下卷，谢德风译，1960 年、1977 年）。1990 年代以来，该丛书继续推出西方古典学名著。与此同时,中国人民大学出版社出版了《亚里士多德全集》(10卷本,苗力田主编,1990—1997年),人民出版社出版了《柏拉图全集》(4卷本,王晓朝译,2002—2003年)。至此,我们对古代西方的认识似乎进入了快车道。但很显然,这离形成中国视角的古典学仍十分遥远。

近年来,华夏出版社和华东师范大学出版社又推出了"西方传统:经典与解释",其中有不少首次进入汉语世界的希腊原典,如色诺芬《远征记》、《斯巴达政制》等。这套丛书很有规模,很有影响,但也有一特点:有意识地使用带注疏的源语文本,重点翻译有"解经学"特色的古典学著作。在特殊的国情下,这种翻译介绍工作自然有其价值,但是对于包括古希腊罗马(以及埃及、西亚、拜占廷)宗教、神话、哲学、历史、文学、艺术、教育等方面的研究在内的主流古典学来说,毕竟只是一小部分。一两百年来,古典学在西方已然演变为一个庞大的学科领域,西方的大学只要稍稍像样一点,便一定有一个古典学系,但是有"解经学"特色的古典学仅仅只是其一个分支。

因市场追捧,其他出版社也翻译出版了一些古典学著作,但总的说来,这种引进多停留在近乎通俗读物的层次,并不系统、深入,对西方各国近三四十年来较有影响的古典学成果的引介更是十分有限。与此同时,进入新世纪后,中华大地每天都发生着令人目眩的变化,而这种变化最终必将导致全球权力格局发生深刻变化。事实上,在国际经济和政治事务上,中国已经是一个大玩家。据一些机构预测,以购买力平价计算,中国经济总量在2020年以前便将超越美国,成为世界第一大经济体。这一不可逃避的态势必将到来,可是中国学术是否也会有相应的建树呢?必须承认,三十几年来中国经济建设日新月异,天翻地覆,但学术建设却未能取得相应的进步,而未来中国不仅应是头号经济强国,也应该是一个学术强国。因此,一如晚清和五四时代那样,融汇古今中外的学术成果,开启一种中国视角的西方古典学研究,一种中国视角的古代西方研究,仍是摆在人文学者面前的一个大课题。

要对古代西方作深入的研究,就有必要把西方古典学的最新成果介绍到中文世界来。可是学界目前所做的工作还远远不够。因学术积累有限,更因市场经济和学术体制官僚化条件下的人心浮躁,如今潜心做学问的人太少,这就是为什么我们对希腊罗马文明的认识仍缺乏深度和广度,久久停留在肤浅的介绍层次。虽然近年来我们对西方古典学表现出不小的兴趣,但仍然远未摆脱只知其一不知其二、浅尝辄止、不能深入的状态。甚至一些学术明星对希腊罗马了解也很不准确,会犯下一些不可原谅的常识性错误。

西方古典学界每年都有大量研究成果问世,而且有日益细化的趋势——如某时期某地区妇女的服饰;如西元前 4 世纪中叶以降的雇佣兵情况;再如练身馆、情公—情伴(lover-the loved)结对关系对教育的影响等。相比之下,我国学界对希腊罗马文明虽有不小的兴趣,但对文明细节的认知仍处在初级阶段。基于为纛考虑,拟推出"古典学译丛",系统引入西方古典学成果,尤其是近二三十年来较有影响的成果。本译丛将包括以下方面的内容:希腊文明的东方渊源、希腊罗马政治、经济、法律、宗教、哲学(十几年来我国对希腊罗马哲学的译介可谓不遗余力,成果丰硕,故宜选择专题性较强的新近研究成果和明显被忽略的古代著作)、习俗、体育、教育、雄辩术、城市、艺术、建筑、战争,以及妇女、儿童、医学和"蛮族"等。

只有系统地引入西方古典学成果,尤其是新近出版的有较大影响的成果,才有可能带着问题意识去消化这些成果。只有在带着问题意识去消化西方成果的过程中,才有可能开启一种真正中国视角的西方古代研究。

阮　炜

2013 年 6 月 29 日

1①

　　有个从神话时代②就开始流传至今的古老信仰,③它受到了罗马人和所有国家的普遍接受,从而得以牢牢确立,④这种信仰认为人类中总是存在某种⑤样式的占卜:希腊人称之为μαντική⑥,即对未来事情的预测和认知。⑦它真是一个极好、极有助益的事物⑧——如果这种能力真的存在——因为通过这种能力,人就可以非常接近诸神的力量。⑨而且,正如我们罗马人在很多事情上超越了希腊人那样,⑩我们在命名这项超凡能力上也超越了他们。"占卜"这个词源于 divi,意为"诸神"。⑪然而,据柏拉图的解释,这个词来源于 furor[狂热],意为"狂乱、狂热"。⑫

注释:

① 西塞罗在第 1—7 节提出占卜的话题,并指出了正确评估一个有关个人和公共生活的话题的重要性。此部分大致分为三部分:(1)第 1,2 节:占卜现象因历史久远和普遍存在而著称,人生每个阶段和所有国度都见证了该种现象;(2)第 3,4 节:它以不同的形式影响了生活的方方面面,例如在罗马,各种样式的占卜程序在决策过程中有着公认的作用:从罗慕路斯占卜而建罗马城,到每个老百姓日常活动和军事行动;脏卜技艺对于解读预兆和避邪都至关重要;人们会聆听预言书(Sibylline books)和预言者的预言;甚至是梦也能左右公共政策;(3)第 5—7 节:占卜也是前苏格拉底以降的哲学家们进行哲学探索的对象,并引起了诸多讨论。因此,西塞罗在讨论中会谨慎地评估不同的观点,以避免对占卜过分怀疑,从而否定和产生不敬,或对其过分狂热接受,从而盲目轻信。

　　本书有别于西塞罗其他对话集,并无受题献人。这也许暗示了,《论占卜》在付梓前并未进行最后的完善或修改。相比之下,《论神性》(*De Natura Deorum*)题献给布鲁图斯(M. Junius Brutus),并且大部分作品出版于凯撒独裁期间(《布鲁图斯》、《斯多葛的悖论》、《演说辞集》、《论至善和至恶》和《图斯库路姆论辩集》)。然而,此人在刺杀凯撒事件中所发挥的作用使其成为危险的受题献人;而在凯撒死后才出版的那些著作中,他选择了无害的阿提库斯(Atticus)和小马库斯(Marcus Junior)来题献。

　　前7个章节并没提示以下讨论将采取何种形式,不知是辩论,还是对话的形式;而当西塞罗在第8、9节中设置了场景时,读者才明白,他是对话的参与者。

　　鉴于"马库斯"实际上是主角,而不像在《论神性》(*De Natura Deorum*)中那样充当次要人物,对话的开场情形就成了一个争论点。这看上去是一次中立陈述,但有人认为,马库斯在这次陈述前,通过不同方法削弱占卜的论据。比如,Badali(1976:32)分析了作品开首语中 *quidam*[某一/某种]一词的用法,将其理解为"减弱"和"削弱"占卜的有效性和存在性。然而,有种看法更为人接受,即能预示未来的占卜并非是现象的普遍形式(universal manifestation of the phenomenon)。确实,在 Badali 认为西塞罗用了含糊表述或偏见术语的每个例子中,他的解读显得不那么自然,故而应坚持此序言的中立性。

② A. S. Pease 认为(*M. Tulli Ciceronis: De Natura Deorum*,Cambridge,Mass.,1955)此处是指《荷马史诗》和特洛伊系列悲剧中的占卜行为,但是昆图斯也引用了底比斯系列的例证(1.88)。S. Timpanaro 认为('Alcuni Fraintendimenti nel *De Divinatione*', in *Nuovi contribute di filologia e storia della lingua latina*, pp. 241—264)应该避免任何狭隘的限定。西塞罗在此表明,占卜可追溯至同时代人无法确证而应归为历史的时代。罗慕路斯并不应归到英雄的例子,因为西塞罗似乎认同罗慕路斯占卜确有其事。

③ 古老信仰:占卜信仰的古老历史和占卜实践的普遍性,是占卜辩护者的关键论点。西塞罗在此处的表述,只是出于宗教的疑问(cf. *Verr.* 2.4.106;*ND* 2.63)。*Opinio*[意见]在拉丁语中相当于 *doxa*,可理解为 aletheia[真理]或 episteme[知识],不过通常是存在谬误的语境下,例见 *Acad.* 1.41;cf. Sext. Emp. *Math.* 7.151—152;这也许表明,在开篇语中,西塞罗其实持有反对占卜的观点,亦可参见 Badali 1976:31—32。然而,*opinio* 表示缺乏证据的怀疑论点,但也可暂且接受,这和第二卷里学园派的结论相一致。

④ 这个重要论证方式,即"共识观念、普遍接受的说法、一致同意、公意"(*consensus omnium*),可以追溯至前苏格拉底时期,受到斯多葛派追求,也因此始终见于昆图斯的论辩(1.11—12,84,90—94)。西塞罗本人用它来合理化自己将预言包含在内的做法,而通过维莱乌斯(Velleius)和科塔(Cotta)之口来对其进行赞成或反对(*ND* 1.44,62,3.8)。它尤其用来支持在实际生活中不能验证的观点(关于宗教信仰和实践,例见 Xen. *Mem.* 1.4.15—16;Plut. *Mor.* 574e;Sext. Emp. *Math.* 9.132),通常和"普通观念"(common conceptions)相混淆,参见 Schian 1973:esp. 157—63,和 Obbink 1992:esp. 193—195,211—231。

⑤ 西塞罗在此暗指传统罗马人在非预言活动上对占卜的运用和希腊人对占卜的主要运用的区别。

⑥ 就像在 Leg. 2.33 和 ND 1.55 中那样,西塞罗用希腊语μαντική来注释罗马术语 div-inatio。在正式的拉丁语著作中,特别是西塞罗的哲学著作(例见 Tusc. 1.14,22)只出现过单独的希腊语单词;对于长段的文字,西塞罗会加上自己的翻译,参见 G. B. Townend,Hermes,88,1960,pp. 98—99。西塞罗的著作提供了抽象名词 divinatio 的现存最早记录(North 1990:57;例见 Clu. 97),相对于占卦的具体形式,这标志了罗马人在这一重要时期有能力去分析更广泛的现象(broader phenomenon)。

⑦ 西塞罗通过占卜的关键术语来给出占卜的最初定义,参见 1.105。他用"预测"(foresight,presentiment,praesensio)来表明占卜的本质,即占卜允许对未来之事的预先知晓;关于第二个术语"认知"(knowledge,scientia),这有两个看法:一,占卜提供给理性能力的,不仅仅是直觉,还有未来的信息;二,占卜并非任意为之,而是要通过技艺。Scientia 译自希腊语的 techne,在斯多葛派看来,是"通过实践而整合起来的系统理解,并朝向对生活有用的目的"(Sext. Emp. Math. 2.10;attributed to Ze-no,Olymp. In Gorg. 53—54;translated by Cicero in a lost work, Diomed. GL 2.421 K)。西塞罗在这次对话中,将此定义适用于最广泛的范畴(1.9,2.13):它在哲学辩论中不起任何作用。Repici(1995:182)认为,这不会是斯多葛式的定义,斯多葛派会强调占卜的观测、解释(参见 Sext. Emp. Math. 9.132:一种观察和解释的科学[episteme theoretike kai exegetike])和辨别性质(Stob. 2.114:diagnostike),而在这篇导言的语境中,此定义并无不利于斯多葛派。然而,它并非完全适于罗马国教的占卜实践,因为在后者中,预知充其量只是个次要作用,参见 North 1990:60—61。

⑧ 西塞罗的赞美之辞可能映射了柏拉图在《斐德罗篇》244c 中的语言("最高贵的技艺",tei kallistei technei),条件子句保留了作品的表面中立性,既不假定也不否定占卜的存在性;而知晓未来的有用性是对话中的关键问题。

⑨ 诸神看得见未来,而在自然占卜中,人的灵魂能接近诸神,参见 1.129。Iambl. Myst. 289:"只有联结我们和诸神的神性占卜,才能真正给我们交流神性的生命,因为它分享了先见之明和诸神思想,并使我们变得真正神性。"

⑩ 虽然这种爱国心态可能只是他整体态度的一个表现(Rep. 2.30;Tusc. 1.1;ND 1.8;亦可参见 Pease),这个观点在此还是有充分根据的,因为拉丁词源中包括了占卜现象的所有形式,相比之下,希腊定义在严格意义上只和自然占卜相关(Timpan-aro 语)。然而,西塞罗并未详加说明为何拉丁词源更加高级,参见 Tusc. 3.7,10—11。在非常早期的斯多葛讨论中,探溯词源是很重要的(1.93),但西塞罗在此所关心的并不主要是哲学层面上的。

⑪ 西塞罗用古语 divi,divus 来表示神(D. Wardle,in T. Rajak and G. Clark,eds.,Phi-losophy and Power,Oxford,2002,pp. 181—191),而不是当时的 deus。动词 divino 在 Plautus(Mil. 1257)和 Terence(Phorm. 492;Hec. 696)中出现过,并带有占卦之义,而新近创造的名词似乎可信。然而,在西塞罗之前并没找到 divinatio 更早的词源(cf. Maltby 1991:192—193)。

⑫ 出自柏拉图,《斐德罗篇》244b-c:"古代的造词者没有把狂乱看作是耻辱或羞耻。因

为他们把同一个词用在了识别未来这种最高贵的技艺上。"狂乱的占卜(*mantike*)或占卜者(*mantis*),和柏拉图将其归于古代人,这两者之间的联系在荷马著作中没找到相关证据去证实,在荷马作品中,占卜者在解释迹象时并没表现出疯狂。柏拉图自己可能是从"*mania*[狂热]"中创出"*mantis*"的词源,以支持他偏向认为占卜时的狂喜模式,而这种模式在他所设想的理想状态中是唯一没被禁止的。实际上,将之和"*mainomai*[癫狂]",而不是"menuo[揭示/启示]"联系起来,似乎更有道理,参见Roth 1988:237—245;M. Casevitz,*REG* 105,1992,pp. 1—18。关于疯狂,西塞罗在对话很多段落(例见 1. 66, 70, 2. 110)中都用了 *furor*,是将它看作由诸神所引起的神性狂乱,虽然它在其哲学著作中并不表示这唯一的词义,参见 A. Taldone,*BStudLat* 23,1993,pp. 3—19。

2

如今我意识到，没有哪一个民族，无论其多么文明开化或蛮愚无知，[①]会否认未来有所预兆，并且会有某些人能识别这些征兆，从而预测事件的发生。[②]首先要说到[③]亚述人(Assyrians)[④]——为了从最远古的资料那获取权威性，由于他们定居在广袤平原上，随处可见到一览无遗的星空，[⑤]他们就会观察星星的移动轨迹，[⑥]并且通过记录这些，而将其对每个人的意义，[⑦]传达给子孙后代；而在同一个部族内的迦勒底人(Chaldeans)——据认为，这个名字并不出自他们的技艺(art)，而源自他们的种族[⑧]——已经通过长期无间断的星座观察，完善了一套学问，这使他能预测任何人的命运和宿命。

据说，在无数岁月的久远年代，同样的技艺也早已为埃及人所掌握。而且，西里西亚人(Cilicians)、彼西底人(Pisidians)和他们的近邻潘菲利亚人(Pamphylians)[⑨]——我曾管辖过的这些国家[⑩]——认为，鸟的歌声和飞行也宣兆了未来的样子，[⑪]并将其当作最准确无误的征兆。

注释：
① 关于同一阶层的人还有相似的宗教信仰归纳，参见 *Leg.* 1.24。这里西塞罗要强调

的是"共识观念、普遍接受的说法"(1. 1 中的 *e consensus omnium*)。"蛮愚无知"(1.37，47)的人既非希腊人，也非罗马人；这个词有着轻蔑的意味，参见 Dauge 1981：119—131。

② 斯多葛派观点的两个主要特征在此都得到了阐述：占卜预兆是存在的，并且会得到解读以付诸运用，参见 1.82—83。不应该负面地去理解"某些人"，比如说暗示着骗子(例如 Badali 1976：34)，而是要把这当作参考，说明有这么一些人，他们要么掌握了解读迹象的专业知识，要么具有预言或作出预示之梦的天赋。

③ Pease 认为 ultimis[最远古的]应该从空间维度去理解，西塞罗是从距离罗马最遥远之地的人开始列举，而 Timpanaro 正是从时间维度去理解，加强了"最初的"(a principio)这个说法。

④ 在人类历史上，亚述人最早进行占星术(例见 Jos *AJ* 1. 168，Serv. *Ecl.* 6. 42)，但这还存在争议，有些人认为最早的是埃及人(例见 Diod. 1. 81. 6)。尽管西塞罗在把巴比伦人写成亚述人上不甚精确(Pease，Timpanaro，Schaublin)，因为以下提及的迦勒底人并非亚述人，不过，他在主张美索不达米亚最早进行了天文学研究上是对的。最早直接提及占卜背景下的天体现象的文献来自公元前 1765 年的玛里(Mari)，参见 Heimpel 2003：letter 26。然而，有报告指出，拉格什(Lagash)统治者古迪亚(Gudea)大约在公元前 2122 至前 2102 年间梦见了尼沙巴女神(Nisaba)，后者当时在研究一块星板(a tablet of stars)，以此作为建造神庙的依据。这说明，人和星星的联系还可追溯到更久远的年代，参见 Barton 1994：11。

⑤ 参见 Plato *Epinomis* 987a；叙利亚和埃及都享有晴好的夏季和无云的天空。

⑥ 虽然在公元前 7 世纪前，米索不达米亚通过天体现象来进行实际占卜的证据较为缺乏，但是由 Enuma Anu Ellil 抄写的在尼尼微(Nineveh，古亚述首都)的预兆、天体移动和预测的详细汇集资料显示，天体观察至少在公元前 17 世纪就开始了。(*CAH*² 3/2 279—280)而那些天体占卜者如今和脏卜者享有同等重要的地位(Rochberg 2004：66—92)。现存最早的观察月份汇总，观察记录了星相位及其经过普通恒星的移动轨迹，这可追溯至公元前 652 年，参见 Barton 1994 12—14；*CAH*² 3/2. 282—283；亦可参见 H. Hunger 和 D. Pingree，*Astral Sciences in Mesopotamia*，Leiden，1999，pp. 12—26。

⑦ 现存最早关于占星术延伸到给个人提供"星座算命"的例子可追溯至公元前 410 年的巴比伦，但是星命学意义的占星术作为古典世界的主要表现，并假定了亚里士多德式的宇宙，是公元前 2 或前 1 世纪的产物，参见 Pingree 1997：21—26；Rochberg 1998。

⑧ 迦勒底人并非起源于亚述人，却是占据巴比伦南部地区的亚兰人(Aramean peoples)的一个分支。公元前 8 和前 7 世纪，巴比伦人反抗亚述人的统治，而迦勒底人是这场抵抗的领导者，他们有时还会把自己的统治者强推到巴比伦的王座上，参见 *CAH*² 3/2. 9—16，26—38。如果"这群人中"具有地理上的意义，即迦勒底人住在亚述帝国境内，这就不一定有误了。从公元前 2 世纪中叶起(例见 Cato *Agr.* 5. 4)，不管占星术师来自什么民族，都被称为"迦勒底人"。此处，西塞罗是在阐明，他说的是一个具体民族。对于 Badali(1976：35)而言，"迦勒底人"的用法存在着偏见，

因为西塞罗总是将其用在负面的意义上(*Tusc.* 1. 95),不过,此处的用语将任何偏见的可能性降到了最低。

⑨ 这些民族来自小亚细亚崎岖的东部地区,是西塞罗在前文所提及的"蛮愚无知"的例子,参见 Cic. *Har. Resp.* 42。

⑩ 西塞罗曾在公元前51年7月至次年7月,担任罗马行省西里西亚(包含彼西底和潘菲利亚)的执政官。关于他的活动,例见 Stockton 1971:227—245;Muniz Coello 1998。

⑪ 西塞罗在此回到了它们在占卜上的突出作用(1. 25,92,94,105,2. 80;参见 *Leg.* 2. 33)。

3

而且，确实，如果没有事先询问过皮同(Pythian)^①、多多那(Dodonian)^②或朱庇特·哈蒙(Jupiter Hammon)^③的神谕，^④希腊怎么会派出殖民者去埃俄利亚^⑤、爱奥尼亚^⑥、亚细亚^⑦、西西里^⑧或意大利？如果没有事先咨询过神谕，希腊又怎么会发动任何战争？^⑨

无论是在公共领域，还是私人领域，占卜的形式都并非只有一种。因为，先不说其他国家，我们自己的国民信奉了多少！^⑩在一开始，罗马城之父罗慕路斯^⑪，不仅遵照吉兆来建立这座城市，他本人也是最娴熟的占卜师。^⑫而且，其他罗马王也采用过占卜师；并且，在历史上，罗马在驱逐王者后，在没有预先占卜的情况下，是不会贸然进行任何国内或国外的公共事务。^⑬而且，自从我们的祖先相信，占卜师的技艺在征求预兆和建议上起到了重要作用，并且在解释自然奇观和预防灾难上也发挥着重要作用，^⑭他们就逐渐从伊特鲁里亚(Etruria)全面引进这项技艺(haruspicy)，^⑮以免在漠视任何形式之占卜的情况下发生灾难。^⑯

注释：

① 西塞罗用了形容词"皮同"(Pythian)，也就是阿波罗的别称，但它最重要的身份是德

尔斐阿波罗神庙的女祭司,她会对其预言进行宣告。关于前 8 世纪德尔斐活动较正面的看法,参见 Malkin 1987:17—91。

② 伊庇鲁斯王国的宙斯神谕自荷马以降就出现在文学作品中,并成为一个主要的泛雅典神谕。除其重要性和同时保存在铅板和文学中的神答数目外,此处只有一个神答是有关的:世袭的西西里占卜者加来奥特(Galeotae, 1. 39),受命向西航行,直到一只鹰抓走他们的祭祀品(Steph. Byz. 197〔Mein〕),参见 Parke 1967:178—180。

③ 位于利比亚沙漠锡瓦(Siwa)绿洲的宙斯·哈蒙神谕,早在前 7 世纪就为希腊世界所知晓,到了前 6 世纪就已享有国际声誉,参见 Hdt. 1. 46. 3。现存文献中,没有神谕将之与主流的希腊殖民化联系起来,如果说除了斯巴达和昔兰尼外的希腊城邦曾请教过神谕,就比较难以置信了。然而,宙斯·哈蒙曾在建立北非殖民地的意识形态方面起过作用(Malkin 1994:158—167)。Ps-Callisthenes(1. 30. 5—7)宣称,亚历山大曾就建立亚历山大城之事询求过哈蒙神谕,并且通过沉思的方式获得了神谕,参见 Parke 1967:194—241 和 K. P. Kuhlmann, *Das Ammoneion*, Mainz, 1988。

④ 此说法明显比较夸张,但考虑到希腊有众多殖民地,据称都建于神谕之基础上,那么这个说法也是可以理解的。希罗多德(5. 42. 2)也作过类似归纳,却不能站得住脚(Londey 1990:121—122)。确实,关涉到殖民地的问卜,在公元前 4 世纪早期就已停止了。

Pease 记录到,西塞罗并不是要详尽地列举殖民地,而只是用来指代总体上的希腊殖民地。这包含了两次主要浪潮,一次是从黑暗时期(Dark Ages)到小亚细亚的岸边(参见 Thuc. 1. 12. 2—4; with S. Hornblower, *A Commentary on Thucydides*, Oxford, 1991, ad loc.),另一次是后来始于 8 世纪的向西扩张。虽然现存的德尔斐和多多那神谕的汇集本中,包含了早期运动中给予殖民地的奠基神谕(foundation oracles),而这些并非基于史实,因为有考古证据表明,德尔斐(Morgan 1990:126—134)和多多那(Parke 1967:99—100)在前 8 世纪前都没有作为泛希腊的神谕;那些可能符合史实的前 8 世纪的神谕,都是在希腊中心的城市中找到的。

他不加区别地列举出 3 个神谕,但阿波罗(即德尔斐)的卓越地位从现存的《旁证》(*testimonia*)中可清晰看出,例见 Cllim. *Hymn.* 2. 55—56; Men, Rhet. 17。西塞罗加上了哈蒙神谕,"以完成三者的修辞组合",但这却忽略了和前 5、前 4 世纪宙斯·哈蒙相一致的认可度,参见 Plato, *Leg.* 738c; cf. Ar. *Av.* 716。较大程度上,一些斯多葛派作者在讨论宗教时,会把阿波罗和宙斯的神谕联系起来(Parke 1967:129),这也许是受到柏拉图的影响,参见 Miller 1997:88—89。唯一和多多那相关的建城例子有一定的传奇性——科林斯建城者阿勒忒斯(Aletes)曾经问询过神谕(Parke 1967:129—131)。

⑤ 据神话记载,俄瑞斯忒斯(Orestes)的儿子和后代在特洛伊战争后聚居在莱斯博斯岛(Lesbos),随后在亚洲大陆建起 12 座埃俄利亚城市(Hdt. 1. 149),从特洛阿德(Troad)往南,远至士麦那(Smyrna),参见 *CAH*[2] 2/2. 776—782。公元前 4 世纪找到潘西勒斯(Penthilus)和科迈忒斯(Cometes)问询德尔斐的证据。

⑥ 神话记载,雅典王科德鲁斯(Codrus)创建了以弗所城,其子安德罗克勒斯(Androclus)开始了爱奥尼亚的殖民活动;这次殖民是雅典的联合行动,而来自希腊其他地

方的难民都聚集在雅典,参见 Hdt. 1. 142—148;Strabo 632—633;Paus. 7. 2. 1—4. 10。开拓殖民地的活动早于公元前 10 世纪开始,这从米利都等地现场发现了原型几何陶器就可看出,甚至还延伸至后来的泛爱奥尼亚联盟的 12 所圣城(*CAH²* 2/2. 782—790)。就多利安人入侵所造成的难民一事而问询德尔斐神谕的传统,在维脱鲁伟(Vitruvius)的著作中被保留了下来(4. 1. 4),参见 Schol. *in Aristid. Or.* 13. 112;Himer. *Or.* 10. 5,28。

⑦ Timpanaro 质疑这是否为古代编辑插语,用以区分西部殖民地和爱琴海周边殖民地,但这却佐证了,殖民化活动向南远至亚细亚岸边,起自卡里亚(Caria),包括伊阿索斯(Iasus)和塞拉慕斯(Ceramus),远至利西亚国(Lycia)的法赛里斯(Phaselis),参见 *CAH²* 2/2. 790—796;Hornblower 1982:14。传说中,科德鲁斯之子奈尔乌斯(Neleus)曾得到德尔斐神谕,涉及将邪恶的卡里亚人赶走,从而让希腊人和爱奥尼亚人定居,参见 Schol. *In Aristid. Or.* 13. 110。

⑧ 始于公元前 730 年代的建城史的精确总结,可参见修昔底德(6. 2—5)。

⑨ 战争因其不可预知性,频繁成为占卜的主题(Xen. *Eq. mag.* 9. 8—9),诸神的意志在一场战役的不同阶段都会接受检验。有很多例子记录了想要发动战争的城邦所问询的问题,这里正是西塞罗特别要面对的事情,例见 Thuc. 1. 118, 2. 54;Parker 1985:307—309 和 Pritchett 1979:iii. 305—318。普鲁塔克将此类问题放在要向德尔斐询问的问题清单前列(*Mor.* 386c)。多多那也收到请示,例见 Paus. 8. 11. 12;Cic. Div. 1. 76。然而,战场上这类请示用的祭祀品,到了亚历山大时期就消失了,参见 Parker 2000:299—307。

⑩ 西塞罗列举了在罗马实行的 4 种主要占卜样式:占卜(augury)、脏卜(expiation by the haruspices)、诸如预言书中的预言(prophecies such as those in the Sibylline books)和梦(dreams)。前三者受官方机构节制,而通常情况下,梦在罗马宗教生活中并不起重要作用,参见 1. 4。

⑪ 从恩尼乌斯(Ennius)开始,罗慕路斯被称为"罗马之父"(*Ann.* 108 Sk)。西塞罗并不想回到那个传说的过去和提倡特洛伊勇士,即便他可能知晓这个故事,参见 Erskine 2001:30—36。西塞罗所说的"占卜",是在行事前正式寻求诸神的许可,而这一程序是透过行政官来执行,而非宗教官。正如古代的词源学所示,auxpex 一词仅仅来自对鸟的观察(Maltby 1991:69)。关于罗慕路斯的占卜,参见 1. 107—108。

⑫ 此处讨论的重点变成了罗慕路斯作为占卜师的能力,而马库斯(Marcus)是够资格的(2. 70),只要罗慕路斯误信占卜的预知能力。"占卜"的词源并非简明易懂:西塞罗在其他处(*Har. Resp.* 18;参见 Ov. *Fast.* 1. 609—612)表明,占卜和"提高、增加"(increase)与"成功"(augeo)有关,但语法学家们(Maltby 1991:65—66)则认为和"鸟"(avis)有关系。词根 Au 来自 avis,-gur 来自印欧语系词根的 * geus,在"测试"和"提高"的意义上,可对应拉丁语中的 gustare(G. Neumann, *WJA* 2, 1976, 212—229;这点为 Timpanaro 所接受,xxxii-viii,citing Soph. Ant. 1005)。罗慕路斯作为占卜师的能力,可见于神秘的 *Roma quadrata*,相关解释参见 A. Grandazzi, *MEFRA* 105, 1993, pp. 493—545。

⑬ 对于西塞罗时代的人而言,从君主制到共和制的转变(传统上指公元前 509 年),是

罗马历史上的关键时刻,预示着自由的开端和国家的未来繁荣(1.45)。对于"公共"事务的限制很关键(Val. Max. 2. 1. 1):西塞罗主要是指,行政官在选举或立法集会(1.33)、正式就职前,和军队统帅在战争前,都去寻求祈愿占卜(impetrative auspices,祈求征兆出现的占卜——译注),以算出诸神是否同意事情继续进行。

⑭ 第一个术语描述了祭祀占卜(haruspicy,亦作脏卜——译注)的祈求预兆作用(impetrative role),通过事后观察祭祀动物的内脏,可以算出诸神是否同意某个行动或决定,这经常发生在军事情况下(cf. 1. 72)。"征求建议"(consulendis)和献祭问询(sacrificium consultatorium)有关。畸胎预兆(monstrum,参见1.93)是一种迹象,时常是自然顺序的破坏,诸神以此表达不满。如果元老院认为某次预兆是重要的,就会正式要求脏卜师去算出迹象的具体含义("解释"),以此决定应该采取何种行动去扭转迫近的灾难。

⑮ 罗马人是通过伊特鲁里亚人才知晓祭司占卜(haruspicy)这一占卜样式,所以它经常被描述为"伊特鲁里亚知识"。在国教内,祭司占卜并不由罗马人来进行,而是通过伊特鲁里亚人(1.92)。西塞罗称之为一种"知识"(scientia),是因为其进行过程中的合理性——根据占卜书籍中累积的材料而作出推测,参见 Linderski 1986a:2238—2239。因此,指定伊特鲁里亚人自己来担任卜师是可能的,参见 Capdeville 1997:466 n. 32。

⑯ 罗马人自我认为并表现为最虔诚的人,因此诸神奖励给他们一个帝国,参见1.21。如果诸神之意得到坚持,罗马人就不会忽略任何原理,以此去揭示和解读神意。

4

　　并且,自从他们相信,人在失去理性和知觉、任由自由无羁的冲动所支配时,人脑会受到两种方式启激(inspired),一种是狂乱,另一种则是梦。① 他们相信有关狂乱的占卜主要包含在女预言家(Sibylline)的西卜林预言集里,因此他们定下法令,要在国内选出10人来解释这些诗文。② 占卜者和预见家的狂乱预言也属于同样的类别。我们的先辈常常认为这些最值得信仰——就像屋大维战争(Octavian War)期间的科尼利乌斯·科里奥勒斯(Cornelius Culleolus)③ 所预言的那样。确实,如果我们的元老院关心公共事务的管理,他们就不会忽略更加重要的梦。④ 在我自己的记忆中,也有过这样的问题,即为什么与普布留斯·鲁提留斯(Publius Rutilius)一同为执政官的卢修斯·朱利乌斯(Lucius Julius)⑤ 会因元老院的投票而重建救主朱诺神殿,⑥ 而这和巴里利克斯(Balearicus)之女瑟希利亚(Caecilia)⑦ 的梦是相一致的。

注释:

① 在列举了罗马人对人为占卜的运用后,西塞罗继续说到"自然占卜"的种类,之后他会对此进行更详细的讨论(1.39—69)。Badali(1976:38—39)认为,西塞罗在这里用的术语带有偏见,而缺乏学术性,但西塞罗最关心的是展现罗马占卜行为的综合性。

② 实行献祭的十人委员会(decemviri sacri faciundis),在一开始只有 2 人,到了公元前 367 年后变为 10 人,经过苏拉的改革后又变成 15 人。他们由两个师傅领头,一个贵族和一个平民,通过某种方式在希腊仪式下主持祭仪。西卜林预言书(Sibylline Books)包含着预言和疗法,并能指引罗马人如何应对宗教和政治的危机,而这 10 人是神谕集的官方守护者。传统上,库美的女预言家(Sibyl of Cumae)将他们带给罗马王塔克文(King Tarquin),并安置在卡比托利欧山上的朱庇特神庙(the Temple of Jupiter Best and Greatest)。每逢危机,政治骚动,瘟疫或不寻常的异兆,十人委员会就会接受元老院问询,并会建议一系列的做法,通常要么是派遣使者去德尔斐,要么是引进新的祭仪或宗教仪式到罗马。就这点来说,他们是给国教带来创新和改变的主要媒介之一,通过外国的经验、权威和古代的联系来作出保证,从而使舶来品合法化,比如说,Lectisternium 仪式(一种古希腊罗马的宗教仪式,通常是将神像放置于台上,然后将食物散放在神像前面——译注),参见 Parke 1988: esp. 190—215;Orlin 1997: 6—115;Scheid 1998: 11—26;C. Fevrier, Latomus 61, 2002, 821—841;Mazurek 2004: 151—168。

③ 科里奥勒斯(RE iv. 1295)可能是元老院议员的家庭成员,参见 Wiseman 1994: 59。公元前 87 年,屋大维和科尼利乌斯·秦纳(L. Cornelius Cinna)之间爆发冲突。众所周知,前者很迷信,最终却没能逃过命运,参见 Val. Max. 1. 6. 10。

④ 西塞罗能举出元老院注意到的梦只有两个(1. 55, 99),而瓦勒琉斯·麦西穆斯只有一个(1. 7. 3)。Granius Licinianus(33. 12)似乎从公元前 105 年开始就在一系列预兆中记录了一个梦,但没有足够详细的细节证明这在当时受到了元老院的官方认可。即使当时有更多关于梦的例证,梦在传统罗马体制中的有限作用也不应当被夸大,参见 Harris 2003: 25—26。

⑤ 朱利乌斯凯撒和鲁提留斯在公元前 90 年担任执政官,西塞罗参加了马尔西战争(Marsic War,参见 1. 99),这证实了当时的说法。这次事件可能发生在当年年末,当时凯撒从战役中归来,其在阿凯拉(Acerrae)取得的胜利标志着转折点。

⑥ 朱诺。公元前 338 年拉丁联盟战败后,罗马也进行了拉努维乌姆主神朱诺的相关仪式,因为拉努维乌姆人接受了罗马公民身份。她的称号 Sispes 讹误为 sospita,因为其被假定和拯救、救赎有关(Festus 462 L),即使最初的意思可能是"此地之女主人"(Pailler 1997: 524 n. 51),因此有着军事的内涵;她的肖像常常带有盾牌和矛,参见 ND 1. 82;Schultz 2006。在罗马境内,朱诺至少在两个地方受到崇拜,但只有其中之一被称作神庙。此神庙由科尼利乌斯在前 197 年立誓,并于前 194 年在赫利托留姆广场举行落成典礼,参见 Orlin 1997: 63;LTUR iii. 128—129。然而,西塞罗指的可能是位于拉努维乌姆的神庙(Kragelund 2001: 64—68),执政官每年都会去拜访(Cic. Mur. 90),它曾提供大量被元老院视为重要的发生在罗马之外的奇事(例见 Livy 22. 1. 17, 40. 19. 2),和预示着同盟战争(Social War)爆发的前兆(1. 99)。虽然 Schultz 和大部分学者更偏向认为是位于罗马的神庙,这是出于需要维护拉丁人的忠诚,但是要说罗马人在拉努维乌姆表现出了虔敬,这更加有说服力。

⑦ 瑟希利亚(RE iii. 1235)是占卜师 Ap. Claudius Pulcher (1. 29)和西塞罗之敌 Clodius. 之母。瑟希利亚是公元前 1 世纪早期最著名的平民家族的一员,他们作为罗马

宗教的守护者(Val. Max. 1. 4. 5),对于其梦受到认可和元老院的行动至关重要。在欧卜色克维恩斯(Obsequens)中记录了一些细节(55):在瑟希利亚梦中,由于神庙陷入不净的状态,故而女神离开了,神庙本身也在仪式上变得不净,并沦为狗群睡觉之所。不过,他可能夸大了这个故事,以引起轰动(Schultz 2006)。同盟战争中,罗马和拉丁人、意大利人的结盟受到压力,而当将罗马公民权利拓展到拉丁人成为关键的问题时,从拉努维乌姆的罗马人所崇拜的女神那获取梦示就变得尤其重要了。瑟希利亚的梦给公元前 90 年的《尤利乌斯公民权法》(*Lex Iulia de civitate* of 90)所记载之政策提供了正当的理由,而根据该法律,公民权利可延伸至拉丁人,参见 Kragelund 2001:68—69。

5

现在,我的观点是,①在沿用这些惯例上,古代人更多是受到现实结果的影响,而非依据理性。哲学家们也汇集了某些有关占卜可信度的微妙争论。在这些人中——要提到最远古的——克勒芬的色诺芬尼(Xenophanes of Colophon),他在主张诸神存在的同时,是唯一一个完全否定占卜的人②;但是,除了伊壁鸠鲁(Epicurus)对于诸神的本质一直喋喋不休,其他所有人都支持占卜,即使程度有所不同。③例如,苏格拉底④和整个苏格拉底学园⑤,还有芝诺及其追随者⑥,他们都继续信仰着古代哲学家,并且和老学园派(Old Academy)⑦、逍遥学派(Peripatetics)⑧的看法一致。他们的前辈毕达哥拉斯(Pythagoras)甚至希望自己也被看作一名占卜师,并以其重要的名声和影响力来推动占卜的实践⑨;还有那位杰出的作者德谟克利特(Democritus),他在许多文章中强烈表明,自己坚定地相信有关未来之事的预感。⑩再者,逍遥学派的狄凯阿克斯(Dicaearchus),虽然接受用梦和疯狂来占卜,却排斥其他形式的占卜⑪;还有我的亲密朋友克里提普斯(Critippu),我认为他可媲美最伟大的逍遥学派,他也相信同样形式的占卜,却排斥其他形式的占卜。⑫

注释：

① Badali(1976：40)认为，西塞罗在此处的强调是为了明确阐述自己不相信占卜的存在，但严格来说，他关心的是为何古代人相信占卜的存在。这同时也是昆图斯关注的问题。就这样来说，这是一个貌似可信的解释，而且并没有预先给占卜存在的问题下定论，除非西塞罗对于"古代人"的界定暗示着，当代读者应该与之有所不同。

　　哲学家们汇集了这些争论：西塞罗提到之前就有的汇集本，以此清楚表明，他并没有通过第一手材料来阅读所有提到的权威著作，当然不包括苏格拉底之前那些，参见 Timpanaro，lxxcii—viii。因为芝诺和斯多葛学派出现了两次，西塞罗很可能结合了两个不同来源的材料：一份关于占卜的一般哲学观点的哲学言论单、一份具体的斯多葛汇集本，可能出自波希多尼(Posidonius)，参见 Schaublin 1985：157—158，163。其他人则强调哲学言论书籍中的强烈支持学园派的结论，这也暗示了学园派的来源，例见 Glucker 1999：42 n. 26。然而，不能排除的是，西塞罗确实有条单子，基本上是波希多尼的，并且改变了结论，使其合乎他对学园派立场的偏向。

② 参见 Aetius *Plac*. 5. 1. 2。虽然这份名单并没按照简单的时间顺序排列，但色诺芬尼是其中最古老的。尽管人们不可能获得关于诸神的确切认知，色诺芬尼的确接受了诸神存在的观点，即便他好像并没提供相关的证据。他提到一个"唯一且最伟大的神"，并且经常用单数词 theos，但我们不能据此将他看作"一神论者"，参见 Lesher 1992：3—7，78—119；Schafer 1996：164—174。

　　即使没有西塞罗和埃提乌斯(Aetius)的具体证明，我们也能从色诺芬尼关于神的广泛议论中，推导出他对占卜的拒斥。因为神不能在不同时间和不同地点移动并存在，故而，通过做梦和狂乱的自然占卜就被排除掉了；而且，因为自然现象都有自然上的解释，前兆和奇事就会显得并无神性根源。然而，关键的文本是，"诸神并非一开始，而是在时间的进程中，向凡人揭示万事，凡人通过询问得到了更好的发现"(18 DK)，这被解释为通过"预示或隐秘迹象"来拒斥神性的交流，和对人类询问的偏好，而色诺芬尼本人就是从事这种询问的人，参见 Lesher 1992：149—155。主张诸神并不揭示万事，并不能排除他们的确揭示了一些事(A. Tulin，*Hermes*，121，1993，esp. 133—137)，即使我们这样认为，并以此将其和占卜联系起来，但仍然难以断定色诺芬尼的"神"(theos)参与到何种样式的占卜中。

③ 西塞罗接着说，绝大多数哲学流派和哲学家都会容纳一定形式的占卜现象；而伊壁鸠鲁明确拒斥占卜："既然并不存在占卜的科学，即便存在，发生之事也不应当在我们能力范围内予以考虑，参见 15 A；C. Diano，*SIFC* 12，1935，237—239。他对占卜的拒斥，出现在(后世)缩略改写的文字(*Small Epitome*，Diod. Laert 10. 135)中，也可能在《论诸神》(*On the Gods*)中。伊壁鸠鲁是"正式对占卜提出反对意见的唯一的教条主义哲学家"(Obbink 1992：212 n. 65)。其对占卜的拒斥是基于他对诸神的定义，他将诸神看作是不关心人类事务的存在，因而也无意通过迹象来和凡人沟通他们的意志，参见 Diogenes of Oenoanda frr. 23—24 和 52—54 Smith；而且从根本上看，是基于其原子理论中的因果机械论，与主张诸神通过在自然中产生预兆来干预，这两者间有着不可调和性。

    西塞罗对于伊壁鸠鲁学说的反对,始终贯穿于整部哲学对话。此处用了"喋喋不休"这样特别的词,可能与科塔将伊壁鸠鲁神学描述成难以理解的有关(*ND* 1.74—75)。

④ 苏格拉底的看法是通过柏拉图和色诺芬来传达的。有一点似乎很清楚,他接受自然占卜(例见 Plat. *Apol.* 20e-21a;*Phaedr.* 244a-c;*Leg.* 738b-d),但将诸如脏卜(exstispicy)和预言的这类人为占卜看得很低。不过,他并不完全拒斥人为占卜。昆图斯用苏格拉底作为示例,以此说明相信预言之梦、诸神的直接交流和神谕的人。

⑤ 尽管色诺芬接受所有样式的占卜,而柏拉图也接受自然占卜,但一些犬儒派却对其拒斥(Diog. *Laert.* 6.24;Euseb. *Praep. Evang.* 5.21.6),昔兰尼学派和麦加拉学派则可能反对(Pfeffer 1976:6—42)。在西塞罗著作中,"苏格拉底派"这个术语涵义较广,参见西塞罗 *Orat.* 3.61—62;further testimonia collected in Giannantoni 1983:i.3—14。

⑥ 即斯多葛学派。据称,芝诺支持所有样式的占卜(Diog. Laert. 7.149),但其著作中的相关片段均已佚失。西塞罗对斯多葛有关占卜的观点的概括(1.6)基本上是正确的。斯多葛派的核心宗旨是:信仰关心世界的诸神;作为天意的要素,诸神会发出人们通过占卜即可解读的迹象(1.82—82)。

⑦ 即柏拉图及其追随者,得名于柏拉图的学园。例如,旁托斯的赫拉克利德斯(Heraclides Ponticus,参见 1.46)写过《论神谕》(*On Oracles*),而欧多克索斯(Eudoxus)不认为可以抛弃占星术(《论占卜》2.87),这都保持了他们先辈对自然占卜的偏好。西塞罗明确用了"老学园派"这个词,以区分开柏拉图的这些追随者、阿塞西劳斯(Arcesilas)和卡涅阿德斯(Carneades)的新学园派怀疑论支持者,还有西塞罗时代阿什凯隆的安条克(Antiochus of Ascalon)引进的所谓"老学园派"。

⑧ 参见 Ael. *VH* 3.11。即亚里士多德及其追随者,他们喜欢在吕克昂(Lyceum)散步和讨论学问,故得名逍遥学派。亚里士多德接受自然占卜(1.72);他在其历史著作中,也包含了神谕,并且没作出敌意的批评(例如 Ath. *Pol.* 19.2),但也没对神谕进行具体的讨论,并注意到一个普通的警告。

⑨ 毕达哥拉斯被认为是利用了教条主义(cledonism)、预言和水占术(hydromancy)。在其他的"奇迹"中,据说他已经"预言"到麦塔庞顿(Metapontum)经受的冲突,但无证据证明他进行了占卜,有本书记录了他的预言,名为《三足鼎》(*Tripod*),在公元前 4 世纪由以弗所的安德隆(Andron of Ephesus)汇集而成。晚近的传记将他近乎奇迹般的控鹰技术,置于鸟与占卜迹象间对话的背景下。

⑩ 阿布德拉的德谟克利特(Democritus of Abdera)是公元前 5 世纪的原子哲学家,据称享有 70 个称号(Diog. *Laert.* 9.46—49),这就充分解释了西塞罗对他的大量引用。只有到了较晚期,他才实践了占星术。他讨论过梦,将其解释为粒子流撞击灵魂所造成的结果(Plut. *Mor.* 735)。

    虽然德谟克利特的原子理论看上去和伊壁鸠鲁相似,但他并没有受到西塞罗对伊壁鸠鲁所作出的那般挖苦嘲讽。科塔在批评其前后矛盾的神学主张时,将其描述为"一些更适合德谟克利特所在的城市而非德谟克利特自己的想法"。甚至科

塔的这一番批评实际上具有双重意义,暗示着这些看法并没达到他平时的水平;西
塞罗可能对于原子理论创始人是尊重的,即使并不同意他的观点,参见 Silvestre
1990:40—45。

⑪ 参见 Aet. *Plac.* 5. 1. 4。迈锡尼的狄凯阿克斯(Dicaearchus of Messene)是亚里士多
德的学生,在公元前 4 世纪写作,涵盖从地理学到哲学的一系列内容。学者们假定
狄凯阿克斯写过《论灵魂》(*On the Soul*)和《论预言》(*On Prophecy*),但大多数思考
所关心的是普鲁塔克所写的相同或相似名称的已佚失的论文,即《预知未来是为有
益》(*Foreknowledge of What is to Happen is Useful*),普鲁塔克在其中与狄凯阿克
斯争论了起来。虽然狄凯阿克斯认为灵魂并不能脱离身体(西塞罗,*Tusc* 1. 21),但
这并不一定影响对某些样式之自然占卜的相信,要是自然本身也是神性安排好的,
参见 Arist. *Div. Somn.* 463b11—20。对狄凯阿克斯来说,灵魂有着神性的因素
(Dox. *Gr.* p. 639 Diels;Aetius. *Plac.* 5. 1. 4),但是,如果普鲁塔克归于亚里士多德
学派的观点(*Mor.* 432c)其实属于狄凯阿克斯的话(Del Corno 1969:161—163),情
绪和非理性的因素似乎已经支配着占卜的功能。

⑫ 虽然克里提普斯是学园派学生,但他却作为逍遥学派而成名的。虽然他可能还不
是逍遥学派学校校长(scholarch,尤指古代雅典哲学学校校长——译注),但却是一
座私立学校的校长。帕加马的克里提普斯(Cratippus of Pergamum)是西塞罗同时
代人,他们在公元前 51 年于以弗所相见;克里提普斯在公元前 45 年即移居雅典,并
给西塞罗之子马库斯教学。在西塞罗的请求下,凯撒给予了克里提普斯公民权。
克里提普斯发展了柏拉图的思想,并且是阐释柏拉图的非经验主义倾向的一个引
证来源。

6

另一方面,斯多葛派——因为芝诺在其评论中似乎早已撒下了大量种子,[①]克里安提斯(Cleanthes)[②]后来稍微予以施肥——维护几乎所有样式的占卜。[③]随后是克里希普斯(Chrysippus)[④],他具有最敏锐的才智,并在两卷著作中竭力讨论整套占卜理论,另外还写了两本书,一本有关预言,另一本关于梦。[⑤]紧随其后的是他的学生、巴比伦的戴奥真尼斯(Diogenes)有一本著作,[⑥]安提帕特(Antipater)有两本著作,[⑦]和我的朋友波希多尼(Posidonius)有5本著作。[⑧]然而,波希多尼的老师帕那尔提斯(Panaetius),[⑨]他同时也是安提帕特的学生,[⑩]甚至是斯多葛派的核心人物,却偏离了斯多葛派,[⑪]并且,虽然他不敢说占卜毫无用处,但的确表达了自己的怀疑。[⑫]接着,既然斯多葛派——我可以保证,这非常有悖他们的意志——在一方面允许这位著名的斯多葛派学者去怀疑占卜,但在其他事情上,却不给我们学园人(Academicians)同样的权利去提出怀疑。尤其是帕那尔提斯不甚清楚的事情,对于其他斯多葛派学者来说,不是比昭昭日月更加清晰吗?[⑬]

注释:

① 虽然芝诺的《论迹象》(*On Signs*)(Diog. Laert. 7. 4)可能是关于占卜的论文,关于撒

种子的描述和复数形式的"评论"强烈暗示了,芝诺可能并没有写过一篇关于占卜的论文(Timpanaro 语)。要考虑到"种子"可能暗指希腊语中的"精子"(sperma),这在斯多葛思想中是个重要的概念,但这个隐喻本身同样有保留地出现在西塞罗的其他作品中,而且被置于非斯多葛的语境下(*Rep.* 1.41;*Fin.* 5.18;*Tusc.* 5.69)。

② 阿苏斯的克里安提斯追随者芝诺,于公元前 263 至前 232 年成为斯多葛派领头人。其作品中并没有关于占卜的具体讨论(Diog. Laert. 7.174),然而,他用占卜的存在来帮助说明人们关于诸神的概念(*ND* 2.13, 3.16),并且在其《论诸神》(*On the Gods*)中补充详述了芝诺的思想。

③ 这个部分开始从一般归纳,转入到具体的斯多葛派个人的观点,西塞罗用时间先后顺序予以排列,最后以波希多尼作为高潮。对于斯多葛派的占卜主张,还有一个几乎相同的哲学言论集,参见 Diog. Laert. 7.149。

"几乎所有"这个插入语可能反映了斯多葛派认识到占卜的个别例子可能会出错(1.24—25),但应该完全预示着,至少有一种占卜样式遭到了拒斥。西塞罗在其他处(Acad. 2.107)列举过斯多葛人对脏卜、预言、神谕、梦境和狂乱预言的接受;占星学(Div. 2.88;参见 Long 1982:166—178)。至于通灵术,因难以和斯多葛派在死后灵魂存在的学说相调和,可能就成了斯多葛派所拒斥的一种占卜样式。或者说,西塞罗的构想认可了斯多葛学说在占卜问题上,特别是人为占卜问题上的持续不安(constant tension),参见 C. Levy 1997:328。

④ 索里的克里希普斯(Chrysippus of Soli,公元前 280—前 207 年)在克里安提斯之后成为斯多葛派领头人,即从公元前 232 年开始一直到前 207 年。他是个多产作者,著有超过 705 篇作品(Diog. Laert. 7.180)。西塞罗的赞誉(*ND* 2.16, 3.25)不应只是狭隘地局限于克里希普斯关于逻辑的作品(请 Timpanaro 见谅)。

⑤ 克里希普斯可能是斯多葛派中第一个将占卜的讨论提升到"一个更抽象和理论化的层面"的人,他将占卜视为一种经验科学(Bobzien 1998:88),但如今并无碎片残篇留存,让我们来详细了解他如何解释占卜现象。赫罗菲拉斯(Herophilus)尝试用梦的起源来对梦进行系统归纳,这可能影响了克里希普斯,虽然我们只能通过波希多尼来证明这种影响力,参见 von Staden 1989:306—310。克里希普斯对两种自然占卜的关注,暗示着他是将自然占卜置于人为占卜之上的第一个斯多葛人,参见 C. Levy 1997:333—335。

⑥ 巴比伦的戴奥真尼斯来自塞琉西亚(Seleucia),却被称为"巴比伦人",西塞罗只是在此处用地名来称呼他,通常更喜欢用"斯多葛人"(*Tusc.* 4.5;*Acad.* 2.137;*Sen.* 23;*Div.* 2.90;but cf. *ND* 1.41;*Off.* 3.51)。他于公元前 200 至前 152 年担任斯多葛领头人;他的上一任是大数的芝诺(Zeno of Tarsus),并没有出现在这个名单中,因为他并没有对占卜进行过讨论。戴奥真尼斯似乎质疑占星师们预测个人命运的能力(2.90),但他并没能远远摆脱斯多葛派原则。

⑦ 大数的安提帕特(Antipater of Tarsus)从公元前 152 至前 129 年是斯多葛派领头人,其作品名并没得到证实。如果充分考虑了单数词 liber⋯plenus(*Div.* 2.144),就能假定其中一个标题是《论梦》。通过他的守护灵(*daimonion*,参见 1.123)所说出的苏格拉底预言,更加适用于神谕,并可能暗示了安提帕特其他卷书的标题是《论

神谕》。可能两卷书放在一起命名为《论占卜》，参见 Del Corno 1969：156。安提帕特似乎并没有展示戴奥真尼斯的异议，参见 Alesse 2000：165—169。

⑧ 阿帕梅亚的波希多尼(Posidonius of Apamea)是公元前 1 世纪最具影响力的斯多葛人，他曾居住在罗德岛，西塞罗于 78/77 年在那里和他相遇(Plut. *Cic.* 4.5)；西塞罗后来称他为老师(*Fat.* 5；*ND* 1.6)和朋友，参见 *Fin.* 1.6；*ND* 1.123, 2.88；*Tusc.* 2.61；*Div.* 2.47。波希多尼为占卜作出了毫无保留的辩护，参见 C. Levy 1997：327。关于占卜的议论片段，参见 Edelstein and Kidd 1972：106—112，带有注释的版本参见 Kidd 1988：423—442 和 Theiler 1982：289—307。

⑨ 罗德岛的帕那尔提斯(Panaetius of Rhodes)在公元前 129 至前 109 年是斯多葛派领头人(2.97；*Acad.* 2.107)。他也许是《论占卜》2.87—97 的原始资料来源，但却和第 1 卷没任何关系。关于他的生平和作品，参见 van Straaten 1946 和 Alesse 1994；关于他对占卜的讨论片段，参见 M. van Straaten, Panaetii Rhodii fragmenta, Leiden, 1962, frr. 68—78；F. Alesse, Panezio di Rodi：testimonianze, Naples, 1997, frr. 136—140。

⑩ 只有西塞罗记录了这段关系，联系起安提帕特的前任戴奥真尼斯，所以说帕那尔提斯在公元前 152 年现身于雅典，是可信的。然而，他主要的哲学学徒阶段，是在公元前 129 年之前于安提帕特门下。

⑪ 帕那尔提斯的思想标志着在很多领域上偏离了斯多葛派正统学说，因为他采取了更加靠近亚里士多德和柏拉图的方式，参见 Philod. *P. Herc.* 1018 col. LXI。比如说，他拒斥了宇宙大火灾的学说。虽然"偏离"一词避免了贬义(Pease，Timpanaro 语)，但在 *OLD* 一书中，认为此词其中一个意思缺少消极的涵义。布洛修斯(Blossius)似乎也曾怀疑过人为占卜的一些现象，参见 Plut. *TG* 17.6；C. Levy 1997：321—322。

⑫ 这些观点显然出自他的《论天意》(*On Providence*)，而西塞罗曾于公元前 45 年 5 月请求阿提库斯(Atticus)给他寄送此书(Att. 13.8)，参见此处和 *Acad.* 2.107 处(= van Straaten fr. 70："[帕那尔提斯]怀疑除他之外的所有斯多葛人皆信以为然的观点，即认为脏卜、预言、神谕、梦所给予的回应皆为真实，而帕那尔提斯则对此有所保留")。西塞罗笔下的帕那尔提斯是个怀疑论者，在大多数自然和人为占卜样式上，采取了实践学园派的"悬置"方法(epoche of the Academy)；在他处，帕那尔提斯似乎完全反对占卜(Diog. Laert. 7.149 = van Straaten fr. 73；Epiphanius Fid. 9.45 Holl = van Straaten fr. 68)。他对占星术的拒斥，可见于《论占卜》第 2 卷，第 87 至 97 节(= van Straaten fr. 74)。如果只把 Diog. Laert 和 Epiphanius 的证词看作归纳概括，那么唯一的问题就关系到人为占卜，而非占星术了：fr. 70 只是暗示了对预言的怀疑，但《论占卜》第 1 卷，第 12 节(= van Straaten fr. 72)似乎暗示着对占卜的拒斥。卡涅阿德斯对斯多葛派的命运和天意学说进行了攻击，而受此影响的帕那尔提斯拒斥任何意义上的来自外部而束缚人类的强大宿命论，认为人类具有影响外部力量的能力，参见 *Off.* 2.117 = van Straaten fr. 117。因此，人为占卜就变得无法辩护了，但帕那尔提斯可能并不希望完全排除自然占卜的可能性。至少，帕那尔提斯接受了一点，即斯多葛派的学说并不足以证明占卜的存在，所以才有了西塞罗

此处的谨慎措辞,参见 van Straaten 1946:81—87 和 Alesse 1994:230—239。

⑬ 西塞罗在此处用了反问句来引出整部作品的安排计划,他将用新学园派怀疑论的方法去提出疑问,作为持怀疑论的新学园派追随者,这一点在第 7 节中变得清晰了。虽然在某种程度上,这包含了帕那尔提斯和斯多葛正统学说之间的分歧,但在另一方面,特别是考虑到西塞罗此处的反问和以下那句极度讽刺的话,这就将斯多葛派置于不利之地了,并将他们看作自由思想的阻碍者。就这点而论,它也可以看作是进一步的证据,证明《论占卜》(*De Divinatione*)有着根本性的偏见。

7

　　无论如何,学园派这个值得称赞的怀疑态度,① 受到了一位极其杰出的哲学家② 经过深思熟虑的判断所认可。

　　于是,既然我也对关于占卜的正确判断有所怀疑,③ 因为卡涅阿德斯(Carneades)④ 提出过很多尖锐有力的论断来驳斥斯多葛派的观点,再加上我担心会草率地同意某种意见,结果这种意见却被证明是错误或站不住脚的,⑤ 所以我已决定,要谨慎并坚持地比较不同的主张,就像我在 3 卷《论神性》中所做的那样。⑥ 因为不管怎样,草率地接受一个错误的观点都是可耻的,⑦ 特别是在该给予预兆(auspices)、神圣仪式(sacred rites)和宗教仪式(religious observances)⑧ 多少重视的问题上;这是因为,如果漠视神明,我们可能会犯下亵渎神明的罪恶,⑨ 或者,如果认可神明,我们可能又会陷入老妇人的迷信中。⑩

注释:

① 在阿塞西劳斯(Arcesilas)的领导下,学园派脱离了教条立场而转向严格的怀疑主义,这在两百多年里成为了重要的方法原则,也许尝试着恢复苏格拉底式的问答精神,参见 2.150; *Fin.* 2.2;Groarke 1990:98—123。

② 即帕那尔提斯。

③ 在此处,哲学对话的开场白开始进入到正式对话的场景中。表面上持中立立场的

西塞罗开始让位于马库斯(Marcus)。作为新学园派怀疑主义的追随者,马库斯表现得像个当代的苏格拉底那样,不断地提出问题,而非提出武断的教条立场(2.150)。

④ 昔兰尼的卡涅阿德斯(Carneades of Cyrene)是新学园派领头人,一直到公元前 129 年去世;他没留下任何书籍,但他的观点有通过多产的克里托马库斯(Clitomachus)准确地表达出来,而西塞罗也通过阅读后者来了解前者(2.87;参见 *Acad.* 2.78;关于 testimonia and fragments,参见 Mette 1985:53—141)。他关于占卜的观点只在西塞罗的《论占卜》中有所叙述;他质疑了占卜的范围和占卜是否可为感觉所觉察(2.9),诙谐地挪揄了位于普雷尼斯特(Praeneste)的神谕(2.87),拒斥了预言(1.12, 109)、占星术(2.97)、梦(2.150),并讨论了占卜现象中偶然性(chance)的作用(1.23)。有人提出,卡涅阿德斯抨击的并非占卜本身,而是斯多葛派对占卜的辩护(Opsomer 1996:170),但在古代的《旁证》(*testimonia*)中并无关于这点的线索。他所针对的特定目标是克里希普斯和安提帕特,参见 Diog. Laert. 4.62—3;Numenius fr. 27 Des Places。

⑤ 西塞罗,*Acad.* 1.45:"一个人必须时刻克制自己的轻率,并在每次犯错时加以抑制,因为赞同不实之辞或不确定之事,这明显是个轻率之举";在 2.138 中:"恐怕我可能会草率地形成某种观点,并接受和赞同某些我并不知晓之事。"学园人在其辩论时,经常谴责斯多葛人的轻率,例见 Plut. *Mor.* 1056f。

马库斯指的是"悬置法"的怀疑实践,即悬置起来暂且不下判断,参见 P. Couissin,REG 42,1929,pp. 373—397。他对于学园派立场的设想体现出,如果提出的主张具有说服力,那么他可以赞同古典怀疑的立场,而非教条怀疑的立场。"赞同"(assent,西塞罗译自 synkatathesis;参见 *Acad.* 2.37)一词在此处意味着强烈的"相信、信仰",还是弱化的"认可,但还没达到相信",这其实无关紧要。关于怀疑论者对于"赞同"一词的问题讨论和涵义理解,参见 Frede 1987:201—222。

⑥ 《论神性》出版于公元前 45 年,西塞罗在其中呈现了伊壁鸠鲁派和斯多葛派的观点,并以学园派来对二者进行批评。

⑦ 马库斯在《论神性》序言中响应着他的话(1.1),但是这个主张似乎也出现在其他对话中(*Off.* 1.18;*Acad.* 1.45,2.66,114)。犯错可耻的观念可追溯至柏拉图(*Tht.* 194c)。

⑧ 关键术语"religio"第一次出现,它是由几个词衍生而出,"religere"具有"恐惧"之意(例见 Serv. *Aen.* 8.349),"relegere"有"重复"之意,还指罗马宗教仪式的严谨性(西塞罗,*ND* 2.71),而"religare"一词则有"连接、结合"之意(例见 Serv. Auct. *Aen.* 12. 181)。从第一个意思来看,小心和谨慎的观念是最主要的,那么这个术语就变得比较笼统,意味着对诸神的虔敬崇拜,要么是公共的,要么是私人的,但是会特别和国家官方崇拜的仪式相关,参见 Sachot 1991:364—372;Ronca 1992:46—48,52—53。

⑨ 柏拉图,*Minos* 318e;*Leg.* 888b。虽然马库斯本人有着学园派的倾向,他还会考虑到更大的局面:罗马持久的繁荣昌盛,据说还有,帝国依赖于和诸神保持持久的良好关系,参见 1.3 so that ... ignored by them。"预兆"(auspices)、"圣仪"(the divine)和"教仪"(religious observance)这三个术语与国教、元老院对国教的维护作用最为

相关。

⑩ 马库斯在《论占卜》的最后回到了对迷信的抨击。"迷信"(*superstitio*)这一术语用于除国家官方宗教之外的宗教行为。古代词源学认为其衍生于"对上方之物/神的恐惧"(Serv. *Aen.* 12. 187),或者衍生于"生存"(Survival,参见西塞罗,*ND* 2. 72),但是 Ronca(1992:53—55)提出了"目击者"(eyewitness)的古义,并和印欧语中的"知晓他人所不能见之事"联系起来,参见 epistenai。那么, superstitio 一开始是指一种拥有此占卜能力而引起的情况。公元前 3 世纪期间,它有了一种贬义,用来描述由于对自然之哲学真理的无知而造成的错误或极端的宗教行为。

    "老妇人"(anilis)在西塞罗笔下频繁和迷信联系起来(《论占卜》2. 19,36,125,141;ND 2. 70,3. 92),凭借的是一个普遍观念(柏拉图,*Tht.* 176b),即认为老妇人过于轻信,智力衰退,并且喋喋不休。词源学将希腊语的 anous(愚昧的)和拉丁语的 anus(老妇人)联系起来,这就解释了此说法。

8①

我在其他场合也经常讨论过这个问题，②但最近③我和弟弟昆图斯④一起待在我的图斯库路姆庄园⑤时，讨论得比平时稍微更具体一些。在那之前，为了散步，我们去了"吕克昂"——我的楼上练身馆（upper gymnasium）的名字。⑥当时，昆图斯说："我刚细读完你的《论神性》（*On the Nature of the Gods*）第 3 卷，⑦包括科塔（Cotta）的讨论，虽然这动摇了我对宗教的看法，却尚未全盘地推翻。"⑧"非常好"，我说，"因为，科塔的论述与其说是为了摧毁人类对宗教的信仰，不如说是对斯多葛派论点的驳斥"。⑨接着，昆图斯回应道："科塔说的完全是同一件事，并对其反复强调，⑩在我看来，这是为了不显得违犯了公认的信条；⑪然而，在我看来，他在积极地驳斥斯多葛派的同时，也完完全全驳倒了诸神。

注释：

① 第 8—11 节交代了对话的具体场景，在实际语境中提出占卜的问题，并陈述了昆图斯论据的基本要旨，这些占据了《论占卜》第 1 卷的主要篇幅。西塞罗经常细致地处理对话的实体场景，比如将 *De Legibus* 1 的场景设置在阿尔皮诺（Arpinum），参见 Dyck 2004：55—56。此处西塞罗的图斯库路姆庄园提示了主要场景：里面的"吕克昂"对于有逍遥学派倾向的昆图斯来说，是一个合适的地点去展开对占卜的辩护，但同时也适合让问题讨论双方获得一个平衡而亚里士多德式的解决方案，参见 Leonhardt 1999：13—25。开场白以马库斯的话来作为结束，也表明了对话发生时

的政治环境。

　　《论占卜》和《论神性》之间谨慎的相互参照，清晰并恰当地将讨论定位于"物理学"的领域和西塞罗计划写的哲学百科全书中。对于昆图斯，实际上是斯多葛的主张来说，不分开讨论诸神本质和占卜两个问题，其实也是必要的。无论我们是否认为《论神性》更宽泛的结论具有同样的平衡性，还是重视马库斯给路西律斯·巴尔布斯(Lucilius Balbus)的斯多葛观点所提供的支持，西塞罗的措辞都表明了，昆图斯可以正当地用传统的斯多葛方法来讨论占卜，对此，他在有关经典斯多葛式可逆关系的主张中也有宣扬："如果占卜是存在的，那么诸神就是存在的。"

② 对话录中的常见开场白(*ND* 1. 15；*Acad.* 2. 9；*Tusc.* 4. 7，5. 11)，用来介绍历史背景。

③ 在所谓的"亚里士多德式"的对话中，对话者是作者的同时代人，而不是古人。

④ 昆图斯·图利乌斯·西塞罗(Q. Tullius Cicero)是西塞罗之弟，在公元前 62 年担任城市执政官，担任过 3 年(公元前 61—前 59 年)的亚细亚总督；凭借着军事经验，他曾在西里西亚辅佐过西塞罗，在罗马内战期间支持庞培，从公元前 47 年起居住在意大利，直到公元前 43 年死于放逐期间。如果说昆图斯有什么哲学倾向，那么可能是逍遥学派，参见 *Fin.* 5. 96；*Div.* 2. 100。然而，在《论占卜》中，西塞罗通过他来发表实际上是斯多葛派的论点。至于西塞罗为何选择昆图斯来作为主要对话者，这点并不清楚，参见 Pease，17—18；Schofield 1986：60。关于他的职业生涯，参见 W. C. McDermott，*Historia* 20，1971，pp. 702—717；Shackleton Bailey 1980：3—6；A. H. Mmoojee，*EMC* 13，1994，pp. 23—50。

⑤ 这之前是苏拉(Sulla)的财产，之后遭到克劳狄乌斯(Clodius)摧毁，西塞罗在公元前 68 年买下并重建。西塞罗在公元前 46 至前 45 年的很多时间里一直居住在此，在这期间，除其他作品之外，他还写了《论神性》。关于其具体地址的问题，学界还没得到圆满的解决，例见 M. Marchei，*Arch.* Class. 27，1975，pp. 18—25。

⑥ 只有到了第 2 卷第 8 节时，马库斯和昆图斯才坐下交谈。这除了交代场景之外，也让西塞罗能说上一句不那么严肃的俏皮话。在雅典，吕克昂是亚里士多德的学园所在地，也是在此地，他的追随者因漫步的习惯而获名"逍遥学派"。西塞罗的"吕克昂"是座豪华的楼阁，可能有着列柱走廊环绕的庭园，并且至少有一个房间被用作图书馆(2.8)。楼下练身馆(the lower gymnasium)被称为"学园"，故而西塞罗可以从雅典哲学中大获裨益，参见 Linderski 1989：105—106 = 1995：44：5；关于文化背景，可参见 T. K. Dix，*Athenaeum* 88，2000，448。

⑦ 某种程度上，西塞罗是在自我推销(*Tusc.* 5. 32；*Fat.* 4)，但这里提及《论神性》，强调了诸神学说和占卜之间在物理哲学范畴内的紧密联系。对比起伦理学和逻辑学，物理学(physika)研究的是事物的本质，包括抽象事物。

⑧ 虽然这些话挺吻合昆图斯的性格，作为对其学园派兄长的礼貌姿态，这些话其实也削弱了昆图斯接下来所呈现的论点。他认可了学园派在与占卜整体相关的问题上的主张的影响力。

⑨ 马库斯也强调了相似的观点(2.41)。盖乌斯·奥勒琉斯·科塔(C. Aurelius Cotta)在公元前 75 年担任执政官，依据阿尼安德斯(他反复猛烈抨击克里希普斯和安提

帕特的斯多葛主张,参见 1.7)的传统,科塔表现得像个学园派哲学家。科塔所抨击
的有 4 个主题:(1)诸神的存在;(2)神性;(3)神意的统治;(4)诸神对人的关注,参
见 MacKendrick 1989:178—180。

⑩ 参见《论神性》3.1,4—6,9—10,15 和结论部分,"关于诸神的本质,我大概就说这
些,并不是为了要驳斥它,而是这样一来,你可能就能理解,这个问题要解释起来是
多么的难解和困难"(3.93)。卡涅阿德斯有同样的动机,参见《论神性》3.44。

⑪ 即国教的惯例和教义,科塔为之强烈辩护,并在开始抨击巴尔布斯时坚称了自己的
信仰(ND 3.5;参见 ND 1.61,3.14)。

9

　　然而,我实在不妨对他的推论作个回应;因为在第二本书中,路西利乌斯(Lucilius)①对宗教作出了足够的辩护,就像你自己在第三本书末尾说的那样,于你而言,他的论述比科塔的更接近真实。②但是,你在这些书中却避而不谈一个问题,无疑这是因为,你认为应该将其权宜放入独立讨论中;③我指的是占卜,即对人们以为因偶然而发生的事件的预见和预测。④如果你愿意的话,⑤现在就来看看,它具有何种效用,拥有何种性质。⑥我本人的看法是,⑦如果我们从祖先那继承下来而在当下践行的所有样式之占卜都是可信的,那么诸神就是存在的,并且,反之,如果诸神存在,那么就存在拥有占卜能力的人。"

注释:

① 西塞罗给斯多葛派安排的代言人是 Q. 路西利乌斯·巴尔布斯。

② 《论神性》第 3 卷第 95 节:"所以我们和维里乌斯(Velleius)分别时,认为科塔的话更接近真理,尽管对我(西塞罗)来说,巴尔布斯的话更像真理的表象。"虽然西塞罗换了一种说法,本来在《论神性》中是用了学园派术语,这里是为了配合昆图斯,但这些话还是得到了怀疑主义者的认同。然而,是否要理解成强烈的相信,还是暂时性的赞同(1.7),这一点并不清楚。因为马库斯/西塞罗可能表现出接受了斯多葛主义的一些关键教义,比如相信某种受到共同认可的观点(例如 ND 1.2;*Tusc.* 1.30),相信"设计论"(argument from design,《论占卜》2.148,即世界万物及秩序由

神灵设计而成之说——译注），或者相信宗教与自然知识间的联系（《论占卜》
2.149），尽管他并不认同斯多葛的认识论基础（epistemological base），西塞罗可能也
赞同巴尔布斯话语中的很多东西，参见 Taran 1987:1—22。

③ 巴尔布斯认为，占卜和命运的问题异于诸神本质的问题，即使两者间有所关联（《论
神性》3.19），参见《论占卜》1.127。即使西塞罗想在其编写的希腊哲学百科全书中
囊括所有这三个问题，他也不会在一部作品里这么做。确实，通常的斯多葛做法，
是将占卜和诸神或命定论等话题分开在不同著作中去讨论，无论占卜是作为一个
整体，还是单独的具体样式，参见 1.5 和 introd.3。

④ 对于斯多葛派而言，对偶然（chance）的关键定义是"一种对人类理解来说晦涩难解
的起因"（例如 Aet. *Plac.* 1.29.7；Alex. Aphrod. *Fat.* 7），这个定义可能要回到德谟
克利特，参见 Arist. *ph.* 196^{b}5；Lact. *Div. inst.* 1.2。德谟克利特一开始就对占卜进
行定义，这对他的论述很重要，而昆图斯可能用了波希多尼对安提帕特定义的改动
版，即"对于偶然发生之事的预言和预感"，参见 Timpanaro,1xv,xciii。这次改动，
因受到卡涅阿德斯的抨击而成为必要，它让斯多葛派找到了摆脱先前立场的方法，
同时也肯定了一点，即在一个由神意来主宰的世界中，占卜性事件在本质上具有命
定性。在第 2 卷第 13 节中，马库斯狡猾地将安提帕特的原创定义归于昆图斯，到了
第 2 卷第 19 节时，下结论认为它毫无价值，参见 Hankinson 1988:155—157；Repici
1995:179；Timpanaro 1994:247。

⑤ 这些礼貌用语常见于第一个说话者开始说话时，参见 *Acad.* 1.14；*ND* 1.17。这里
只是想在确立了论辩所依据的基本定义后，进行斯多葛派观点的阐述。

⑥ "效用"预示着，昆图斯要强调的是令人信服的占卜结果（1.12），而"性质"（quale）则
指向占卜实践的多样性，以下他将一一呈现。

⑦ 昆图斯给出初步而扼要的表述，说明正统的斯多葛派立场，稍后他会进行更加完整
的阐述（1.82—83）。占卜实践的存在是不可否认的，但这些实践是否能带来对未
来的认识，还处于争论中。

10

　　"哎呀,亲爱的昆图斯",我说,"你正在做的,是通过坚持两个命题的相互依赖性,来防卫斯多葛派的堡垒:[①] '如果存在占卜,那么就存在诸神',还有,'如果存在诸神,那么就存在占卜'。[②] 不过却没有一个如你所想的被轻易给定。[③] 因为还有可能是,自然界在没有神的介入下,给出未来事件的预兆,[④] 而且也有可能是,诸神是存在的,但他们却没赋予人类任何的占卜能力。"[⑤] 对此,他回应道:"在我对某些清晰且显然的占卜[⑥] 的信仰中,我至少能找到足够的证据,让自己相信诸神的存在,还有他们对人类事务的关注。如果你允许,我将进一步阐明对这个话题的看法,你要是现在有空,[⑦] 而且没有其他更重要的事要忙的话。"

注释:

① 在第 1 卷中,马库斯有 7 次用首名(*praenomen*)来简单称呼昆图斯,但昆图斯从不直呼马库斯的名字,这是西塞罗对话集的共同特点,参见 Dickey 2002:258。因为马库斯对这个论述非常熟悉,所以他可以用这样的比喻说法,参见 *Fam.* 1. 9. 8。"堡垒"只是指以下辅助命题中的论点,虽然昆图斯大部分的主张确实都来自斯多葛的观点。

② 关于这种相反性的斯多葛派系谱,参见 Diogenianus(Euseb. *Praep. evang.* 4. 3):"克里希普斯给出了这样的表述,通过当中的任意一个论点来证明其他论点(proving each one via the other)。因为他想要表达的是,根据占卜中的命运(fate from

divination)，万物得以存在，但他要证明占卜存在，就只有通过假定万物根据命运
(Fate)而产生。"

"如果存在占卜，那么就存在诸神"，能够在亚里士多德文献中找到(fr. 10 R；参
见西塞罗，《论神性》2.12)，这经常重复出现（例见 Diog. Laert. 7.149；Them. *in
Anal*. Post. 2.8)。马库斯在离开学园时也说："如果存在诸神，那么就存在占卜"
(*Leg*. 2.32; cf. Sext. Emp. *Math*. 9.132; Iambl. *VP* 138)，但在《论占卜》中，他戴着
那顶怀疑主义的帽子时（例见 2.41)，就会对其揶揄之。

我们无法得知斯多葛派是如何具体阐述这一点的，但是要假定他们不只是从
对占卜的普遍相信这个事实出发，来推敲这种信仰的真相，则是合情合理的。随着
昆图斯接下来清楚地阐述，斯多葛派的论据依赖于他们对诸神的理解，他们认为诸
神关心人类并想要给予指引，也依赖于命运的存在。除占卜作用产生的必然理由
之外，这些论述并不能解释其他的事物，参见《论占卜》2.40—41。这种循环论证不
一定是恶意的，如果观点变成"占卜行得通；它之所以奏效，要先假定命定论存在，
才能解释得通；命定论主张的奏效，得到了一些经验上的支持"，参见 Hankinson
1988：139。这种观点要求两点成立：(1)相信在宇宙中，万事皆有其因，并互相连
锁；(2)诸神关心人类。这都是连贯的斯多葛体系的关键元素，并且"一起给占卜带
来了可能性(有可能是必要性)"，参见 Hankinson 1988：140—141。

③ 虽然"没有一个"必然包含了关于诸神存在的命题，马库斯并没有否认这点，但他确
实说"占卜很明显被毁掉了，但必须坚持诸神是存在的"(2.41)，以此来总结了他对
相互性的抨击。随后(2.106)，马库斯评论到，甚至是这个也没得到所有人的公认，
但不应就此表明，他自己是其中的一个持异议者。没有任何哲学流派会否认诸神
的存在(西塞罗，《论神性》3.7)。昆图斯在 1.9 中引用到《论神性》，马库斯本人接
受了诸神的存在，即便其观点的形成对于怀疑论的学园派来说带着适度的谨慎。
然而，马库斯也否认诸神会将占卜能力赐予人类。

④ 昆图斯所引的日常预言例子可能是马库斯考虑过的，即便他和其他人（例如 Isid.
Nat. *Rer*. 38)都不接受昆图斯和斯多葛派所支持的解释。

⑤ 简而言之，这是伊壁鸠鲁式的立场。昆图斯接受了这个异议，还有 1.82—83 中与
之相关的多种表述。

⑥ 昆图斯在此重申第一个斯多葛主张，即如果占卜存在，那么诸神存在，并强调了至
关重要的一点，也就是占卜的真实性，这可见于占卜样式的多样性、只有占卜存在
才能解释占卜实践奏效的事实。

⑦ 这句除了用来介绍西塞罗给对话设置了日期，并在政治场合上作出引用典故的评
论，还回顾了在柏拉图著作中可找到的那些场景设置，在其中，作者通常会给对话
人物安排好闲暇的时间，参见柏拉图，*Theag*. 121a；*Grg*. 458c。

11①

"说真的,亲爱的昆图斯",我说,"我永远有留给哲学的时间。况且,既然现在没其他更愉悦的事,我更加期待听听你对占卜的看法了".②

"我向你保证",他说,"我的看法里并没什么新颖或原创的东西;③我所采用的不仅非常古老,并且受到所有民族和国家的认可。占卜有两种:④一种基于技艺,另一种依靠自然。

注释:

① 这一段对话呈现了昆图斯论点中的基本逻辑划分(logical division)。有 4 个要素:他会采用两种论述:述古法(antiquity, *locus de vetustate*)和普遍法(ubiquity, *locus de consensuomnium*);他会采用人为占卜和自然占卜之间的区分,并研究占卜的结果,而非试图解释其原因(*locus de ignorantia*)。

② 关于西塞罗留给哲学的时间,参见 *Rep.* 1. 14;*ND* 2. 3;暗指西塞罗在公元前 48 年 10 月回到意大利后直到凯撒之死的这段期间,他几乎从政治生涯全面隐退,参见 *Acad.* 1. 11:"从为国效力中解脱了";*Tusc.* 1. 1:"我已完全或很大程度上解脱了辩护工作和元老院职责";以及《论神性》1. 7:"国家形势如今只需要一个人的建言和关注了"。西塞罗罕有的公开露面,比如,他的《为马尔刻洛斯辩护》(*Pro Marcello*)和《为利加瑞乌斯辩护》(*Pro Ligario*)都并非在欢庆场合。

③ 在某种程度上这是事实,因为昆图斯既非著名哲学家,也非斯多葛派,所以他对这些人的观点的表述并非具有创新性。在另一层面,这句话对于他将表述的那些观点来说非常恰当,基于对古代的认识和一些受到普遍认可的观点(1. 1;1. 2—4)。

④ 一种基于技艺,另一种依靠自然:古代这种将占卜的多种样式划分为两大类的做

法,清楚地说明了昆图斯的论述(参见引言部分):大体上,第 1 卷第 34—71 节涉及
自然占卜,而第 72—79 节涉及人为占卜。这里所采用的拉丁术语 ars[技艺]和 na-
tura[自然],相当于希腊语中的 techne 和 physis;它们并不标志着自然占卜和超自
然占卜间的分野,而是区分了诸神要向凡人传达意志时所采用的方法——前者间
接地通过需要解读的迹象,而后者是直接地传达(Timpanaro, xxix-xxx)。关于"技
艺的"的现代注释,有"归纳的"、"理性的"、"推测的"、"外部的"和"客观的"等注解;
关于"自然的",则有"内部的"、"主观的"、"直觉的"等解释,参见 Bouche-Leclercq,
i. 109。

   "技艺的"(to technikon)的术语和"非技艺的"(to atechnon)确实出自斯多葛派
(Plut. Vita Homeri 212),但如果将其追溯至荷马(Od. 20. 100—101),当中奥德修
斯向宙斯请求启示预言和显示征兆,这就说不过去了。荷马笔下的 endothen 和 ek-
tosthen 除了包含神谕和前兆的区别,不一定有所他指,虽然普鲁塔克的确认为这种
区分出自荷马(Mor. 593c)。希罗多德(9. 94. 3)可能谈过一种"天赋占卜"(emphyt-
os mantike),并认为墨兰普斯(Melampus)是从埃及人那学到的占卜技艺(2. 49. 2)。
虽然后者可以说是一种技艺(techne),但还不能肯定希罗多德通过这个方式来区分
占卜的多种样式,参见 F. Heinimann, MH 18,1961,129。柏拉图虽然是在神性启
激和其他方式之间来区分占卜(Phdr. 244d),现存的对话集并没有技艺/自然这类
术语的痕迹(pace Kany-Turpin 2003b:61—62)。

   通过占卜相关的物理元素,Varro 对占卜作出了截然不同和具有当时风格的一
个区分法(Serv. Auct. Aen. 3. 359)。西塞罗本可以对此精通,但对于一种基于希
腊哲学的讨论来说,在该学科中找到的区分法才是至关重要的。西塞罗可能是从
波希多尼的《自然哲学》(Natural Philosophy)中借用了术语,参见 Kidd 1988:108—
109,150。

12

现在——要说到那些几乎完全基于技艺的占卜——有什么国家或城邦①会无视预言家、解释者的预言或奇事征兆，还有闪电、占卜师、占星师和神谕，或者梦和狂乱的这些预兆——这两种被归类为占卜的自然方法？②我想，在这些占卜方法中，我们应当检验的是其结果，而非其起因。③因为，存在着某种特别的自然力量，现在通过我们长期持续的迹象观察，④并通过一些神性的刺激和启激，⑤从而对未来作出预示。⑥

所以，⑦卡涅阿德斯⑧就别再对那个问题究根到底了（帕那尔提斯也曾如此极力主张）——朱庇特是否有命令过乌鸦⑨在左边鸣叫、渡鸦⑩在右边鸣叫。⑪这类迹象都被观察过无数时间了，并且结果都被检验和记录了下来。再者，在记忆和记录的帮助下，没有什么东西是时间无法完成和获得的。⑫

注释：

① 又一次提到受到普遍认可的看法(1.1)。西塞罗在这里呈现了多种具体的占卜样式，划分为他先前提过的两大类。

② 检验内脏：昆图斯以脏卜的 3 个不同元素开始论述，而在整本书中，他都是分开进行讨论的。可能源自节律典籍的教仪顺序分别是内脏、闪电和奇事/预兆（entrails, lightning, and prodigies）。关于脏卜的知识，参见 Thulin 1906；van der Meer 1987，

Linderski 注释,*CP* 85(1990),67—71 = 1995:595—599, 677—678。

　　解释:解释对于所有的技艺占卜来说都至关重要,因为人们必定要发现并传达诸神所发出之迹象的意义。解释对猜测和推测迹象的意义起到了积极作用,参见 Linderski 1986a:2227—2228。

　　奇事:罗马人认为,自然界中的反常现象是诸神不满的征兆。关于各种拉丁语术语和古代词源,参见 1.93。有关的现代文献,参见 Rosenberger 1998。

　　闪电:为了包含闪电和雷击,西塞罗用了 *fulgur* 这个术语,此词比起他在占卜语境下使用的 *fulmen* 还要古老,参见 C. O. Thulin, *ALL* 14,1906,376;大体含义可参见 Thulin 1905。

　　占星师:参见 1.2。虽然拉丁语术语的 *astrologus* 可以不偏不倚地使用在占卜者类型总目中(西塞罗,*Fam.* 6.6.7),其实它常常带有贬低的涵义,参见 Hubner 1987:22—25。

③ 结果(*eventa*)相当于希腊语的 *ekbaseis*,此词在这种语境下的运用,可追溯至芝诺(Diog. Laert. 7.149:"[斯多葛派]说,真的存在各种样式的占卜;并且他们还把它当作基于一定结果(*ekbaseis*)的技艺(*techne*),就如芝诺所说⋯⋯"),而芝诺是提出经验主义观点的第一个斯多葛人,这些观点始终见于昆图斯的话中,参见 1.16,72,84,128。波希多尼在《自然哲学》第 2 卷中似乎已论证过,占卜是一种依靠结果的技艺(*techne*)。同样的观点可能在其《占卜论》中也出现过,这更像是西塞罗这部著作的材料来源。

④ 参见 1.2。这里指的是人为占卜,要透过长期观察所累积的经验来断定特定迹象的含义;第 2 卷第 146 节:"长期的观察⋯⋯(占卜的)学问通过记录事件来建立",参见 1.25;《论神性》2.166。

⑤ 参见 1.34,38,66。诸神对人类直接施加自然占卜的能力,甚至是身体冲击(physical, impinging),对此西塞罗用了带有"刺激"(goading)和"吹气、注入"(breathing upon/into)含义的两个名词来解释。

⑥ 昆图斯故意含糊笼统地解释占卜现象起因。力量(vis)和自然(natura)结合起来,暗示了和波希多尼想作出涵盖占卜两大类别的解释(1.129—130)的关系。虽然这个构想可能混合了不同斯多葛人的对立观点(Schaublin),但在此讨论阶段还不成问题。在此,昆图斯并不是想讨论诸神是如何引起迹象或直接影响人类意识,他只是想申明自然占卜和人为占卜都奏效。

⑦ 昆图斯以一长段"知其然,不知其所以然"(locus de ignorantia)之法开始论述,比如说占卜奏效,但我们并不知道其如何奏效。他将运用基本类比法,来比较人为占卜和其他领域,在后者中,"迹象"和"事件"间的联系得到认可,即便其本质和关联方式不为人知。例如,某些动物行为预示着即将发生恶劣天气;这点得到普遍接受,但这种气象学知识的运用并不是一种技术或技艺。在第 2 卷中,马库斯并不驳斥天气迹象的有效性,因为昆图斯并不将这些呈现为占卜,只是作为类似的东西(2.14)。毫无疑问,马库斯本可以仿效波埃修(Boethus)的路径,来假定迹象和事件间的物理联系,就像其他斯多葛人论述诸如退潮和涨潮等现象时那样(2.33—34)。波希多尼尤其有能力在占卜中融入气象学,因为他相信世界是神性的,宇宙自其起

源就遵循固定的法则(1. 118);亦可参见 Taub 2003。关于《论占卜》中的主张,参见 Kany-Turpin 2003a。

⑧ 卡涅阿德斯(1. 7)和帕那尔提斯(1. 6)拒斥人为占卜。在这段中,西塞罗要么引用了之前为写作《论神性》而读的克里托马库斯(Clitomachus),要么引用了波希多尼,而这段话展现出与克里希普斯和安提帕特相反的论证,而昆图斯稍后会作出反驳(1. 118—119)。卡涅阿德斯的揶揄包括两方面:一,关注渺小的鸟类活动,这与诸神的身份不符,也是其他评论者提出指责的一点(Sen. *NQ* 2. 32. 3—4;Apul. *Soc.* 7);二,乌鸦和渡鸦应该以相反方向的飞行来预示同一件事情,这点自相矛盾,参见昆图斯在 1. 120 中的回答。

⑨ 乌鸦:*Corvus corone sardonius*,巢居遍布意大利,并非只分布在意大利北部的黑鸦(*Corvus Corone*),参见 Andre 1967:61;Capponi 1979:190—196。乌鸦在左边鸣叫,象征着好运(例见 Plaut. *Asin.* 260;Virg. *Ecl.* 9. 15;Phaedr. 3. 18. 12),虽然普林尼(Pliny,*HN* 10. 30)称之为一种"发出不吉利叽喳声"的鸟,而且和它有关的征兆大多数都是不利的。

⑩ 渡鸦:*Corvus Corax*(Andre 1967:61;Capponi 1979:196—202)。它对罗马占卜的重要性可从术语 *cornicularius* 中看出,这是指在渡鸦身上观察征兆的人(Schol. Prud. *Psychom.* 636)。渡鸦在右边鸣叫,象征着好运(Plaut. *Asin.* 260),如在左边则象征着不利(Plaut. *Aul.* 624)。一般情况下,渡鸦是象征着凶兆的鸟(例见 Val. Max. 1. 4. 2,6)。

⑪ 左边、右边:西塞罗在此处并非是指罗马行政官员在占卜寺庙(*augural templum*)里所祈求的预兆,而在占卜寺庙的情况下,复杂的人类和神性的观念系统会决定,迹象出现在左边或右边分别所具有的意义(Linderski 1986a:2280—2286;图表可见 R. Beck,*Apeiron* 27,1994,p. 101),人们会请求诸神安排特定的鸟在一定方向上飞行。更确切地说,问题在于那些未经祈求却得到的预兆(oblative auspices, un-sought or offered),例如,提比略·格拉古在死前,曾有渡鸦出现在左边(Plut. *Ti. Gracch.* 17. 3)。在这种情况下,右边所意味的吉兆最大程度上是出于普遍的迷信观念,并且类似于希腊人的看法,即便可能并没受到他们的影响(Gornatowski 1936:56—57)。出现在左边的乌鸦和啄木鸟意味着吉兆,这种独特性并没得到合理解释,虽然 Valeton(1891:321 n. 1)尝试将其和征兆基质(augural matrix)联系起来,亦可参见 Guillaumont 1985:159—177。

⑫ 昆图斯的话有点夸张,但也是可以理解的,因为人为占卜的进行要依靠存档的信息,例如祭司占卜(*haruspices*)的闪电记录册(*libri fulgurales of the haruspices*),或者巴比伦人的占星记录。这是西塞罗第一次遭遇历史性的问题,而此问题对于昆图斯的经验主义主张来说至关重要;在第 1 卷中,很多种解释得到呈现,可信度各有不同,而到了第 2 卷,马库斯将对其一一质疑。

13

我们可能会惊叹,医生观察研究过如此多种药草,[①]还有如此多种有益于野兽咬食、观赏和伤口愈合的植物根部,[②]即便理性无法解释它们的力量和性质,但通过其实用性,已为医术和它们的发现者赢得了认可。所以,来吧,让我们考虑一些虽在占卜范畴之外,但还是很类似占卜的例子:[③]

> 当海的深度突然开始膨胀,[④]波涛起伏常常预示风暴将至;还有灰白的石头,布满雪白的海水,试图以预兆的语调,回应着海水;又或,当高耸的山巅上兴起一阵尖锐呼啸的风,每每遭遇四周峭壁的拒斥,却愈发强劲。

你那本《预测学》[⑤]充满了这些预兆迹象,但谁可以彻底了解它们的起因?[⑥]然而,我看到,斯多葛派的波埃修(Stoic Boëthus)[⑦]已尝试过这么做,并且已在解释大海和天空现象上获得成功。

注释:

① 占卜和医药间的一般类比对于斯多葛派的观点很重要,医药通常被看作是技艺,参见 Hankinson 1988:141—142。直到现代科学分解法将草药的有效成分分离出来,

才有了昆图斯所说的功效解释。就像这类药物一样，占卜产生了结果，所以应该得到运用。

② 药草、植物根等：《论神性》2.161 中也对地上的植物和地下的根部作了相同的区分。昆图斯在 1.16 中用到"根部"的例子，但尼坎得（Nicander）、狄奥斯库里得斯（Dioscurides）和老普林尼（Pliny the Elder）的著作透露了使用植物叶子和花朵作药很常见。

"有益于观赏"之处，另有英译本译为"有益于眼疾"（good for eye problems）。——译注

③ 昆图斯示意要开始另一层面的论述，引用了气象学的例子。论述透露出，斯多葛派尤其研究了天气迹象，因为他们认为这些是有序世界运作的一部分，故而，如果学会解读自然中的迹象，就可以预测天气了。

受到斯多葛派影响的索利的阿拉托斯（Aratus of Soli）写过《星象》（Phaenomena），这是一首六步格诗，有关亚历山大人天文学家欧多克斯（Euxodus）的同名作品《星象》。此诗的第三部分（733—1154）有关天气迹象，并且归根结底可能源自提奥弗拉斯特（Theophrastus）。昆图斯此处引用的 3 句诗节选，来自西塞罗早期的翻译，呈现了迹象的来源：（1）无生命的物体（1.13）和（2）除人类外的生物（1.14—15）。

《论占卜》第 1 卷满是诗句引文，用以支持昆图斯的论述。卡涅阿德斯严厉抨击过在哲学论述中引用诗歌（西塞罗，*Tusc.* 3.59），而西塞罗本人也质疑斯多葛实践中的一些做法（*Tusc.* 2.16—17）。然而，斯多葛人深深沉迷于此，参见 Diog. Laert. 7.180。虽然他们并不认为，希腊人的前哲学传统（特别是荷马）有多少真实性，但诗歌中讲述的神话对于理解很多观念的源头至关重要，参见 Long 1992：41—66。《论占卜》中对于引文分布和诗歌的不同运用反映了不同哲学流派的不同态度（Jocelyn 1973：66—71）。马库斯的引用主要用来支持已确立的观点，而昆图斯用来作为其论辩的重要论据，参见 Krostenko 2000：366—367。为了显得更加真实，西塞罗笔下的昆图斯只引用他自己那些公共领域的诗，或者更早期诗人的著名作品，参见 Jocelyn 1973：81—82。除了引用到诗歌的哲学先例外，西塞罗给昆图斯塑造的人物真实性还表现在，昆图斯写过《厄里戈尼》（*Erigone*，西塞罗，*Q Fr.* 3.1.3）和关于天文题材的诗作（Courtney 1993：179—181），这也反映出其长《气象》的影响。有关在哲学作品中运用诗歌的讨论，参见 H. - G. Schmitz，*PHJ* 100，1993，pp. 182—185。

④ 这个基本思路至少可追溯到提奥弗拉斯特，参见 *Sign.* 29，31；*Geopon.* 1.11.7。阿拉托斯 909—912："让风的迹象亦是膨胀的海和岸滩，咆哮至远方，海岸在和宜的天气下回响，山巅也发出响声"（tr. Kidd）。西塞罗用六句来翻译了阿拉托斯（Aratus）的四句，大大扩展了原先的版本（Pease）。一些扩展部分，比如"回应着海神（Neptune）"，是西塞罗自己的创作，但是其他元素，比如"突然间"，则反映出他的注释知识（Atzert 1908：6）。那么不太可能的是，所有的引用都是为了使得诗句更符合昆图斯的需要，比如说用"常常"，因为这些在《论占卜》之前是以长句写就的。亚里士多德派和斯多葛派解释的区别相当鲜明：前者认为迫近的风暴造成了海的膨胀，而对

于后者而言,迹象并非起因,所以大海只是个物理事件,受到了引起风暴的现象的作用影响,参见 Kany-Turpin 2003a：368。

⑤《预测学》：西塞罗在阿拉托斯的《星象》时,将其第三部分命名为"预测学",本来的标题为 *Diosemeiai*[迹象]。虽然阿拉托斯的诗歌是一个完整体,但西塞罗采用了很多阿拉托斯注释家的做法(J. Martin, *Histoire du texte d'Aratos*, Paris, 1956, pp. 9—10),将作品分开成不同部分；他曾 4 次提到具体的标题"预测"(*Prognostica*),参见 *Att.* 2. 1. 11, 15. 16b；*Div.* 1. 13, 2. 47。巴尔布斯将西塞罗的"阿拉托斯诗歌"说是西塞罗在还很年轻时所写的,比如说,公元前 85 年前。公元前 60 年 6 月,西塞罗在一封信中让阿提库斯(Atticus)等他的"预测学",伊西多尔(Isidore)用不同形式引用了一句话(1. 14)。其《预测学》在公元前 60 年的新版本可能仅仅反映了他对早期诗歌重新产生了兴趣,参见 *RE* 7A. 1237。再者,在公元前 40 年代,他带着新的哲学兴趣,可以将自己那些受到斯多葛影响的早期诗歌付诸新的运用,参见《论神性》2. 104—115；E. Gee, *CQ* 51, 2001, pp. 527—536。

⑥ 接下来的内容说明这是个反问句。除了阿拉托斯,在维特鲁威(Vitruvius)列举的熟知天气预测知识的希腊学者中,没有人和天气预测之间有确凿的关系。现存据认为是提奥弗拉斯特所写的《论迹象》(*De Signis*)列举过相关迹象,但没尝试对其作出解释。

⑦ 斯多葛派的波埃修：西顿的波埃修(Boethus of Sidon)是巴比伦的戴奥真尼斯的学生,曾写过至少长达 4 卷篇幅关于阿拉托斯的评注,参见罗德岛的戈米纳斯(Geminus of Rhodes)："波埃修……在前面提及的迹象之后,给风和风暴都作出了物理(physikas)解释。"

14

　　然而,为什么会发生以下的事情,谁又能给出一个令人满意的解释呢?[①]

　　　　蓝灰色的苍鹭,[②]在逃离海洋狂暴的深渊时,从颤抖的咽喉中,发出不协调而狂野的警告,尖厉地宣告,风暴将至,并满载恐惧。常常在黎明时分,黎明女神(Aurora)在雾滴中释放霜结,[③]夜莺从胸膛中倾泻罪恶的预言;随之,它恐吓着并从喉咙中吐出无尽的怨诉。黑鸦常常不安地在海岸徘徊,头冠栽进涌涌海潮,颈部冲击汹汹巨浪。[④]

注释:

① 即使是伊壁鸠鲁也认可,动物行为能预示未来的恶劣天气,但否认在生物活动中,生物的行为、天气和任何占卜媒介之间的因果联系,参见 Diog. Laert. 10. 115。阿拉托斯的注释者(913,946,953,954)给昆图斯所举出的现象范围提供了自然解释,将迹象归因于动物的"知觉灵敏"——相比之下,穿上衣着的人却不能感知寒气的侵袭,嗅觉也变得迟钝。

② 苍鹭:参见阿拉托斯 913—915:"当苍鹭不寻常地从大海飞行到干燥之地,并发出许多声嘶叫,那么它即是顺着海面之风飞行。"(Kidd 译)

③ 西塞罗将阿拉托斯 948 中的那句"一只孤独的 *ololygon* 发出黎明的鸣叫"拓展成了四句诗。阿拉托斯口中的这种生物还不确定是什么,注释者作出多种解释:斑鸠(trygon),水鸟(orneon zoon enhydron),或者某种栖息于湿地、身长并且无法说清

的生物(zoon limnaion hypomekes adiarthroton)。他们还引用了亚里士多德(*Hist. an.* 536ª11),亚氏认为,雄蛙发出 *ololygona* 的声音,唤来雌蛙进行交配。阿拉托斯的原始材料(Theophr. *Sign.* 42)将 *ololygon* 放在一系列的风暴迹象中,更早的(15)将绿蛙在树中的鸣唱作为下雨的前兆。

④ 这两句诗翻译了阿拉托斯的 949—950:啁啾的乌鸦沿着突出的海岸线,将鸟头浸入到涌上海岸的浪潮。将头浸入到水中的独特动作,并没有出现在提奥弗拉斯特对 Korone 发出风暴警告的描述中(*Sign.* 16),但在阿拉托斯之后很常见,例如 Geopon. 1. 3. 7;Avienus 1704—1706;Plin. *HN* 18. 363;Lucan 5. 555—5556。乌鸦经常以天气预报者的角色出现,例见 Nic. *Ther.* 406 和 Euphorion in the scholium ad loc. ;Lucr. 5. 1083—1086;Hor. *Carm.* 3. 17. 11—13;Quint. *Inst.* 5. 9. 15。

15

我们会看到,这类迹象极少会欺骗我们,却不知它们为何如此
准确。^①

  汝等也能辨别迹象,汝等活水中的栖息者,^②当你大声喧
闹,发出空无意义的叫喊,^③以荒诞和可笑的牢骚来搅动泉流
和池塘。

谁能想象得到,仅仅是青蛙就有这样的预见能力?^④然而,它
们确实天生具有某种预感,并对预感足够清晰,但对于人类的理解
来说却太过晦暗难明。^⑤

  缓慢笨拙的牛群,眼眸向上对着天空的光,用鼻子吸嗅着
空气,并感知其中的水分。^⑥

既然我已知道发生了什么,我就不问为什么了。^⑦

  如今实有其事:常绿的乳香,曾负载着叶子,3 倍地生长
萌芽,随后 3 倍地长出果实;发出着 3 倍的迹象,是为了展示

出 3 个季节的耕耘。⑧

注释：

① 昆图斯承认，天气迹象并非绝无错误，在第 2 卷第 14 节中变成了更弱化的说法，即"很多时候，而并非总是"。然而，对于昆图斯和斯多葛派来说，只有一种样式的成功，类似于在医药或随机技艺中得到接受，才能必然证明这种迹象的存在。

② 西塞罗这 3 句诗译自阿拉托斯的 946—947。为了打破阿拉托斯诗中单调的交替，西塞罗给这些生物加上了撇号；同时他没提及阿拉托斯那句插入语"a boon to water-snakes"，并完全把"fathers of tadpole"改成了"活水的栖息者"。蛙的鸣叫被视为下雨前的迹象，最早能在提奥弗拉斯特中找到(*Sign.* 15)，后来就变得常见了，例见西塞罗，*Att.* 15. 16A；普林尼，*HN* 18. 361；普鲁塔克，*Mor.* 912c,982e。

③ "空无意义/空洞的"是西塞罗加上去的，并不合适昆图斯的论证，如果这里的意思是叫喊得到不了什么，比如，避免不了风暴(Timpanaro)，或者是没有任何所指的内容。毋宁说，如果把哲学上的精妙归于这位年轻的诗人，那么就能从昆图斯接下来的问题中看出一点微妙——青蛙并不理性地作出预报，或能够有意识地对神启的迹象作出回应，但它们还是能够成为占卜体系中的一部分。

④ 词缀 *ranunculi*(仅仅是青蛙)含有轻视之义，而不是说青蛙的大小。昆图斯沿着斯多葛的思路(《论神性》2. 163)说到，占卜仪式是人的专有领域；而动物和自然世界中对天气迹象的感知，仅仅是"类似于占卜"(1. 13)。

⑤ 昆图斯直面这些动物中迹象与能指之间关系的问题，连同波希多尼所提出的观点，即认为存在某种知觉力量，遍及全世界且能够在能指中产生迹象(1. 118)，并认为一些动物的物理性质受到神的精心操控，他们从而能够感知大气中的变化，参见 Iambl. *Myst.* 3. 26。据此说法，对自然的提及，就一点也不模棱两可了，并且没引入任何"自然占卜"的概念，参见 *pace* Kany-Turpin 2003a：370。昆图斯结束时用的对比，也包含了他反复提及的观点：这种类占卜的结果是明显的，但它是如何起作用的，却还是模糊不清。阿拉托斯的注释者给感知到水变得更凉静的青蛙作出了自然解释。

⑥ 阿拉托斯 954—955："天即将降雨，牛群仰望天空，吸嗅空气"，参见 schol. ad loc.："所有四足动物的感觉都比人类敏锐，特别是牛属动物，因为它们抬起鼻孔，所以每当感知到空气中不洁的散发物，它就会向上仰望天空，并闻到暴风雨来临前空气中的厚浊，从而显示出天将降雨。"注释者所给出的这种自然解释实际上也通过"空气中的水分"融入到西塞罗的翻译中，但昆图斯对此选择了忽略，因为他并不想让物理学解释弱化了占卜的类推论证。除了人之外的动物要是仰望天空的话，都会被视为非同寻常(参见柏拉图 *Cra.* 399c，还有 Pease 在《论神性》2. 140 中汇集的很多对比之例)，所以牛的行为值得注意。这个迹象首先可以在提奥弗拉斯特(*Sign.* 15)中找到，随后的例子可见 Ael. *NA* 7. 8；*CCAG* 8. 1. 137；*Geopon.* 1. 3. 10。

⑦ 参见阿拉托斯 1051—1053："乳香发芽 3 次，总共结 3 茬果，每茬结果都能连续给耕作带来征兆"(The mastic buds three times, its growths of fruit are three in number, and each growth brings signs in succession for ploughing，Kidd 译）。乳香树（Pistacia lentiscus）是一种常绿树，分布于地中海周边，出产树脂和油。它开花 3 次，首先出现在提奥弗拉斯特著作中（*Sign.* 55；普林尼，*HN* 18. 244）。Geoponica（11. 12. 2）提到要警惕这类现象，因为这在植物学上说不通，参见 Kidd 1997：544。

⑧ 3 个季节/3 次耕耘：从荷马（*Il.* 18. 542；*Od.* 5. 127）和赫西俄德（*Op.* 462）以降的一种做法，参见 West 1978：274 中所汇集的引证。在休耕年期间，会建议农民在春季、仲夏和秋季（在播下来年的种子前）进行犁耕，参见 Walcot 1970：38—39。

16

　　我从没问过，为什么仅仅是这棵树开了 3 次花，也不问为什么它的花期和农作物的适耕期相一致。我对我所知道的感到满足了，[①]虽然我可能不知其因。所以，至于所有样式的占卜，我也会给出同样的答案，就像刚刚提到的例子那样。

　　我见过黎凡特薯可催泻，[②]也知道马兜铃植物可解蛇毒[③]——顺便说说，这名字源于其发现者，他通过梦来认识它[④]——我见过它们的效用，这就够了；我并不知道它们为何可以如此。所以，虽然我并不是很清楚，前面提到的风雨迹象预兆的起因为何，但是我可以辨认、理解和证明它们的效果和作用。对于内脏中的裂缝[⑤]和纹路[⑥]也一样：我接受它们所预示的意义；我并不知道它们的起因。现实生活中充满了和我一样遇到这种情况的人，[⑦]因为几乎每个人在占卜中都运用了内脏。再问一次：我们是否能怀疑闪电的预言价值呢？我们不是有很多证明其神奇的例子吗？以下例子不是尤其显著吗？[⑧]萨玛努斯（Summanus）[⑨]的雕像塑立在至善的最高者朱庇特（Jupiter Optimus Maximus）[⑩]神殿顶端——当时其雕像是用黏土制成的[⑪]——当这个雕像遭霹雳击中而头部消失无踪时，卜者宣称它已被扔到台伯河里了；之后，的确在他们所指的地方，找回了那个消失的头部。[⑫]

注释：

① 这是昆图斯在其经验推论中所提出的最明确的观点,这给他接下来的古代医学举例增加了有效性,而古代医学作为技艺的合理性是清晰的(1.24,2.13)。

② 黎凡特薯 *Convolvulus scammonia* L. (Levant scammony)生长分布于地中海东部地区,有着三角叶子和众多支系的粗根,参见普林尼,*HN* 26.59;Dioscur. 4.70。其根部提取的树脂,有配糖成分,可作强效泻药,甚至具有危险性。它出现在公元前 5 世纪以降的医学书中,例如 Hippocr. *Affect.* 2.505;Arist. *Probl.* 864ᵃ4;Plut. *Mor.* 134d;Dioscur. 4.170;Galen 4.760 K。

③ 马兜铃属植物至少有 10 种,古代人从中区别了三四种,得名于其主要效用:在分娩时作温和的镇痛剂。古代人区分的几种马兜铃中,有一种叫作"长草"(*makra*),据希腊材料记载可特别作为蛇毒解药(Dioscur. 3.4.4;*Eup.* 122—123;普林尼,*HN* 25.97);关于解蛇毒有着一般性的效力,参见 Apul. *Virt. Herb.* 19。最为可能的植物是 *aristolochia longa*。

④ 西塞罗反对"对分娩中的女人最为有益"的词源。西塞罗遵循了亚里斯多德的说法,即在以弗所的阿尔忒弥斯神庙建造期间,阿尔忒弥斯给一个名叫阿里斯托洛奇亚(Aristolochia)的女人透露了治愈蛇毒的方法(Schol. Nicand. *Ther.* 509,参见 937),然而,西塞罗却把发现者的性别改成了男性。从西塞罗用了 inventor(《论神性》3.59;*Orat.* 1.13 的 *inventrix*)可得知,这个推论是合理的。在治疗圣地召梦(incubation)期间,通过梦来获得治疗法的做法很常见(例见 Iambl. *Myst.* 3.3;Plin. *HN* 29.3);药草方也通过梦来透露(例见 Diod. 17.103.7;Plin. *HN* 25.17)。

　　招梦术(incubation),一种宗教仪式,通过在圣地或圣所睡觉,以期获得神启之梦或治愈之术。——译注

⑤ 内脏中的裂缝:脏卜师从祭物体内取出内脏器官,从而进行检验。对罗马人来说,这些器官往往是肝脏、胆囊和心脏。

　　西塞罗提到的"裂缝"(fissum)只出现在和肝脏相关的地方(《论神性》3.14;《论占卜》1.118,2.28,32,34:"就好像在内脏中,通常是最小和最细 *difissa* 预示着最伟大的成功");而在美索不达米亚占卜中有着极其复杂的分支和术语,其中有些像伊特鲁里亚语。虽然 J. Nougayrol(*CRAI* 1955:511—512)写过巴比伦术语和赫西基奥斯术语之间惊人的一致性,但并没直接详细地将巴比伦占卜中的详尽术语和我们从拉丁、希腊文本所了解到的伊特鲁里亚术语的二手材料的极少知识联系起来,参见 Starr 1983:2。Blecher(1905:197)认为,"裂缝"将肝脏分为"友好"和"敌对"两部分,但却很难符合马库斯所说的脏卜师必须辨别"裂缝"预示"友好"还是"敌对"的说法,参见《论占卜》2.28。的确,Van der Meer 对皮亚琴察(Piacenza,意大利北部城市)肝脏的研究表明,友好和敌对的区域对应了肝脏的东部和西部,因而得出结论,这种区分等分了因冠状韧带(*ligamentum coronarium*)和圆肌(*teres*)所造成的两片裂片的自然分裂(1987:147—152)。肝脏通常来说并没有裂缝,但这也是脏卜师能轻易察觉的不正常情况,大致像一个切口,参见 Guittard 1986:56。对于 Thulin(1906:41)而言,*fissa* 是肝脏表面的条纹,为数不少。然而,和 *findo* 相关

的名词 *fissum*，是否自然就表示"条纹"或描述条纹的作用呢？其本源词义为分裂
或分开，*Fronto* 的强化形式 *difissa* 应该解释为"分裂开"，这就更值得注意了。在
巴比伦占卜中，时常会提到一种叫 *pitru* 的现象，译为"裂缝"、"分裂"或"凹痕"，可
以为数众多地出现在肝脏的左右两边，长度至少达到手指的一半，卜者才会予以考
虑；虽然大部分时候它意味着不祥，参见 Koch-Westenholz 2000；42，61。

⑥ 纹路：*fibra* 字面意思为"线"或"细线"。在巴比伦脏卜中，术语 *qu*（细线）表示一种
呈现出多种颜色并分布在肝脏各个部位的现象，而且预示着消极的意义（Koch-
Westenholz 2000；63）；也有解释为可能由于吸虫寄生虫所引起的炎症，参见 Lei-
derer 1990；50。而在脏卜的情况下，*fibra* 在用作一种技术术语而非内脏的普通命
名时，罗马人给 *fibra* 赋予了两种不同的意义：（1）末端和（2）血管和肌肉（例见
Serv. *Georg.* 1. 120）。Thulin（1906；42—44）倾向于第一种，引用了塞尔修斯（Cel-
sus）（4. 1），后者说肝脏分为四 *fibrae*，Thulin 将之等同于希腊语中的 *lobos*［叶］，但
塞尔修斯有关人体肝脏的话，不应当转移到羊身上（Guittard 1986；55—56）。如果
巴比伦的类比和 fibra 的字面意思有关，那么这种现象就比肝脏的主要分裂要具体
多了，并且是呈现出多种颜色的局部异常现象。

⑦ 昆图斯的惯常回答从日常生活中获得了进一步的经验支持。最好解读成一种综
述，而不是局限于脏卜的评论，比如说，在生活的每个方面，我们都有不理解的事
物，但我们接受了它们的发生。

⑧ 闪电预兆的解释和代理工作（procuration）是罗马占卜活动的第二项主要工作。罗
马编年史中有很多关于闪电的记载，其史实性（相对于其意义）确定无疑。因而，昆
图斯可采取一种更开放和肯定式的问题。虽然 *in primis* 可翻译为"特别是"或者
"最重要之一"（参见 Schaublin 和 Timpanaro），西塞罗所说的事件，可能是自公元前
278 年以来，元老院首次引入了脏卜，伊特鲁里亚最后得到政治解决，使得这种新方
法成为可能（MacBain 1982；47），所以体现了当时这个情况的译法似乎更好。

⑨ 萨玛努斯：神，据说是提图斯（Titus Tatius）将萨玛努斯崇拜引入罗马（Varr. *LL*
5. 74），此神负责在夜间发出闪电（Festus 66，254 L；Plin. *HN* 2. 138；August. *De
civ. D* 4. 23）或更准确的说，在拂晓之前（*CGL* 2. 348）。其名的源义和其职能仍有
争议：有个词源认为其名得自 *sub* 和 *mane*，例如，拂晓之前，这较好地将其身份解释
为晨星；另一个词源倾向于解释 *summum solis*，即太阳在天空的最高点，这很符
合其节日 7 月 20 日（Prosdocimi 1978；199—207）。结合夏至，给萨玛努斯的特定供
品和闪电，可以清楚看出，他是一位宇宙神，可能基本上与朱庇特有所区别，后者是
印欧话语中的夜空之神（Champeaux 1988；83—100），或者甚至是月亮，梵语中的苏
摩（*soma*）（Magini 2001；69—71），参见 B. Garcia Hernandez，*Emerita* 60，1992，pp.
57—69。

⑩ 至善的最高者朱庇特（Jupiter Optimus Maximus/Jupiter Best and Greatest）：罗马的
主神，神庙在卡比托利欧山上，供奉朱庇特、朱诺（Juno）和密涅瓦（Minerva）。此处
列出其尊号 Optimus Maximus，这显出他所处的最高地位，参见 Radke 1987；233—
253。在神话、宗教活动和权威仪式的总体关系中，对至好至伟的朱庇特的崇拜，与
罗马帝国统治的壮大和持续息息相关（例见 P. Borgeaud，*MH* 44，1987，86—100），

所以,任何与之有关的预兆都值得重视。其庙宇在罗马共和国里规模最大(*LTUR* ii. 144—148)。

⑪ 这句描述话语是 Timpanaro 和 Schaublin 附加给萨玛努斯的,很可能是正确的,表明这尊雕像的古老性和这次事件的非同寻常性。在西塞罗的时代,神殿中供奉的是一尊萨玛努斯的金属雕像。

⑫ 参见李维,*Per.* 14。公元前 278 年,诸神警告罗马要提防伊庇鲁斯王皮洛士(Pyrrhus)的威胁,而后者将对罗马在意大利半岛的霸权发起第一次威胁:他来自东部,和闪电的方向一致。占卜师凭借技能判断闪电方向,从而找到雕像头部,它被炸到 300 米开外的台伯河里。MacBain(1982:47)恰如其分地称这次事件为"戏剧性的变化"(coup de théâtre),这明显表现出,诸神支持将占卜正式引入罗马,并支持进一步将伊特鲁里亚并入罗马以壮大实力去对抗侵略者。

17

然而，在这方面，我还能去哪里找得到比你更权威的来源？①
我曾愉快地背诵下缪斯女神口述的句子，②就在你那首名为《我的
执政官生涯》一诗的第二章：③

> 首先，朱庇特，燃烧着来自天界的火光，他一转身，于是万
> 物都充满了他的荣耀之光；还有，虽然永恒的以太束缚和局限
> 着他，④但他有着神圣之灵，不断地搜寻着大地和天空，向最
> 深处述说凡人的思想和行为。当一个人认识了行星的移动和
> 不同的轨迹，座落于迹象位置的星星，在黄道带之中，（论及希
> 腊命名法错误命名的流浪者和漫游者，⑤然而，事实上，它们
> 的距离是固定的，并且其速度也是不变的）随之，他就会知道，
> 这些都归无限智慧（Infinite Wisdom）所掌控。⑥

注释：

① 在某种程度上，昆图斯这段话很好地进行"针对个人偏好式"（*ad hominem*）论述，在
其中，他可以引用西塞罗的原话，来描述他认为是神示的奇事和仅仅发生于《论占
卜》之前 20 年的一系列现象。即便马库斯会攻击昆图斯其他所有例证的史实性，
但对自己说过的话，马库斯就不得不承认昆图斯所论述的第一部分内容，即奇事和
其他占卜现象确实有发生过。实际上，当马库斯要应对自己的原话时（2.45—48），

他并没否认这些事件的史实性,只是昆图斯的解释总的来说并没有给论述带来效果。

　　即使西塞罗本可通过用某种形式展示这些奇事的相关散文(*Cat.* 3. 18),来维护"针对个人偏好"的论述,但却运用了更加戏剧化和完整的诗歌形式,这非常符合传统的斯多葛论述法。克里希普斯曾大量引用欧里庇得斯的《美狄亚》,多到欧里庇得斯的读者都会打趣地说,他们是在读克里希普斯的《美狄亚》(Diog. *Laert.* 7. 180)。我们可能会想,昆图斯的赞誉(*Leg.* 1. 1)带着一点讽刺,然而,事实上,现存最长的拉丁语诗歌引用来自于西塞罗,这点意味着作者对其著作的面世感到骄傲,即便作品本身并没得到很好的接受(例见西塞罗,*Pis.* 72)。然而,对 Krostenko(2000;380—385)而言,内容更具实质性:在整部著作的语境下,给昆图斯的论述插入了诗歌,这使得西塞罗与之保持了距离,也和关于诸神和个人间关系的主张保持了距离,在后者之中,暴君凯撒的例子会令人不以为然。然而,非传统、非罗马式和私人化的关系的这个特点,在此处引用到的《他的执政官生涯》(*Consulatus suus*)章节中并不显得突出——西塞罗在担任国家高级执政官执行日常任务时,都会得到诸神的交流;那些前兆发挥了其传统的预警作用,而不是和凯撒相关的希腊化作用。

② 参见据认为是巴尔布斯的主张(西塞罗,《论神性》2. 104)。学者们一致将乌拉妮娅的讲话置于公元前 63 年 12 月的背景下,在此之前,阿洛勃罗革革人最先道出了喀提林的阴谋,并通过梦来派遣西塞罗到赫利孔,在梦中乌拉妮娅建议他严厉处置谋反者。然而,这违反了缪斯只对诗人,而不对英雄或政治家说话的史诗传统。倒不如说,在随后发生在公元前 60 年诗歌写作期间的事情更合理,当时西塞罗需要知晓所发生之事的重要性,还有诸神是否真的通过迹象来预示未来,参见 Jocelyn 1984;44—46。

③ 西塞罗写下了不少关于其执政生活的文字。在公元前 60 年 3 月 15 日,他让阿提库斯等一首诗(*Att.* 1. 19. 10)。同年 12 月,他引用了卡拉培的卷三结尾(*Att.* 2. 3. 4)。诗歌在不久后发表了,名为 *Consulatus suus*[他的执政官生涯],而不是 *De Consulatu Suo*,参见 Non. 298, 300 L;Lact. *Inst.* 3. 17. 14。

④ 这个朱庇特形象见于斯多葛思想中,而非神话描述。斯多葛派认为最伟大的神是以太,一种难以捉摸的炽热物质,它弥漫在整个造物秩序中,例见西塞罗,*Acad.* 2. 126;《论神性》1. 37, 2. 28, 57—58, 3. 35;Diog. Laert. 7. 138。"首先"(principio)可能是一种说教风格的特点,而不表示先后顺序。西塞罗的诗歌并没过于详细地将哲学思想结合到史诗里去,而是追忆了阿拉托斯序文中的主题,序文援引了缪斯来解释天空,就像乌拉妮娅所做的那样(Kubiak 1994;58—59)。再者,对于昆图斯为占卜所作的辩护来说,呈现遍及并统治宇宙的神是完全合适的,这对占卜中迹象的产生和解释来说是必要的条件。

⑤ 西塞罗(*Tusc.* 1. 62;*ND* 2. 51, 119;*Rep.* 1. 22)抨击了希腊人给恒星的命名。Planetes 意为"流浪者",然而,恒星遵循的是可预测的固定路线。自柏拉图(*Leg.* 821b)以降,这个错误就受到各种议论,而且十分常见,例见普林尼,*HN* 2. 12。

⑥ 比如说,它们的活动并不是随机的,而是受到掌管宇宙的神性意志的支配。"Mark"[痕迹、标记]诗意地借用了斯多葛派的"标志"(1. 64)。昆图斯在这句话之前可能遗漏了一段话,其中将神性意志和占卜中被视为重要的现象联系了起来。

18

　　担任执政官的你,①的确立即洞察到快速移动的星座,注意到星星在不详的会合时发出的强光;然后,你会观察到彗星那颤抖闪烁的光芒,②这时,在攀登白雪覆盖的阿尔巴努斯山地时,你在拉丁人的宴会上献祭愉悦的牛奶奠酒。③不祥一定会降临于拉丁人的宴会:许多预兆早已出现,看上去,简直是一场夜间屠杀④;随后,突然间,圆月在夜空中变得模糊不清——她灿烂华丽的容貌被掩盖了,即使夜空依然有着繁星点缀;⑤然后出现那悲痛的战争预示,阿波罗的火炬⑥,将红火上升到天穹,到天空之巅,在朝西的斜坡上寻找一处位置,太阳于此沉下;随后一个罗马人在离开华丽的住所时,被晴朗无云的天空一记可怕的闪电击中。⑦随后,地震⑧摇撼了满载果实的土地;人们看见夜间的鬼怪⑨,它们骇人听闻,而且形象多变,并发出警告,说战争即将降临,国内将会暴乱;可怕的预言、即将降临之灾难的悲报⑩,自预言者狂乱的内心倾泻而出,快速流向所有的土地。

注释:

① 根据当时和随后的记录计算,公元前 63 年频繁发生气象现象和征兆;公元前 63 年

12 月 3 日,西塞罗发表第三次反喀提林演说(*In Catilinam*)(18—21),实际上以散文形式给出了此番描述。然而,诗歌开始处的两个现象并未曾出现在其他处,这意味着西塞罗有着广泛的材料来源,再从中为演说或诗歌的语境选择合适的材料,参见 Koves-Zulauf 1997:222—223。Jocelyn 推测(1984:49),原本的描述也列举了恒星会合之例(planets in conjunction),并可能说出了处于上升位置的星座。

② Pease 用极光来解释这种现象,因为"颤抖"恰当地描述了这种光出现在冬天时的效果和景象。无论是在普通人,还是知识分子眼中(Manil. 1.892—893),对彗星的主要联想通常是消极的(John Lyd. *Ost.* 10—11,29—31);它们尤其会被当作政治动乱的前兆(例见西塞罗,《论神性》2.14;Sen. *NQ* 7.17.3;Tac. *Ann.* 15.47.1)。人们偶尔也会出于政治原因而对其进行积极的联想解释,参见 E. Flintoff,*ACUSD* 28,1992,pp. 67—68。

③ 每年执政官在履任后不久,都会在拉丁同盟的圣所举行献祭,供奉阿尔巴努斯山上的朱庇特(Jupiter Latiaris),它位于罗马东南部约 21 公里的地方。日期并不固定,每年需由执政官下令来选定日子。西塞罗提到的白雪覆盖并不符合 5 月初的情况。关于净化祭品(*lustrasti*),参见 1.105。在拉丁节日上献祭牛奶(Dion. Hal. 4.49.3;Festus 212 L),通常是古式做法,参见普林尼,*HN* 14.88。

④ 这个描述更符合极光飘忽不定的光线和色泽,而不是梦境(Soubiran 1972),天空发出的怪响就像战争中的声响,参见 Obseq. 14,41,43;Jocelyn 1984:50。

⑤ 罗马历书中的紊乱影响了对日月蚀日期的确认。据说,因为无法常规地在历书中设置日期,日历年(civil year)甚至能比太阳年(solar year)提前 105 天,所以天文日期公元前 64 年 11 月 7 日的月蚀其实发生于前儒略历前 63 年 2 月 4 日晚间 23 时,参见 Radke 1990:86—87。虽然这样会将拉丁节日的庆典置于一年较早时的常规日子,但是还是可能会产生大约 5 天的误差,参见 Brind'Amour 1983:59。因此,西塞罗所说的日月蚀应该是前 63 年 5 月 3 日的月蚀,其程度达到 11 月月蚀的两倍,而且在罗马城郊观看是极其壮观的,因为当时月亮在天空中的位置较低。

⑥ 对此现象最常见的 3 种解释是:(1)日偏食;(2)彗星;(3)流星(Montanari Caldini 1988),还有个更具体的论述是关于黄道光的。黄道光沿着黄道向上伸展,主要在晚冬早春的日落后可见,参见 Haury 1984:97—103;idem,*Ciceroniana* 5,1984,pp. 199—200。辨别的关键在于 *magnum ad columen* 的意思:可理解为"一根大柱"(*Soubiran*)或"通向它的顶点",参见 Courtney 1993:165。后者更为合理,西塞罗采用了 *columen*(1.20),表明"提升、提高"之义。如果我们认同"太阳神的火炬"是对太阳的诗性描述,并且 *columen* 意味着提高,那么西塞罗描述的就是出现在天文日历公元前 63 年 5 月 18 日的日偏食,参见 Koves-Zulauf 1997:219—222。

⑦ Dio 记录了不止一次闪电击中人的现象(37.25.2;参见普鲁塔克,*Cic.* 14);普林尼(*HN* 2.137)将遇难者命名为来自庞贝的 M. 赫壬尼乌斯(M. Herenius)(Obseq. 61;Vargunteius),是当地显赫家族的成员。从荷马以降,晴空出现闪电和打雷被视为不祥(*Od.* 20.113—114),但却极少有相关的科学讨论,参见 Hine 1981:272—273。罗马人认为这些属于奇事征兆的范围,参见 Obseq. 1,24,28,47。闪电击中人被视为更大灾难的征兆,例见 Livy 10.31.8,22.36.8。

⑧ 关于地震,参见 Dio 37. 25. 2;Cic. Cat. 3. 18;Plut. *Cic*. 14;斯波莱托和其他一些地方被夷为平地(Obseq. 61)。"怀孕的/满载果实的",意味着孕育了一场阴谋或地下之风,古代人认为后者引起了地震,参见 Courtney 1993:165。地震在古代通常被视为不祥(例见普林尼 *HN* 2. 191—206;John Lyd. *Ost*. 107—110 W),并频繁出现在罗马国教要采取措施抵消的奇事征兆中(Obseq. 7, 29, 35, 45, 46, 54, 59, 68, 71),参见 W. Capelle, *NJ* 21, 1908, pp. 603—633;G. Traina, *ASNP* 15, 1985, pp. 867—887。

⑨ Dio 37. 25. 2;*eidola*;Plut. Cic. 14;*Phasmata*。虽然这似乎是指鬼怪,而非梦里的幻想(Pease 语),但这两种现象不应该全然区别开——人在睡眠时可能经历到鬼怪,而鬼怪也会引起梦的发生,参见 Ogden 2001:75—80, 219—230。

⑩ 西塞罗尝试联系起早期的历史事件和相关的预言,类似的奇事、彗星和闪电击中人等征兆,标志着公元前 87 年马略支持者和苏拉之间的争执(Pease,*CP* 14,1919,pp. 175—177),或者,在前 83 年卡比托利欧山遭到焚烧后,给出了预言,认为 20 年后会发生残暴的内战,参见 Sall. *Cat*. 47. 2;西塞罗,*Cat*. 3. 8。

19

最后降临的这些不幸将长久持续——诸神之父①预言过
所有这些,他曾在地上和天上重复给出确凿无误的迹象。

如今,关于那些托夸塔斯(Torquatus)和科塔(Cotta)担
任执政官时所作出的预言,——出自一个吕底亚卜者,他具有
伊特鲁里亚血统②——在你履职短短 12 个月内,全部都成为
现实。③对于在高空鸣雷的朱庇特,当他站在繁星璀璨的奥林
匹斯山,朝着以他的名义而建立的寺庙和纪念碑,投掷出他的
重击。在基座处,他释放了闪电。④然后,纳塔(Natta)那尊古
老并受人尊敬的铜像掉落⑤:由诸神制定的法律古碑消失无
踪;⑥诸神的雕像也被闪电之热完全销毁。

注释:

① 提及朱庇特,不仅是因为节选开头的斯多葛教义,也因为其中描述的现象发生在天
空中。这是朱庇特的专属领域,这可从其名字的词源中看出:Di pater。

② 当时人们一直认为伊特鲁里亚人来自吕底亚(例见 Herod. 1. 94)。在被公元前 65
年的闪电击打之后,元老院正式问询占卜师(西塞罗,*Cat.* 3. 19),后者将闪电解释
为预示着毁灭、大火、法纪的颠覆、内战和罗马及其帝国的末日,此外,他们还在
procuratio 中建议了一些具体的对策。

哈利卡纳苏斯的戴奥尼索斯(Dionysius of Halicarnassus)将占卜师(*haruspex*)
这个术语比照希腊语的 *hieroskopos*。虽然他混淆了占卜(*haruspices*)和更加具体

的 *augurs*,但这并不只是一个简单错误,而是表现出当时一种视所有罗马制度皆有其希腊渊源的欲望,参见 Vaahtera 2001:75—77。最可信的古代词源(Velius Longus,*GL* 7 p. 73;参见 Festus 89 L)是带着牺牲祭品的古术语,*aruiga*,参见 Ernout/Meillet 1959:289—290;Walde-Hofmann 1938:635—636。

③ 西塞罗在援用其任期内的这些奇事上可能有点不诚实,因为他在公元前 65 年喀提林阴谋的事上指控了科塔和托夸图斯。然而,这也美化了他的执政官生涯,这是此诗的真正目的。

④ 西塞罗,*Cat.* 3. 19:"卡皮托利欧山上多个物体遭天雷击中。"卡皮托利欧山和朱庇特的关系最为密切。闪电击中寺庙的情况并非鲜见(李维就记录过 29 例),通常是因为寺庙处于高处,也常常因为当中的金属成分,比如寺顶的雕像,参见 John Lyd. *Ost.* 102 W:"如果有闪电击中寺庙,那么危难将降临在国家元首和皇室成员身上。"这援引了 Nigidius Figulus 对喀提林阴谋的描述,他汇集了征兆迹象和伊特鲁里亚操控闪电的技能,参见 Weinstock 1951:140—141。

⑤ 西塞罗,*Cat.* 3. 19:"古代人的雕像被掷下。"这个雕像的位置、年份、确实身份等都模糊不清(Sehlmeyer 1999:129—131)。John Lyd. *Ost.* 102 W:"如果闪电击中雕像,那么它将给公共事务带来多种持续的灾难。"再次来源于 Nigidius。

⑥ 西塞罗,*Cat.* 3. 19:"法律铜板被熔化了。"Dio 37. 9. 2:"柱上铭刻着法律的字母变得模糊不清。"*Obseq.* 61:"法律铜表上的字母被熔化了。"如果这些是著名的十二铜表,那么可以预见会发生更戏剧的事情;更确切地说,这些是公元前 5 世纪竖立在卡皮托利欧山上的许多块铜板之中的一块或多块,这些铜板有力地象征了法律及其神圣的永久性,参见 C. A. Williamson, *CA* 6,1987,pp. 160—183。

20

　　这是战神的兽，它是罗马统治的守护者，以膨胀乳房的生命之露，养育神的孩子，他们出自战神的种子；^①她遭闪电击伤，怀抱着孩子一同坠跌在地；她离开原来的位置，在下坠时留下了足迹。

　　那么，什么样的占卜者，在检验预言家的记录和卷册时，会想不起伊特鲁里亚人所录的^②不祥预测？占卜者都会建议，要谨防，那些血统高贵的罗马人所密谋的暴虐破坏和杀戮^③；或者，他们会迫切地宣告法典遭到颠覆^④，进而命令我们于烈焰中挽救城市^⑤，还有诸神的庙宇；他们命令我们要畏惧可怕的混乱和屠杀；这些皆会受到严厉的命运之神所安排和操纵^⑥，除非将一尊神圣和标致的朱庇特雕像，高高立于一根事前竖立好的圆柱上，目光朝东^⑦；随后，当那尊雕像——它面朝东升的旭日——在其应在之处，注视着元老院和人民所坐之处，人民和庄严的元老院^⑧就能够彻底了解那些隐藏的阴谋。

注释：

① 西塞罗，*Cat.* 3. 19；Dio 37. 9. 1；Obseq. 61。李维认为(10. 23. 12)，公元前 296 年，奥

古尼乌斯兄弟(Ogulnii brothers)下令铸造"母狼哺育罗慕路斯兄弟"的青铜雕像,或是在已有的母狼雕像下增加双胞胎的雕像。雕像位于巴勒登丘西南坡的卢佩尔卡洞中。那里有一组古老的塑像(Dion. Hal. 1.79.8),并且很可能就是奥古尼乌斯,参见 Wiseman 1995:75—76。然而,如果这是公元前 65 年被闪电击中的雕像群,那就不是奥古尼乌斯了,这段历史也变得模糊不清。

保存在卡皮托利欧博物馆的母狼雕像来自公元前 6 世纪末或 5 世纪初的伊特鲁里亚。它膨胀的乳房和体态表明,它原先的形象并没有在给幼崽或罗慕路斯、雷穆斯哺乳;双胞胎兄弟是后来某个时候才加上去的,可能是在文艺复兴时期。塑像后腿上的损坏据认为与闪电留下的痕迹相一致,但最近的化学分析并没有找到任何镀金的痕迹;所以,除非 Dio 对此的归纳并不正确,神殿的狼塑像并没受到闪电击打,参见 Duliere 1979:esp. 28—64;Parisi Presicce 2000:53—91;L. Rebaudo,*PP* 58,2003,esp. 319—325。

② 元老院听取关于闪电的报告,并且将其断定为和国家有关的征兆后,召集占卜师(*haruspices*)来解读征兆,并建议应采取的管理措施(*procuratio*)来重获诸神的眷顾,参见 Thulin 1905:115—117;1909:79—81。在这种情况下,他们将查询《闪电记录书》(*libri fulgurales*),这是经许多世纪汇编而成的知识宝库,到了公元前 65 年在希腊哲学和占星学的影响下有过修改,参见 Weinstock 1951:122—153。

③ L. 塞尔吉乌斯·喀提林的阴谋,喀提林是古罗马贵族氏族中不满的一员,参见 Sall. *Cat*. 5.1。虽然有些人更倾向于指向整个贵族阶级(Pease),但西塞罗并不会疏远这些具有很大影响力的罗马精英,亦可参见 John Lyd. *Ost*. 105 W:"如果有闪电击中公共场所,一个恬不知耻的年轻人将在堕落的亡命之徒拥簇下,染指这个王国。"显然,尼基底乌斯更加具体地指向了喀提林。

④ 这是对熔化法律铜板的简单解释(1.19),参见 John Lyd. *Ost*. 101 W:"如果这针对的是政治或公共场所,那就意味着内战、暴动和法典的颠覆。"

⑤ 西塞罗声称,阴谋者计划于 12 月 16 日将罗马付之一炬,然后谋杀行政官和元老院议员,参见 *Cat*. 3.21, 4.2;Sall. *Cat*. 32.2, 43。朱庇特发出火和光,分别预言了喀提林所犯下的纵火罪和屠杀罪。

⑥ 西塞罗,*Cat*. 3.19:"除非想尽方法来安抚永恒诸神的怒气,凭他们的力量几乎可以扭转命运本身。"这些话将罗马人的观念(认为奇事只是表明诸神的愤怒,如不采取祭仪,将有厄运降临)和斯多葛派的命定论结合在一起。

⑦ 西塞罗,*Cat*. 3.20:"(占卜师)指示要建造一尊更大的朱庇特雕像,置于更高的位置,并且面朝东方,即原先雕像的相反方向",参见 Dio 37.9.2。这尊塑像并没重新安置到集会广场上,参见《论占卜》2.47;Dio 37.9.2;contra Obseq. 61。如果"提升/高地"(columen)是指石柱(column),那么这就成了唯一的文字或铭文记载,指的是共和国或早期帝国的罗马的圆柱上的神像,参见 Welin 1953:155—156。面朝的方向被解释为庞培在东方的行动,或象征性地面朝诸神所守护的城市和机构,或是敌人会出现的方向。然而,伊特鲁里亚认为东方代表着有利和吉兆,这可能是更好的解释,参见 pace Guillaumont 1984:27 n. 30。

⑧ 西塞罗,*Cat*. 3.20:"他们说,他们希望,如果如今你所看到的那尊雕像可以朝向日

出的方向、集会广场和元老院，有损于城市和帝国之安危的阴谋诡计就会遭到暴露，元老院和人民将能看得一清二楚。"还有 3. 21；Dio 37. 34. 3—4。这准确表述了占卜师的解释，而不是西塞罗在 11 月 3 日公众演讲时的即时创作。占卜师的正式回应，给上报的奇事征兆提供了详尽的解释，参见西塞罗，*Har. Resp.* 20—21；Bloch 1963：49—55。

21

　　历经长期延误和诸多波折,最终在你担任执政官期间,这座雕像得以竖立在崇高的位置。① 正当此时(诸神早有预示),朱庇特的权杖在高耸的圆柱上发出光辉,通过阿洛勃罗革斯人(Allobroges)的言语,向元老院和人们宣告,我们的国家将毁于火炬和利剑。

　　古代人做得如此公正(你也熟稔其著作)②,他们通过节制与美德来治理人们和城市,罗马人也一样,他们表现出格外的虔敬与忠诚③,其智慧远超他人④,即便如此,他们尚且也视崇拜诸神为至高义务。⑤ 这些苦苦追寻智慧的人,很乐意将闲暇时间投入到高贵知识的学习中,在他们睿智的沉思中,也深深理解到敬神的义务。⑥

注释:

① 作为对占卜师建议的回应,公元前 65 年的执政官准许了迁移雕像的契约,但直到公元前 63 年 11 月 3 日,雕像才得以竖立。西塞罗,*Cat.* 3.21:"那么,并不清楚,这是不是至善至伟的朱庇特的意志所造成的:今天早些时候,依我的命令,阴谋者和告发他们的人被带着穿过集会广场而进入协和神庙,正是在那一刻,雕像被竖立起来? 当它得到重新安置并面朝你们和元老院时,你们和元老院都看到了,有损人们安危的一切阴谋都得到揭露和曝光",参见 *Dio* 37.34.3—4。来自高卢南边部落阿洛勃罗革斯的一群使者,他们在罗马向元老院请求对收税吏的掠夺一事作出赔偿,

而他们也被招募参与这场阴谋,但后来被策反为告密者,这使得人们在11月2日晚在米尔维亚桥获得了定罪的证据材料,参见 Sall. *BC* 40—41。翌日,西塞罗将阿洛勃罗革斯人和书面证据带到元老院,随后对人们做了第三次反喀提林演讲,在叙述整个事件的同时,也渲染了宗教方面的观点,特别是朱庇特的影响作用、塑像竖立的"时间巧合"和这场阴谋得到暴露的关键因素。关于他对这场戏剧的把控,和可能参与到对于重新竖立塑像的时机掌握,参见 Vasaly 1993:81—87。

② "你"所对照的是希腊人,特别是诸如吕库古(Lycurgus)、梭伦和赞鲁克斯(Zaleucus)的伟大立法者,参见 Soubiran 1972;Courtney 1993:169。关于节制和美德的特有素质似乎会将伊特鲁里亚人排除在外,而伊特鲁里亚人虽然在宗教上虔诚,却没能获得声誉,同时也排除了荷马,因为他并没统治过一座城市。拉丁语中的 *quorum monumenta tenetis* 可以有多种意思,参见 Timpanaro;Soubiran 1972。然而,如果"古代人"意为希腊的立法者们,那么 *monumenta* 的首要意思应该是,这些人所留下的书面记录,或者是有关他们的历史传统;只有在第二层意思上,它才表示"保留他们的典范"的意思。

③ 虔敬和忠诚:罗马人引以为豪的两个主要美德。虔敬和忠诚据认为联结了罗马人和诸神之间的独特关系,而其帝国的存在有赖于诸神的护佑。这点可从 Q. Marcius Philippus 的话清楚看出:"因为诸神支持虔敬和好的信仰,罗马人正是通过这些美德来获得如此卓越的功绩",参见 Livy 44. 1. 11。虔敬(*pietas*),主要是指一个人对诸神的义务,从对传统宗教的维护和辩护中可看出,即便虔敬通常会延伸至对家庭和国家的义务,参见 Wagenvoort 1980:7—15;Weinstock 1971:248—259。虽然善意(*fides*)主要适用于人类层面的关系,但是信守诺言也能受到诸神的保护,并且与尊敬诸神密不可分,参见 Freyburger 1986:esp. 222—225。

④ 西塞罗, *Har. Resp.* 19:"在虔敬和宗教中,还有在这种特别的智慧中,我们会看到,万物皆有神性力量在支配和掌控,我们已经超越了所有民族和国家。"罗马人的智慧并非是哲学,而是在政治和治理上的实践理性,参见西塞罗,*Rep.* 1. 3。

⑤ 现存最早记录了罗马人信仰诸神的表述出现在 M. Valerius Messala 在公元前193年写给 Teos 的信中,而最早的文献出现在 Polybius 对于罗马独特性的讨论中(6.56.6),西塞罗对此熟悉,而且这种做法在此后的时期中也很常见。灵验:在论述诸神的灵验之力(*numen*)时,西塞罗强调的是他们对人类生活的巨大影响,这与传统的虔敬相符,而与伊特鲁里亚人思想中的诸神相左。

⑥ 西塞罗故意在哲学家的沉思、研究生活与政治家的生涯之间作比较。前者享受并利用自己的闲暇(*otium*)来做有益之事,参见 Andre 1966:esp. 281—282。西塞罗提到柏拉图和亚里斯多德各自的学派名,以此将他们挑出来讨论(1.8)。

22

　　而在学园的庇荫①和吕克昂的光芒②下,他们倾吐出富有文化内涵的非凡思想③。你在早期的青春年华时,就被剥夺了学习这些的机会,而为国家所征召,在人才济济的竞争中,你被委以高位;④然而,当你在压抑的诸多烦忧中寻求安宁时,你把国事之余的闲暇,都投入到我们身上和学问追求中。⑤

　　因而,基于你所为之事,也鉴于你之所言,即我之所征引,还有你深思熟虑的成果,⑥你会强迫自己去反驳我在占卜上的立场吗?

注释:

① 学园、庇荫:即柏拉图的学园,位于纪念阿卡德慕斯(Academus)的树林中,因其树而著名,但就在公元前70年代早期,西塞罗拜访雅典前不久,苏拉砍倒了不少树。

② 原先是伯里克利创建的体育馆。"光芒"指运动员身上抹的油和建筑本身的华丽,从而和学园形成对比。

③ 这里并没有列举出具体的著作,比如说柏拉图的(*Leg.* 884a ff.)和亚里士多德的(*Pol.* 1331b4),两者都格外支持对诸神的崇拜,相比之下,这一句赞誉显得比较笼统。Pease认为,这和第18节在语言上的相似性表明,西塞罗是在哲学的清晰表述和预言家对预言的晦涩解释之间作比较。然而,这个注释可能并不恰当,毕竟他刚刚才清晰记录了那些预警先兆和占卜师的解读。

④ 公元前79年,27岁的西塞罗去往雅典,并在安条克(Antiochus)(西塞罗,*Brut.*

315)和菲洛(Philo)(西塞罗,*Tusc.* 2.9)领导下的老学园学习了6个月,期间还聆听了伊壁鸠鲁派哲学家菲德洛斯(Phaedrus)和芝诺(Zeno)的讲学(西塞罗,*Fin.* 1.16);随后,他在罗德岛莫洛(Molo)门下学习修辞学,但同时也听了波希多尼的课(Plut. *Cic.* 4.4)。公元前77年,西塞罗为了参选财务官而返回罗马。关于西塞罗突然中断哲学学习的描述并没记录在史,因为前77年的选举是他第一次够资格参加,而他的哲学研究和旅行也仅仅是计划中的一段插曲而已。对于罗马的精英而言,一得以获得军事权力和荣誉的政治职业是极其重要的。西塞罗突出了闲暇生活(即使是为了智力的追求)和政治喧嚣之间的典型罗马式对比。

⑤ 可能有两种意思:(1)他在别处表达过这个观点(*Off.* 2.4;*Div.* 2.7;*De or.* 1.3),即他忙于政治,他只能在闲暇时投入哲学;或(2)在一段被迫赋闲的时期,他投入到哲学中,他是可以(可能会)将这段时间投入政治的(只是他的国家不想要)。第二种解释可能性小些,因为在公元前60年,西塞罗仍然活跃在罗马政坛,他给阿提库斯的信(例见 *Att.* 1.17.8—9)中显示出(虽然这还有待争论)他之所以有时间写 *Consulatus Suus*,只有通过在政治上受挫和在权力上受到排挤时才能成为可能。在 *De Legibus* 中(1.9),西塞罗明确表示政治是处于首位的,但也说到他忙于将自己的闲暇投入写作。

⑥ 昆图斯的话是经过精心思虑的,在此他援引的不仅有西塞罗的文学创作,还有他做过的事,实际上就是他在第三次反喀提林演讲中对人们所说的话,和对迁移塑像的时机上可能进行过的操控。其次,他非常认真地对待西塞罗的诗,称其是"极其谨慎地"写成的。虽然这也可以当作是纯粹的诗学范畴的讨论,比如遣词、风格和格律等方面,但这也强调了,西塞罗在诗中对征兆的呈现是重要的,并且,在一个斯多葛化的哲学框架中,这种呈现并非无意或粗心之举。那么,这就要求马库斯作出深思熟虑的回应了(但在 2.46—47 中没有得到相关回应)。

23

　　怎样？你不是问到，卡涅阿德斯，为什么这些事情会如此发生，或者通过什么技巧才能理解个中缘由？[①]我承认我并不知道，但它们的确这样发生，我认为你自己确实也亲眼看见。"纯属偶然"，你如此说。那么，真的确实如此吗？任何偶然之事都带有真理的所有标记吗？[②]扔 4 次骰子，得到一次维纳斯[③]——这可称为偶然；但是，如果扔出 100 次骰子，得到 100 次维纳斯，你是否还觉得这是偶然？[④]往帆布上随意泼洒涂料，而得到一张脸的轮廓，[⑤]这是有可能的；但你能想象，随意喷洒涂料，就能得到一张美丽的科斯的维纳斯的肖像吗？[⑥]假如一头猪可以用猪鼻子在地上画出字母 A，[⑦]是否就可以据此相信，它同样能写出恩尼乌斯（Ennius）的诗《安德洛玛刻》（*The Andromache*）？[⑧]

　　卡涅阿德斯曾说过一个故事。有一次，在希俄斯岛的采石场上，当人们劈开一块石头后，发现里面有潘神[⑨]幼时的头像[⑩]；我可以确定，这头像可能跟神有某种相似，[⑪]但更确定的是，你无法拿这种相似性来和斯科帕斯（Scopas）的作品比拟。因为这是不可辩驳的事实——事物的完美模仿，绝非是偶然可以发生的。"[⑫]

注释：

① 卡涅阿德斯，参见 1.7。卡涅阿德斯反驳了克里希普斯和安提帕特的观点，驳斥了他们称之为"偶然"的"占卜"（2.47—48），并否认占卜是一门技艺（*techne*），因为它在任何领域都没能正当地起到作用（2.9，14）。昆图斯的回答只是回应了卡涅阿德斯的第一个观点，并重申他的基本观点，即，他并不能解释原因（how，参见 1.12，15，16），但经验占卜能起作用，the *locus de ignorantia*。

② 昆图斯举 4 个不同类型的例子，来介绍可能性的问题：(1) 掷骰子；(2) 洒颜料；(3) 动物写字；(4) 自然生成的具有艺术性的雕像。并不清楚西塞罗（或他的材料来源）对这些不同可能性的区分有多少科学性，因为非正式概率理论的数学方法直到公元 17 世纪中期才发展出来。在西塞罗的例子中，(1)(3) 与 (2)(4) 需要在两个层面上加以区分：第一，(2) 和 (4) 是关于对已发生现象的解释的概率，在这些现象中，主观标准在评估上起到了关键作用；(1) 和 (3) 则是关于未发生之事的理论概率。在 (1) 中，理论概率是可直接计算的，比如将其简化成一条数学方程式，然后得出一个答案；对于 (3) 而言，如果整个拉丁词汇表（有含义的字符的所有序列）中的词语数量在任何时候都是可知的，那么，要获得一个明确的答案，则是可能的。昆图斯只好辩论道，偶然并不造成 (2) 和 (4) 的出现，(1) 和 (3) 并不能偶然发生。但是 (2) 和 (4) 的例子比较薄弱，因为节尾的结论也承认了，"因为偶然性绝不可能完美地模仿现实，确实是这样的"；还有，对于 (4) 来说，除了无法计算一块石头是如何开裂或形成，艺术性支配着那些不能简化成数字的事物。

③ 西塞罗用来表示"骰子"的词是 *talus*，这预示着可能是距骨（或跖骨），一种四方矩形块状的模具，有着圆形的末端，参见 F. Graf，"掷骰子来获取答案"，该文收录于 Johnstone 和 Struck 2005：60。Suetonius 透露过，相反的两边分别写着数字 1 和 6，3 和 4。最幸运的投掷结果，是每个模具向上的一面都不同（Mart. 14. 14；Lucian，*Amor*. 16），这就叫作"维纳斯"（Venus throw）。要计算这种投掷结果的数学概率并不容易，因为距骨都是不对称的，比较宽大的面上写着 1 和 6，但是实证研究表明，实际概率大约为 1/26，参见 Sambursky 1956：45。

④ 这种推论至少可追溯到亚里士多德（*Cael*. 292a29）。这种事情的发生几率几乎是 1 乘以 10 的 100 次方。先不论斯多葛思想中的理论基础和掷骰子过程中产生量化结果的大几率，希腊人和罗马人都没有概率的数学概念，参见 Sambursky 1956：46—48。虽然有人指出，存在着某种"对概率的直觉"（David 1962：24），西塞罗在此设想的可能是一个独立事件，而不是一类相似事件，参见 J. van Brakel，*Archive for History of Exact Sciences* 16，1976，126。

⑤ 某种程度上，昆图斯的论述可以从古代人所知的事情中找到反例。奋力投掷出一块海绵，而得到画家用技艺无法创作出的汗水飞溅的效果，所以他们把这个现象归因于偶然：Nealces' horse（普林尼，*HN* 35. 104；Plut. *Mor*. 99b)，Protogenes' dog（普林尼，*HN* 35. 103）和 Apelles' horse (Dio Chrys. 63. 4—5；Sext. Emp. *Pyrr*. 1. 28)。

⑥ 公元前 4 世纪，画家阿佩利斯开始创作阿佛洛狄忒的画，希望能超越他的名作《阿佛洛狄忒从海中诞生》，却在完成之前就去世了。在西塞罗的著作中，这幅画作是艺术杰作中的典范，参见 *Orat*. 5；*ND* 1. 75；*Off*. 3. 10；*Fam*. 1. 9. 15。

⑦ 认为随机的字母不可能凑成一部著作,这已经是老生常谈了,参见西塞罗,《论神性》2.93;Plut. *Mor.* 399e。比起掷骰子连续掷出 100 次维纳斯,这个事情发生的概率就更加小了。

⑧ 现存恩尼乌斯的悲剧只有一些引文碎片,大部分见于西塞罗的著作,参见 Jocelyn 1967:81—93。西塞罗著作中反复引用其作品,并且将其称呼为"卓越的诗人"(*Tusc.* 3. 44—45),可见西塞罗对其作品的欣赏。

⑨ Pan,半人半羊的山林和畜牧之神。

⑩ 希俄斯因斑驳的大理石而著名。有过一个类似的故事,西勒诺斯的塑像出现在派洛斯岛的采石场中,参见普林尼,*HN* 36.14。

⑪ 这个例子就没有累积概率的可能性了,评估其发生概率所必需的大量艺术主观性,使得这个例子最大程度上弱化了卡涅阿德斯和昆图斯的论述。然而,两人用了不同方法来处理这个例子:对于卡涅阿德斯来说,重要的是,某些事物可以通过偶然来接近真实,例如,在此例中,有些人可以看到潘神的相似物,尽管斯多葛派会强调通过偶然而发生和通过技艺来创造之间的区别。

⑫ 昆图斯的论述表面上非常吸引人,因为在艺术的两个例子中,偶然都不能再现人类技艺所能达到的艺术品质。当把这种类比放到占卜上,即在有些占卜的例证中,预言和结果太过紧密相关,以至于排除了所有的偶然性。也许从其他角度上看艺术的例子能说得通,而其中的艺术家和神也皆有进行艺术创作的意图。

24

　　然而，"这也有过反例"，①有些时候，作出的预测并未真正发生。而且，试问有什么技艺——我所说的是指依赖于猜测和推测的技艺②——我是说，什么技艺没犯过同样的错误？③当然，医术的施展就是一种技艺，④然而，它也有过多少失误！还有船长——他们不也时时犯错？举个例子，当希腊人的军队和强大舰队的船长从特洛伊起航时，就像帕库维乌斯(Pacuvius)所说的：⑤

> 他们驶离特洛伊时兴高采烈，下看鱼儿嬉戏，张目四望无尽——以此消磨时光。正当此时，太阳西下，风帆怒扬在桅；幽黯愈浓；夜幕重重，雨暴蔽目。

　　还有，即便众多杰出的船长和国王都遭遇过海难，⑥这是否就能剥夺航海的技艺之名？再者，仅因声名大振的将军新近遭遇失败并逃之夭夭，⑦就能视军事技能本身为徒劳无功的吗？又者，因为庞培将军犯了多次政治错误⑧，马库斯·加图偶有犯错⑨，甚至是你也有过一二失误⑩，从而就能据此断定，治国之才毫无技能和章法可言吗?⑪同样的道理也适用于占卜师的卜解，并且的确也适用所有样式的占卜(这些占卜的推论仅仅是可能的，而非必然的)；

因为那样的占卜依赖于推论,离开推论则不可行。⑫

注释:

① 此处开始讲述昆图斯更关注的异议,并迫使他去证实西塞罗诗中占卜表述的合理性:在其中,他证明了预言和结果之间的完美对应关系,而占卜实践更广泛的事实表明,存在着一些没有成为现实的预言。昆图斯在论述时一而再地在这点上让步。对于卡涅阿德斯而言,这些预言的失败证明了,占卜并非技艺或技术。

② 西塞罗措辞中的"猜测"(*coniectura*)的前两个要素借译了希腊语中的 *symbolon*,但是拉丁语后缀 *-ura* 增添了过程的概念。希腊语动词 *symballo* 被用于公元前 5 世纪以来的占卜时,有"猜测"或"解读"之义。实际上,我们可以在抽签的概念中找到其根本含义。从进一步的相关技术层面上看,它可等同于希腊语术语的 *stochasmos*。"猜测"是在人为占卜中的过程(1.34,2.26),占卜者借以处理占卜现象。在这些情况下,占卜者不得不从他最接近的所有对应物中去作出推断。那么,这种层面下的"推断"就不是无知的猜想了,而是对数据汇总所进行的理性应用。照此来看,它并不能保证结果的发生;"随机性技艺的定理容许例外或缺陷的发生"(Hankinson 1988;146 n. 92)和"并不产出明显的实体产品,其目的在于达到某种和技艺实践本身截然不同的目的"(Sellars 2003;70);然而,它应该在"绝大多数情况下"是成功的,这样才够资格作为一种技艺,参见 Alex. Aphrod. in *An. Pr.* 165。

③ 昆图斯通过比较其他技艺或技术来继续论述,这些技艺至少在其古代的表现上是随机的,特别是医学上。斯多葛派对技艺的定义可追溯到芝诺:"由对生活有用之目的的实践所协调而成的系统理解";对于斯多葛派来说,占卜征兆的解读就是这样一种技艺。虽然有人会争论,百分百成功率实际上会构成"质疑(这样一门技艺)是否有实际内容的初步理由"(Hankinson 1988;146),但它与医学的类似性并非没有问题:古代哲学家中没有人会因为医学不总能提供正确结果,而质疑医学是一门技艺,不过,对占卜所持的异议更加具有根本性,参见 C. Levy 1997;341—342。然而,关于技艺的极简定义,比如在柏拉图的 *Politicus*(284e)中,例如罗马占卜的实践可看作是一门技艺,并且还有医学实践和一些人为占卜实践之间的有趣比较——对迹象或征兆的依靠和一种理解,而这两者都不构成其起因,参见 Kany-Turpin 2003b;64—65。

④ 西塞罗在其他处(*ND* 2.12,3.15)也提到同样观点,其语境说明波希多尼也发表过这个观点。虽然希波克拉底承认医学和占卜之间紧密相关([Ep]. 15),但是他也告诫过,医术技艺受到愚蠢之人的否定,就因为医者的意见似乎和占卜者的意见一样含糊不清且互相矛盾(*Acut.* 8)。Galen 清楚界定了医学和占卜(例见 8. 362,18b. 246, 300 K),并且将猜测当作医生的关键技能(例见 6. 360—361, 9. 277—278, 10. 206, 664—665, 806—807, 17b. 382 K),但是否认医学是随机性的技艺。

⑤ 这是昆图斯首次引用英雄时代之例,这些例子本身并非史实,但这对论述来说并不重要,因为昆图斯本可以列举很多风暴和海难的例子。不如说,西塞罗在文字上考虑了船桅,以此展示了一次著名的航程。除了公元前 56 至前 54 年间的演讲,西塞

罗的辩论演讲术中很少引用到老一辈的拉丁语诗人；然而，他在同一期间所写的哲学和修辞学著作，从 *De Oratore* 开始，都充满了对他们的援引，参见 D. R. Shackleton Bailey，*ICS* 8，1983，pp. 239—249。

⑥ 荷马(*Od*. 3.176—185)和维吉尔(*Aen*. 1.39—45)都曾描述过这场风暴，而且士麦那的昆图斯也对此有过血腥的描写(14.422—628)，这场风暴发生于埃维厄岛的海域。虽然很多人因此丧生，但最主要的遇难者是俄琉斯之子埃阿斯。

⑦ 这似乎是指公元前 48 年庞培在法萨卢的战败，因为"新近"放在前 45/44 年是比较合适的。虽然下面的句子出现了庞培的名字，但在此处他确实是最符合"声名大振"这个描述的人。

⑧ 伟岸者格涅乌斯·庞培(Gnaeus Pompeius Magnus，Pompey)，对抗凯撒的贵族派伟大将领和领导者。西塞罗的信件中充满了对庞培政治智慧的批评(例见 *Att*. 1.13.4，2.16.2)。昆图斯可能是想到庞培在前 49 年放弃了意大利，将其拱手给了凯撒，参见 *Att*. 9.10.2；*Fam*. 7.3.2。如果和西塞罗未发表过的著作相对照的一个观念是可靠的话，那么就可以看出昆图斯对于庞培在前 70 年恢复保民官权力的批评，参见 *Leg*. 3.22；Dyck 2004：503。

⑨ 马库斯·博尔基乌斯·加图(M. Porcius Cato)，受斯多葛影响的政治家。西塞罗赞扬其道德典范，但在公开(例见 *Mur*. 60)和私下(例见 *Att*. 1.17.9，2.1.8)场合都批评过他在原则问题上的毫不让步。加图在前 46 年在萨普瑟斯战败，随后为共和国光荣牺牲，这使得西塞罗所提到的加图受到一致赞扬(例见 *Off*. 1.112；*Fin*. 3.6)，即便并未全然掩盖其弱点(*Off*. 3.88)。西塞罗笔下的《加图》对于加图传奇的形成起到了至关重要的作用，他被塑造成斯多葛派圣人的罗马典范，参见 *Div*. 2.3；Goar 1987：13—15；Fehrle 1983。

⑩ 西塞罗指的可能是多次高估了自己的影响力和以语言对抗武器的能力，也可能是诸如他被迫要"吟唱"翻案诗去撤回对凯撒的批评等事情中所受到的屈辱(*Att*. 4.5.1)。西塞罗退出政坛，某种程度上是因为自己所犯的政治错误，在这种情况下，弟弟在这里的温和讽刺获得了附加分。

⑪ 这是昆图斯用来说明经验科学的最后例子，这和治理国家有关，不过，即便它有着很好的哲学渊源，并可追溯至柏拉图，这在专业分类中其实最不常见。

⑫ 昆图斯清晰界定了人为占卜的界限：必然性是不可能达到的，因为在迹象和所指之间没有简单的联系，而占卜师只能通过相似的例子来作出推断。

25

虽然它可能时有失误，但在大部分情况下，它还是会为我们指示真相。① 因为这种推论式的占卜，同样是用无数时间的工作所积累的成果，在浩荡的历史长河中②，通过反复的观察和几乎不可胜数的实例——特定的迹象之后会发生特定的结果——的记录③，从而被锻造成一项技艺。④

注释:

① 参见昆体良(Quintilian)对猜测(*coniectura*)的定义(*Inst.* 3. 6. 30)：“猜测即‘拼凑偶然’，即从理性能力出发去抵达真实。”昆图斯的表述很谨慎，但要求占卜在通常情况下可以给出正确回应(1. 118)。

② 此处可以看到昆图斯对灵魂不死的描述(1. 115)。除了物质的周期性毁灭，包括人类灵魂的物质(1. 111)，同样神性的智慧掌控着宇宙，并且以同样的理性方式来运转分配。尽管如此，没有特定先例的合理原则、征兆和预兆也会发生，猜测就能起到一定的作用。

③ 西塞罗，《论占卜》1. 2, 2. 146；《论神性》2. 166；Manil. 1. 61—62。这些观察记录构成了占卜师、脏卜师(和占星师)的书籍的基础，他们通常也会查阅参考这些书来解读特定的迹象。

④ 既然昆图斯认为已经驳倒了对卡涅阿德斯的第二次异议，并且证明了占卜是真正的技艺，那么他继续通过一系列显著例子来阐述预言的有效性。这实际上是原因解释的续篇，重点强调多种占卜事件的结果。昆图斯用罗马人最为推崇并在其公共决策过程中起重要作用的占卜形式来结束这部分的论述；他的例子与罗马人公共生活的军事、民间层面都有关。

昆图斯的例子含蓄地支持了他关于普遍性(*e consensus omnium*)和古老性(*e ve-tustate*)的论述,因为这些包含了非罗马人的德奥塔鲁斯(Deiotarus)和阿伽门农(Agamemnon),还有从罗慕路斯到克拉苏的整个罗马历史。然而,有人指出,这些并没能构成最强有力的论据,参见 Pease:"因为没能在它们的道德、理想的价值(很大程度上独立于其历史性)和它们作为事实证据的价值(这是此处正正需要的)之间作出区分"。这样的批评基本上过于苛刻:仅仅非常简略地提到阿伽门农(29),这主要是为了准许昆图斯能引用典故,但例子本身被德奥塔鲁斯和克拉苏这些当代例子所掩盖,后者占据了论述的最大篇幅。对于昆图斯和罗马读者来说,克劳狄乌斯(Claudius)和朱尼乌斯(Junius)的例子,因其在编年史传统中的地位而得到了保证。再者,昆图斯引用的两个王政时代的例子,尤其强调了物证:一直保留到历史阶段的罗慕路斯的仪式杖(*lituus*,一种弯曲的占卜手杖,占卜师在古罗马宗教仪式中用来划分天空的神圣空间,鸟类在不同的空间中飞行,将会预示不同的天意——译注),和在集会广场上标志阿图斯·纳维乌斯(Attus Navius)功绩的井栏(*puteal*),这些东西的存在是不容置疑的。昆图斯的论据特别注重历史性的问题,但是他对可信度的标准不同于 21 世纪。

然而,昆图斯所收集的例证和前 1 世纪罗马征兆的历史事实之间存在着一种张力,这在论述中被故意放在重要的位置:在当时的罗马占卜中,不同东方人和早期罗马人所用的传统占卜技艺已遭弃用。对于西塞罗同时代人来说,占卜技艺只是一种途径,就是否要继续进行某件事,来向诸神寻求简单的"是"或"否"的回应;得到的应答并非必然能指引行动得到积极的结果。这次高度形式化的对话,发生在卜者及其对手之间,其中只用了固定词组,目的是确保从诸神那得到有利的应答;由卜者自己决定迹象是什么,还有迹象所蕴含的意义。在这个层面上,这并不是祭司和诸神间的一次对话,而是由罗马人想象的国家-诸神关系的戏剧,参见 Scheid 1987—1989:127—135。构成这个观点的神话,诸神因此被想象成公民那样,"地上行政官的天上同僚",他们常常将自己从属于这些天上的同僚。这个神话可能见于在 Numa 对阿文丁山上的朱庇特进行讨论的故事中,参见 J. Scheid, *Archives de Sciences Sociales des Religions* 59,1985, pp. 41—53。

26

　　确实啊，如果你是占卜师①，就知道这些预兆是多么的可信！如今——请您原谅我这么说——罗马的卜者会忽视预兆②，虽然西里西亚人、潘菲利亚人、彼西底人和利西亚人仍十分尊崇地保留着它们。③相信不用我提醒你，我们的宾客德奥塔鲁斯王——一个最为著名和值得尊敬的人——逢事无不先问占卜。④有一次，他在开始事先精心计划好的行程后，却因看到一只鹰的飞行方式而得到预警，从而中止行程，踏上返途。⑤他本来计划入住的房间正好在当天晚上就坍塌了，而他选择继续赶路得以躲过一劫。⑥

注释：

① 再一次，这是故意针对个人偏好的论述，因为马库斯是占卜师学院一员。西塞罗从公元前 59 年开始立志成为正式成员(*Att.* 2.5.2)，并在前 53/52 年通过庞培和赫腾西乌斯(西塞罗，*Phil.* 2.4)提名，代替了克拉苏之子的位置，参见 J. Linderski, *HSCP* 76, 1972, pp. 190—200。西塞罗对于新角色的热情也许说明了阿庇乌斯·克劳狄乌斯将关于占卜的著作题献给了西塞罗，参见 Guillaumont 1984:84—85。

② 昆图斯的插入语是种文学技巧，鼓励读者去联系西塞罗在有关当时占卜实践的哲学著作中所表达的消极观点(1.28)，参见 *Leg.* 2.33；*ND* 2.9:"由于贵族的疏忽，占卜学问没有得到传承，征兆的真相受到轻视，只有肤浅的表演保留了下来"。在执法史代表中召集库里亚大会(*comitia curiata*)的举动在二三十年后引起了类似的议论(Dion. Hal. 2.6.2)，参见西塞罗，*Leg. Agr.* 2.31；Vaahtera 2001:120—122。昆图斯的重点是，通过观察天空的祖传占卜实践在很大程度上已遭到弃用(1.27,

28）。

西塞罗的话并不预示公元前 1 世纪国教的垮台。这些还有其他议论，比如瓦罗（Varro）有关神缺位的很多讨论（*Ant. Div.* fr. 2a, 12C），都因为追求文学效果而夸大了，这是从公元前 2 世纪起对道德沦陷进行劝诫的特点。在公元前 1 世纪有足够的证据表明罗马精英们对宗教的兴趣（Momigliano 1984：199—211），衰退的概念很难佐证共和国晚期罗马人的宗教生活诸多方面，参见 *BNP* i. 117—126。在公元前 1 世纪，成为一名占卜师仍然是很多人想要得到的荣耀，而在当时罗马铸币上所有刻着祭司图样的地方，最常见的也是占卜师的形象，参见 H. Lowalski，*ACUSD* 31，1995，130—131。Bendlin 认为（2000：esp. 133—135），一些宗教行为的消失或被取代，意味着罗马宗教中的"市场"波动，而并非衰落。

③ 西里西亚人、潘菲利亚人、彼西底人和利西亚人：在前面提到和占卜相关的三种人的基础上（1.2），增加了利西亚人，不过，并没找到其他能证明其和占卜有联系的古代证据。关于这些地区的占卜行为的研究，同时透露出占卜的具体参考资料，参见 R. Lebrun，*Kernos* 3，1990，pp. 175—195。关于昆图斯认为国外的占卜往往比罗马人高超，参见 Krostenko 2000：361—364。

④ 西塞罗在主政西里西亚时，德奥塔鲁斯曾辅助他（西塞罗，*Deoit.* 39），也曾保护过西塞罗的儿子和侄子（*Att.* 5. 17. 3, 18. 4, 20. 9），这就解释了此处的长篇描述。德奥塔鲁斯原本是托里斯托波基的四分之一王（古罗马行省的四分之一的地区长官），在公元前 59 年被元老院承认为加拉太（Galatia）的王；他在内战期间支持庞培（1.27），后来在凯撒亲临的一场审判中，受到西塞罗的辩护。西塞罗对他的所有描述，都向世人呈现了一个高度罗马化的人、罗马和西塞罗的挚友（Saddington 1993：87—97）。然而，他在占卜上的极致投入，远远超出了罗马人的标准，参见 Sullivan 1990：51：164—169。

⑤ 德奥塔鲁斯会在出行前进行占卜，得到诸神的允许才出发。只有当他已在途中时才收到这种救命的预警，此类征兆叫作 *enhodia*。鹰这种鸟类尤其和朱庇特相关，据认为是对统治者尤为不祥的象征（*RE* i. 374—375），所以德奥塔鲁斯非常重视这个征兆。

⑥ 据说，墨兰普斯也避过类似的厄运（Schol. Hom. *Od.* 11. 287），但他的占卜才能使他能够解读虫子的对话，这与德奥塔鲁斯所运用的占卜技艺大为不同。一次神性预警也使西蒙尼德斯避过类似的厄运，例见西塞罗，*De or.* 2. 353。

27

　　此事皆由他亲口所述①,这就是为何他屡屡中断一次旅程,即便他已经走了诸多时日。顺便说说,他被凯撒剥夺了领地、王国和财富之后②,他以下所说的话尤为值得注意。③他说:"尽管发生了这一切,我从不后悔当时遵从了占卜的结果,而加入了庞培的行列。④以此,我征募了我的军队,一起保卫元老院的权威、罗马人的自由和帝国的声望。⑤我接受了鸟的提示和忠告,履行了职责和荣耀⑥,因为比起我的财富,我更爱我的名声。⑦"于我而言,他对占卜的理解似乎才是正确的。因为我们的治安官所运用的,乃是"强行的"预兆⑧;因为在喂鸡的时候,有必要让一些面团从鸡喙边上掉下来。⑨

注释:

① 参见《论占卜》2.76,很可能发生在公元前 51—前 50 年,当时昆图斯正陪伴西塞罗去往西里西亚。这个资料的第一手来源对昆图斯构建占卜存在性的观点很重要。

② 即使公元前 47 年德奥塔鲁斯在捷拉战役中出了力,特罗克米人(Trocmi)的领地还是封给了帕加马的米德拉底特斯(Mithradates of Pergamum),小亚美尼亚王国也归了卡巴多西亚的阿瑞欧巴赞斯(Ariobarzanes of Cappadocia)(《论占卜》2.79;Dio 41.63.3;Magie 1950:413—414)。并对其征收赔款(西塞罗,*Deiot.* 35;*Phil.* 2.94),这独立于凯撒所要求的一般进贡(Dio 42.6.3)。

③ 昆图斯所列举的例子表面上并不利于他的论证,其中,德奥塔鲁斯遵从了看上去有

利的征兆,却招致巨大的个人损失。马库斯可能会对此讥讽为"荒谬的"(《论占卜》2.78)。然而,在罗马人看来,德奥塔鲁斯的征兆不一定有问题,因为它们只算作是诸神对"是否要在某一天进行某种行动"所给出的指示,而非"对行为的进行本身作出有利或有害的意见",参见 Linderski 1986b:338 = 1995:493。

④ 在罗马看来,这些征兆是不可避免的。公元前 48 年,德奥塔鲁斯带领 600 骑兵,在希腊加入了庞培的军队,并在法萨卢战役中参与了指挥,在战败后又与庞培一起逃亡。

⑤ 德奥塔鲁斯对占卜的辩护和他自己的行为援用了 3 个罗马政治口号,而西塞罗本人也重视当中的每一个。"元老院的权威"的提及体现出元老院在罗马政治体制中的首要地位,其在过去 450 年共和国统治下建立的声望,参见 Hellegouarc'h 1963:311—312。"罗马人的自由"等同于共和国的延续,比如拒斥个人独裁,参见 Wirszubski 1950:esp. 5。3 个口号中,"帝国的声望"在西塞罗的演讲中最少出现,例见 *Leg. Man.* 11,14;*Leg. agr.* 2.65;*Sest.* 1。把 3 个词放到一起,加上西塞罗自己的看法,从而将德奥塔鲁斯呈现为一个完美的罗马贵族。

⑥ 2.78:"本着对罗马人的善意和友情,他履行了自己的职责。"这个注解意味着,德奥塔鲁斯将自己表现为对罗马人尽职的藩属王,而非忠于那个不断拓张领土和巩固王位的人,参见 Magie 1950:373—374。照此,他是在履行对元老院的法定义务,而元老院在公元前 59 年认可了其地位,并赋予其"罗马人的朋友和同盟"的称号。"职责"(*officium*)是友谊的实际表现,参见 Hellegouarc'h 1963:152—155。关于"善意",参见 1.21。

⑦ "好的名声"(*gloria*)即美德的回报,对于罗马政治家来说,这是另一个关键理念,也是西塞罗于公元前 44 年中期所写的哲学著作的主题,参见 Hellegouarh'h 1963:369—383。

⑧ 昆图斯赞同德奥塔鲁斯拒绝采用罗马行政官的方法,他在接下来也会展示,罗马行政官的做法是对祖传占卜实践的破坏。"强行"(*coactis*)侧面描写了有关罗马祈愿占卜(impetative auspices)的发展,行政官要在所有公民大会(除了平民大会)之前进行这类问卜,无论是选举,还是立法,而被授予最高权力的将领才有资格在军事交火前进行这类问卜。Sabidius 记录了军事情况下的问卜过程:"在拟定战线之前,拥有最高权力和占卜权的将领,会坐在帐篷底下的权座上进行问卜;在军队面前,从笼中放出小鸡,并将其放置在座位周围,他会说:'无论你们中有谁看见圣鸡被喂食时激动地踩脚(*tripudia*),就让他宣告这是最最吉利之兆、大吉(sinisterum solistimum)。'然后,四下静默时,他就坐下并说话……"(Schol. Veron. *Aen.* 10.241)对于昆图斯来说,罗马人将迹象占卜(oblative)的法定形式误用成了祈愿占卜(impetrative auspices,参见 Valeton 1890:213—214),在后者中,诸神只会通过使饥饿小鸡丧失食欲来表达自己的意志。然而,在更为简单的过程中,并不需要划分天空圣域(aerial *templum*)的界限,只需解读鸡群中一个行为即可,这样的流程更方便运用,特别是在行军的情况下。

⑨ 卜者原先认为东西自主地掉落在地是吉兆,是一种"迹象显示的好兆头"(oblative auspice)。相对于鸟来说,鸟在激动地吃食而导致食物散落在地时,也会发生这种

事，也许还会发出一些响声。为了更快地弄清神的意志（特别是在军事情况下），罗马人会故意将母鸡锁在笼子里，并且不让其吃东西，从而"强制"进行占卜，参见 Linderski 1985：226—227。为了进一步加速这种行为，他们会给母鸡喂面团（*offa*），母鸡在吃面团时，免不了要掉落一些面碎（Festus 285 L），参见 Valeton 1890：211—215。

28

　　然而,根据汝等卜者的著作,在喂鸟时,有食物从它身上落地,则会产生鸡卜(*tripudium*)。在我看来,这是一种"强行的"鸡卜,而你则说它是"最吉利的鸡卜预兆"(*tripudiumsolistimum*)。[①]并且因为学院的漠视[②],就像加图(Cato)这位睿哲[③]所抱怨的那样,许多预言和占卜皆悉数流失和弃用了。[④]

　　"在古代,鲜有重大事宜不先问卜而行,即便是在私人生活中,[⑤]这可以在今天的习俗'婚礼占卜'[⑥]中找到佐证,虽然这种占卜早已失去原先的信仰意义,只有虚名保留了下来。因为,在今天许多的重大场合中,我们透过观察动物内脏来进行占卜——虽然不像过去进行得那么频繁——在过去,占卜常常通过观察鸟的飞行来进行。[⑦]因此,如果不能察觉不利迹象,我们就会陷入到可怕的灾祸中。"[⑧]

注释:

① 昆图斯在此比较了占卜学院的传统和专门术语。*Solistimum* 是 *tripudium* 的专门术语,在 *tripudium* 中,从鸟身上掉落东西(Festus 386 L),并且 *solistimum* 是和 *sol-lus*(意为"最为完整的")相关的最高级形式,比如说,最好种类的 *tripudium*,参见西塞罗,*Fam.* 6.6.7。

② 参见 1.25。这里的责备尤其针对占卜师学院,一个负责传承占卜学问、制定法令将

占卜原理运用到公共生活的国家机构,参见 Linderski 1986a:2151—2190。个体占卜师有各自不予考虑的占卜范围,比如,C. 马塞勒斯(C. Marcellus)就拒斥用蜂巢来占卜(《论占卜》2.77)。

③ 马库斯·波尔修斯·加图(M. Porcius Cato),公元前 195 年的执政官。西塞罗通常会给加图加上"睿智"的标签(*Div. Caec.* 66;*Leg.* 2.5;*Off.* 3.16;*Amic.* 9;*Sen.* 5),但几乎没有相关说明,应该把这个标签当作一个头衔,还是正式的家名(*cognomen*)。加图的演讲 *De Auguribus*(Festus 277 L)和 *De aedilibus vitio creatis*(Aul. Gell. 13.18.1)中一些片段表明他对占卜事务的强烈兴趣,但他并非占卜师学院的成员。此处加图的批评是基于什么背景,这不得而知,但其语调与其惯有的保守主义相一致。

④ 西塞罗在这里将预言(*auguria*)和占卜(*auspicia*)两个专门术语并置在一起。两者的使用通常是不加区别或不严格区分的,但这里我们应该预料到一些更精确的事物。如果是这样的话,占卜(*auguries*)指的应该是占卜师独自主持的仪式,通过这样的方式,场地、人和仪式被转移到一个"特别的永恒'开辟的'国度"(Linderski 1986b:338 = 1995:493;参见 1986a:esp. 2294—2296);而"前兆/占卜/鸟卜"(*auspices*)指的则是在涉及行动时机的问题上寻求诸神意志的步骤,一次指示只在一天内有效。

⑤ 昆图斯需要证明占卜和征兆占卜(鸟卜)的有效性,这就需要他排除许多当代的做法,并集中考虑先辈的典型做法。在此处,他突出说明了一种衰退,这在之前的章节也阐述过,并且和德奥塔鲁斯的观点形成了比照:罗马人在公共领域上减少对占卜师的依赖的同时,也把他们从私人领域中驱逐了出去。

⑥ 雇用占卜师在婚礼当天早上进行强制占卜,这种做法受到家族朋友的采用而保留下来,同样也会采用鸟卜者来进行占卜。这些人并非专家;也不要求他们对天空进行观察,或勉强地宣称,已观察过迹象,得到允许是日可举行婚礼。

⑦ 昆图斯这里指的不会是元老院或公民大会上的事情,在这两种场合中,执政官会依古制来进行强制占卜,更确切地说,昆图斯指的是一种 *extispicia*,这会在军事交火前进行(1.27;72),或者通过投靠了显赫要人的脏卜师来进行(例见 1.119)。脏卜的发展可能和其更深的复杂性有关,因为这种复杂性能给出除了简单的"是"和"否"之外的回答,参见 Valeton 1889:447。

⑧ 这里的因果联系(*itaque*)很重要。昆图斯在阐述这点时所举的 3 个例子中,如果行政官采用了观察天空的古法,朱庇特可能就会给出和当日相关的简单的否定应答,然而,因为采用了"强制"占卜,给出的预警就愈加刻板,并"最有可能的是……不仅适用于行动当天,也可能适用于他们认为与之相关的行为",参见 Linderski 1986a:2203。因而,有关的将领在交火中抛却了任何成功的可能性。

"危急的/不利的"(*dire*)迹象在占卜师认可的 5 类迹象中最为负面(Festus 317 L)。至少在通俗词源上,这个术语和诸神之怒有关(*dirae=dei irae*;Serv.[Auct.]*Aen.* 4.453;Festus 69 L),参见 Regell 1893:19—20。"妨害"(hindering, *vitiosus*)是包含了所有负面迹象的更大范畴。词根 *vitium* 的基本意思似乎是"妨碍",虽然它后来被解释为"错误"或"缺陷";作为一个宗教术语,它只能在占卜语境中找到,并且用于在过程或典仪和漠视预兆时所发生的错误(例见 1.33),参见 D. Paschall,*TAPA* 67,1938,pp. 219—231。

29

例如,阿庇斯·凯库斯(Appius Caecus)①之子帕布琉斯·克劳狄乌斯(Publius Claudius)②,还有他的同僚卢修斯·朱尼乌斯(Lucius Junius)③,都曾因违背预兆而坚决出航④,最后失去了庞大的舰队。⑤同样的厄运也降临在阿伽门农身上。当希腊人

> 开始私下议论,并鄙视那些细察内脏的占卜技艺时,阿伽门农下令启航,这得到一般人的认可,却违背了鸟飞行的征兆。⑥

为什么要引用这些古代的例子呢?⑦我们都看到马库斯·克拉苏(Marcus Crassus)在漠视可怕预兆后所遭遇的悲剧。⑧在此事上,你在占卜学园时的伙伴阿庇斯(你常常说他是位优秀的卜者)⑨,和遭到非难的监察官阿泰乌斯(Gaius Ateius,一个好人和卓越公民)⑩一样不够智慧,因为——在阿庇斯为自己的所作所为辩护时——"他篡改了预兆"。⑪尽管如此,他作为监察官,如果他考虑到阿泰乌斯已说谎,这样做可能是合适的⑫,但以下事件对于作为卜者的他来说,则绝非是恰当的。他写到,"正是因此,罗马人遭受了非常巨大的灾难"。因为,如果灾祸因此而来,则不能责怪

那个事先通知了不利预兆的人⑬,而应责备没有留意到凶兆的人。
(因为有结果显示那个宣兆是正确的,就像同样的卜者和监察官所
说的那样;如果它是错误的,那它就不可能是引起灾祸的原因。)可
怕的预兆就像所有其他预兆、征兆和迹象一样,它们并非是事情发
生的缘由,而只是预示未来的事情,除非人们采取措施去应对。⑭

注释:

① 阿庇斯·克劳狄乌斯·凯库斯,公元前 312 年担任监察官。这里的父子关系和故
事本身无关,除非所用的家名是为了提醒读者其家族的不虔敬——他的失明是上
天的惩罚,因为他对在大祭坛(*Ara Maxima*)上供奉赫拉克勒斯一事进行了干涉,
例见 Val. Max. 1. 1. 17。

② "英俊者"P. 克劳狄乌斯(P. Claudius Pulcher)(*RE* iii. 2857—2858),公元前 249 年
担任执政官。这里只是对其简单提起,历史文献中对其地位有过讨论,而西塞罗在
《论神性》(2.7)中也有更详细的描述。虽然这个故事被认为是反克劳狄乌斯的产
物,其中充满了可疑的细节。

③ 卢修斯·朱尼乌斯(Lunius/Lucius Junius Pullus)在公元前 249 年担任执政官,参见
西塞罗,《论神性》2. 7。Linderski(1986a:2176 n. 107)认为,朱尼乌斯对占卜的漠
视,是依据其家名而发挥出来的非史实事件,其家名意思为"小鸡",但这个名字也
有可能是在战败后才得到的(Pease)。

④ 原字面意思是"在遇到阻挠时出航",参见 1. 33,2. 74;西塞罗在《论神性》2. 7 中写
道:"把鸡群放出笼子时,它们并不吃东西,(克劳狄乌斯)于是下令将它们扔进水
中,还说,它们即便不吃东西,总得喝水吧。"鸡不愿离开笼子和吃玉米,这就是一
个无可争辩的迹象,但克劳狄乌斯却不予考虑。根据 Florus 的说法(1. 18. 29),这
个拒绝听从预兆占卜的做法,发生在大战在即之时,这也明显支持了许多种版本的
说法一致;而用鸡来占卜这种做法也最符合军事情况。

⑤ 克劳狄乌斯没有料到迦太基人的战备,而受困于某区域,军队无法在西西里岛的德
莱帕那(Drepana)展开,最后遭遇惨败,总共丧失了 93 条船和许多士兵(Polyb. 1.
149.4—51.12)。朱尼乌斯避开和卡泰罗(Carthalo)交火时,他的战舰受到一场风
暴的侵袭:据狄奥多罗斯的说法,总共失去了 103 条战舰和所有补给船。

⑥ 从巴库维乌斯的《透克洛斯》(*Teucer*)片段可知,这些不利的祭祀和征兆,与希腊人
从特洛伊返程有关。

⑦ 昆图斯在论证中结合了古代(1.58)和近代(1.17,68)的例子,还有显然是神话故事
的例子(1.40,43,63)。西塞罗深知史实性的问题,而他对例子的选择在某种程度
上受到欲望的指引:他想要呈现受荷马以降文学例子影响而增强的典型斯多葛观
点(1.13)。

⑧ 根据《特里朋纽斯法》(*Lex Trebonia*),克拉苏作为执政官保卫叙利亚,并在公元前
55 年 11 月离开罗马,出征对抗帕提亚人。公元前 53 年,他在卡雷附近陷入波斯人

的重围,丧失了 3 万多将士和他自己的性命;他的尸首还在帕提亚人法庭上遭到凌辱。

事后看来,克拉苏的整个远征,从出征到最后的悲惨收场,始终违反了神的意志:奇事和征兆每次都紧随着克拉苏。关于这点,西塞罗在这里只说到一个因素,保民官 C. 阿泰乌斯·加比乌试图阻止,但未能成功。克拉苏在启程去往他的行省前,遵循全德(*perfectio*)的传统仪式:他在破晓时进行占卜和献祭,并在卡比托利欧山上许愿;在这些活动期间,他本人和占卜助手未曾收到任何不利征兆。保民官们先前反对克拉苏负责的征税,但没有成功,并且也试图撤销关于请战的投票,最终也纯属徒劳,到了这个时候,他们想通过宗教上的办法来进行阻止。根据 Dio 的说法(39. 39. 6),他们选择的策略是直接告诉克拉苏(为了堵上凯撒在公元前 59 年造成的空子),当克拉苏在卡比托利欧山上献祭时,有人看到了最为不祥的迹象,即 *dirae*(Valeton 1890:447)。毕布路斯在公元前 59 年的策略,是提前说要观察天空,因为在未指明情况下的闪电是吉兆,但是要采用这种策略是不可能的了;那么就需要采用另一种形式 *obnuntiatio*(反对的迹象)了,其中,宣称者要有足够的能力,去宣告征兆并进行解读。因此,阿泰乌斯就报告说他看到了 *dirae*。

Dirae 是一种未经祈求却得到的迹象(oblative),并有着特别悲惨之义。*dirae* 有"诅咒"之意,但在这种情况下应该是指占卜的征兆。塞尔维乌斯将天空描述为 *dirae* 所发生的场域,可见,*dirae* 可以是不祥之鸟、雷鸣或闪电等等。事实上,文献中对此的普遍沉默可能表明,所观察的具体事物在这些论述中并非关键。

⑨ 阿庇斯·克劳狄乌斯·普尔克(Appius Claudius Pulcher,*RE* iii. 2849—2853)于公元前 54 年担任执政官,是西塞罗在西里西亚的前任,他曾犯过众怒(*Fam.* 3. 6—10)。他早期曾支持其兄弟克洛狄乌斯(Clodius)反对西塞罗,并在元老院投票让西塞罗从流放中回归时,他是唯一一个投下反对票的人。他最早是从公元前 63 年(1. 105)开始成为占卜学院的一员,因而在公元前 53/52 年开始作为西塞罗的同僚,直到公元前 48 年去世。他作为占卜法则的专家而受到西塞罗的赞扬(*Brut.* 267),参见 Schuricht 1994。

⑩ C. 阿泰乌斯·卡皮托(C. Ateius Capito,*RE* ii. 1903—1904)作为可信赖的朋友出现在西塞罗信件中,即使他从公元前 46 年就开始效忠凯撒,参见 *Fam.* 13. 29. 2;*Att.* 13. 33. 4,16. 16 C 和 F。他于公元前 55 年担任保民官,此后就再无出任公职。

⑪ "篡改预兆"(*auspicia ementiri*)这个表达法在李维写有关弗拉米尼乌斯(21. 63. 5)的作品中出现过,也在西塞罗写有关安东尼乌斯的作品中(*Phil.* 2. 83,88,3. 9)出现过 3 次,也可能来自关于克劳狄乌斯的 *nota*。很有可能的是,卡比托利欧山上有证人,能反驳阿泰乌斯声称看到了负面迹象,参见 Konrad 2004b:182。西塞罗本人似乎并不怀疑预兆遭到篡改这件事。

⑫ 昆图斯也承认了,阿泰乌斯说了谎,说明他未能胜任监察官的职责,依法要受到惩罚,罪名大概是不道德行为。

⑬ 错误预兆本身并不会给罗马人带来神的惩罚,然而,在灾难的余波中,责任的分配则自然而然。根据罗马人的一般理解,一个报告了不祥迹象的人对于灾难的发生并无责任,反而是那些负责观察迹象征兆的人要负责任,他们通常是地方执政官或

将军。然而,一个篡改或伪造征兆的人则会陷入到麻烦中,因为他的宣告(*obnunti-atio*)给罗马人带来了仪式上的玷污,并且,如果是 L. 帕庇留乌斯·库尔索的情况,他可能会受到惩罚。克劳狄乌斯的态度可能是,在行政官负责行动时,那些并非其同僚的人并不允许宣告负面的征兆,除非迹象真的发生了,而且是偶然发生的,比如说,出现了善意的迹象,但阿泰乌斯却故意寻找和捏造负面的迹象。在写下这些文字后几个月,西塞罗本人希望 M. 安东尼乌斯会遭遇不幸,因为他篡改了征兆(*Phil.* 2. 83)。

⑭ 这个重要论断阐述了面对所有神性交流时的传统罗马立场;负面迹象并不存在必然性,只要能够留意到诸神所发出的预警,并采取适当的行动。对于昆图斯的论述来说,起因和迹象之间的区别很关键,并且会频繁出现在论述中(34, 109, 127, 131)。Valeton(1890:441—442)认为,西塞罗错误表述了克劳狄乌斯的观点,其原意应该是这样的:阿泰乌斯实际上将行政官的职责独揽在身上,所以诸神给他的虚假迹象加上了真实迹象的效果;然而,因为阿泰乌斯在克拉苏的行动上并没有占卜权(*ius auspicandi*),而后者并不知道宣布 *dirae* 尤其与其行动相关,因为在场的卜者庞培既没有驳回,也没证实这次报告;所以灾祸的起因并不在迹象征兆上,而在于克拉苏不知晓这个错误上,而这个错误正是阿泰乌斯引导他招致的,最后导致了他要违背征兆而发动了战争。因此,克劳狄乌斯持有传统的看法,认为负面迹象警告行政官不要继续,并且作为有限度的预警,告知人们在漠视警告时会发生的后果。"负面的迹象可以当作没有任何占卜因素的简单阻止……占卜迹象并非要揭露命运的固定判决,卜者相应的宣兆也并非对未来的预告。它仅仅是个预警。然而,如果说凶兆(*auspicium infaustum*)或恶兆(*malum*)所作出的警告也是一种先兆(漠视先兆会招致灾祸),则是不可能的了。所以,据此可认为,负面迹象提供了对未来的匆匆一瞥,其作用是作为一种有限度的预告,这种作用的实现只有发生在预警遭到漠视的时候",参见 Linderski 1982:30—31。

30

因此,阿泰乌斯的宣兆本身并不构成灾祸的起因;然而,他既然已经留意到相关的迹象,就以此提醒克拉苏漠视预警将会遭遇的后果。随之而来的是,凶兆的预示要么毫无效用,要么有用,诚如阿庇斯所想,其用处就在于,过错并不在于发出预警的人,而在于忽视预警的人。

还要请问,汝等卜者从何处接过那根手杖,它可是祭司职任中最显著的标志。罗慕路斯在建立这座城市时,正是用它来划定区域边界。[①]如今它已是一根弯曲的手杖,顶端稍稍曲折,并因外形和喇叭、'音乐之杖'相似,而从拉丁词汇中得名'发出战斗冲锋令的喇叭'。它曾被放置在帕拉廷山(the Palatine Hill)的祭司庙中(the temple of the Salii)[②],后来寺庙惨遭焚毁,而手杖被发现时却丝毫无损。[③]

注释：

① 昆图斯说的是,罗慕路斯在为城市选址进行占卜并成功后,对罗马进行了区域划分,参见 A. Szabo,*RhM* 87,1938,161;Jocelyn 1971:50。划定边界的基本就是划上一条边界线。卜者会从一个固定的端坐位置标出其前面的重要区域,"界定他的视野";然后,他会以地平线作为横线,再划一条垂直线,从而将该区域分割开,参见 Valeton 1890:256—263;Linderski 1986a:2279,2286—2289。

② 庙宇位于帕拉廷山西南边,靠近奥古斯都的宫殿。Salii 是两组十二祭司,他们的起源早于罗马的统一,他们会在 3 月和 10 月逢节日时穿上铠甲进行舞蹈,这些节日分别标志着竞选季的开始和结束。他们是献给前进者战神马尔斯(*Mars Gradivus*)的,并在历史时期中,他们进行仪式来纪念罗马人从战争向和平的转变,或反之。

③ 此事发生在公元前 390 年高卢人对罗马进行破坏期间,参见 Dion. Hal. 14. 22;Plut. *Rom.* 22. 1—2;*Cam.* 32. 4—5。这个传统至少可追溯到公元前 2 世纪晚期,并可从卢泰修斯写的普莱内斯特历史中找到,参见 *II* 13. 2,123,429。

31

  古代的编年史家没提及的是,在塔克文·普里斯库斯(Tarquinius Priscus)统治期间(此时罗慕路斯时代已过去很久)①,阿图斯·纳维乌斯(Attus Navius)曾用此杖划分了诸天的区域(a quartering of the heavens)。受贫困所迫,阿图斯在年轻时曾做过猪倌。据说,他在丢失了一头猪后,曾立下誓言,如果能找回那头猪,他就会将园子里最大的一串葡萄供奉给神。②后来,当他的猪真的失而复得时,据说他站在葡萄园中央,面朝南,把园子分为四部分,③但小鸟们的迹象显示,其中 3 块地是为不利。于是,他就再细分第四块地④,而在那块地里,发现了一串非同一般大小的葡萄。

  "此事传遍远近,所有邻居都开始就自己的家事来询问他,他因而赢得了鼎鼎大名和声望。"⑤

注释:

① 虽然阿图斯的活动有时会归于安古斯·马奇路斯或图鲁斯·霍斯提利乌斯统治时期,但编年史传统主要将其置于塔克文·普里斯库斯的统治时期。塔克文·普里斯库斯的统治,依传统成为罗马的第五个王(公元前 616—前 578 年),这是个过渡时期,在此期间,随着国家的发展,在法制和军事上发生了必要的变革。

② "据说"这里暗示着年代久远,似乎只适用于植物占卜(*augurium stativum*)的故事,

即选择地方或东西的过程步骤,但这也表明了,西塞罗的材料来源有着不同程度的史实性。这里的"神"有可能是氏神(*Lar Familiaris*)。

③ 阿图斯并没有进行常规的占卜行为,因为一般来说卜者通常面朝东方,他所进行的是植物占卜(*augurium stativum*)。这种最初的区分可能并不含有神性的激启,反而是运用了普通的排列方法,这种方法将根据葡萄园南北或东西走向的路来对齐排列。

④ 细分第四块地:阿图斯似乎重复了这个程序,所以给原先的葡萄园分成了1/16部分,而16这个数字对伊特鲁里亚人来说意义非同寻常,这也可以看出伊特鲁里亚人的影响。

⑤ 阿图斯一开始是个体占卜师。西塞罗的版本忽略了阿图斯曾受到的伊特鲁里亚占卜教育,还有后来受到罗马卜者的邀请,去参与他们的公共咨询活动(*spiskepseis*),即便他并非占卜学院一员。很显然,阿图斯并非罗马精英的一员,但在很多方面上却成为典型的罗马卜者,这些故事解释了他的飞黄腾达和去往罗马的原因。除了他受到的伊特鲁里亚教育,阿图斯后来成为罗马卜者,而且没运用诸神的直接激启,而是运用传统技艺来应答传统的问题。戴奥尼修斯(Dionysius)说,阿图斯的纪念塑像"比一般人要小"(3.71.5),这并不是说阿图斯在和塔克文较量时还是个少年。古代的雕像通常都比原身要小,参见普林尼,*HN* 34.24。

32

　　结果,普里斯库斯王(King Priscus)把他召到跟前。王想测试一下他的占卜技艺,便对他说:'我正在考虑一件事,你能否告诉我此事可不可为?'阿图斯经过占卜,回复说,此事可为。[①]王说,他刚刚考虑的事是,是否可以用一把剃刀把磨刀石一砍为二。[②]随即,他下令检验一下这次占卜。于是,一块磨刀石被带到集会场(co-mitium)[③],然后,王和人们亲眼目睹着这块石头被剃刀一分为二。最后,王命阿图斯·纳维乌斯为占卜师[④],人们也时时就自家私事征询他的意见。

注释:

① "经过占卜"这个专业说法表明,阿图斯是作为个人来进行占卜,向诸神寻求"是"或"否"的应答,而这将以某些鸟类来显示征兆。阿图斯并不了解塔克文的意图行为,但这跟占卜的成功无关。阿图斯并不需要读懂塔克文的意图,或亲身经历诸神的直接激启,因为他正常发挥自己的技艺,就能够得出回答,从而知道是否应当继续活动本身。

　　他下令检验一下这次占卜:塔克文下令的这件事本是不可能做到的,因为这有悖常理——用刀片割开用来磨刀片的石头。西塞罗在此处所用的间接引语模糊化了到底是阿图斯还是塔克文下达这个命令。结合下一句话,后者的可能性较大,因为在下一句中,王是以独立夺格的形式出现的,这就足以排除了他会用刀片去劈石头。

② 西塞罗的措辞并没有道明到底是谁切开了石头——这里的被动态表明有第三者,

　　相比之下，其他的论述认为是塔克文，参见 Dion. *Hal.* 3. 71. 4；August. *De civ.*
　　10. 16。

③ 在元老院门前的区域，罗马人会在这里进行公众大会。

④ 这并没证明阿图斯被占卜学院录取，这似乎是李维的观点(1. 36. 3；参见 Val. Max.
　　1. 4. 1)，但更确切地说，无论塔克文什么时候需要进行占卜，他作为有学识的顾问
　　都得听从召唤，并且人们时常会就自己的私事问询他的意见，参见 Catalano 1960；
　　309 n. 255。在李维的叙述中，这件事标志着占卜在罗马境内获得最高权威的开端。

33

　　此外,依据传统,磨刀石和剃刀都被埋于集会场中,上面覆盖着一块栏石。①

　　"让我们否认这一切,让我们把编年史统统烧掉,②让我们大胆称之为纯属虚构,让我们宁可承认所有事情,也不承认,诸神对人类事务有过任何的关注。③现在来看看这个:在你的著作中④,有个提比略·格拉古(Tiberius Gracchus)⑤的故事,不也证实了占卜和预言的技艺吗? 他在放置好圣体龛(*tabernaculum*)后,不经意间违反了占卜的规矩⑥——他未经占卜就越过了圣墙(*pomerium*)⑦;尽管如此,他仍然继续主持执政官选举。既然你曾铭记此事,想必你也熟知此事。另外,身为卜者的提比略·格拉古,通过承认自己的过失,来确认了预兆占卜的权威⑧;还有脏卜师、预言家,在选举结束后,他们被立即召集到元老院,并宣称负责监督选举的官员没遵守规则,这也增强了他们的专业权威。"⑨

注释:

① 栏石/井栏(*puteal*):从古代地志文献中可得知,井栏在讲坛(*rostra*)前面,而讲坛又是执政官的裁判所所在地。井栏,环形围绕状,以石块镶边,通常和脏卜师给闪电进行"掩埋"有关;而石头的开裂被视作好像是被闪电劈中造成的,比如说,是因为朱庇特。因此,石头被当作神圣之物一样被掩埋,还有那把剃刀,因为它实际上就

是闪电本身。

② 昆图斯辩论第一句有关罗马历史记录的可信度。昆图斯所说的"编年史"一般是指从公元前 2 世纪早期以降的罗马历史叙述,以文学形式写就,不只是那些标题上带"编年史"几个字的著作,而是那些组成罗马公共历史的著作,而西塞罗曾在公共演讲中对后者有过援引,参见 Frier 1979:221—222;也可能暗指大祭司(Chief Pontiff)的编年史(西塞罗,*De or.* 2.52),里面包含了对宗教现象的关注和记录,比如说,当闪电击中某个人,对脏卜师的公众问询。

③ 昆图斯辩论的第二句带有斯多葛色彩,这在序言(1.10)中有所概述,他在稍后(1.82)也会再次进行讨论,这将诸神、占卜的存在和他们对人类的关注联系起来。实际上,他撇开了伊壁鸠鲁的观点(1.62,109),并且,Timpanaro 认为,他是在批评马库斯从新学园怀疑主义偷偷转变到伊壁鸠鲁学派。

④ 昆图斯在提醒马库斯一件事,他的斯多葛代言人巴尔布斯在一本书中提到了这件事,而《论占卜》又是此书的逻辑延伸(《论神性》2.10—11)。只有当马库斯本人在之前的作品中证实了这段插曲,昆图斯在此处的运用才特别见效,并且针对个人偏好(*ad hominem*),即便马库斯在该书结尾处为斯多葛论点背书,这为昆图斯的观点提供了理由。

⑤ 提比略·格拉古,公元前 177 至前 163 年间任执政官,而自从公元前 204 年始担任卜者(Livy 29.38.7),到公元前 163 年时,他很可能已是占卜学院的高级成员。

⑥ 格拉古负责主持公元前 162 年罗马的执政官选举。选举在战神广场(*Campus Martius*)举行(西塞罗,*Q Fr.* 2.2.1),而在此之前,格拉古需要进行占卜。为此,他们会在西庇阿花园中用兽皮造出一个叫作圣体龛的封闭围场。"取圣体龛"(*tabernaculum capere*)这个专业说法指的是占卜的整个仪式,而不只是接收或搭建围场,参见 Valeton 1890:240—243。

⑦ 未经占卜就越过圣墙:圣体墙即罗马城的边界,由罗慕路斯划成,后来被塞尔维乌斯·图利乌斯首次进行扩大,它勘定了经过占卜而制定的城市。在选举前夜,格拉古恰当地进行占卜,但在主持选举时,他回到元老院去执行一些事务。在这趟行程中,他越过了圣体墙,因而抵消了他所进行过的占卜征兆。因为在回到战神广场而再次越过圣体墙时,他并未进行占卜,所以这场选举在技术上说是"未经占卜的"(*inauspicato*)——比如说,并没有确定诸神的意志,不知道这些选举是否应当在该天举行。普鲁塔克(*Marc.* 5.2; Serv. Auct. *Aen.* 2.178)认为占卜中的错误,应当归于格拉古在重新回来主持集会的时候,用了同一个圣体龛,比如说,他并没忘记要再次进行占卜。两种版本都包含了确凿的占卜问题,只是不清楚格拉古会将哪一种归结为自己的错误。

　　百人队大会(*centuriate assembly*)必须在圣墙之外召开,通常是在战神广场,并且需要主持官(*rogator*)有"军事占卜师"(*military auspices*)。越过圣墙,就意味着从"城市"到"军事占卜"的转变,这就需要进行新一轮的占卜了。

⑧ 他在撒丁行省写信给占卜师学院说,通过阅读占卜书籍,他意识到自己犯了过错,参见 Val. Max. 1.1.3;Gran. Licin. 28.25。占卜师学院轻易得出结论,即选举流程没有正确执行,并且对元老院传达了正式结论,元老院随后颁发命令,要求执政官

退位，参见西塞罗，《论神性》2.11；Linderski 1986a：2159—2161。

⑨ 在选举开始后，优先投票百人团的选举监察官突然死了，但是格拉古依然继续进行选举。然而，考虑到死亡的不祥之兆（1.103），他就去问询元老院，元老院认为这是件异事。他们召来脏卜师，后者将这件事解读为诸神就执政官选举有效性所发出的警告。格拉古听到脏卜师对自己的批评后脑羞成怒，故而将那些脏卜师奚落为外来人，认为他们并不熟知罗马的占卜法则，并把他们打发走了。

34

　　因此,我同意那些人说有两种样式的占卜:一种和技艺有联系;另一种并不牵涉技艺。运用技艺的占卜师通过观察来了解已知事物,通过臆测推导出未知。另外,那些不运用技艺的占卜师,并不借助理性、推导或已被观察和记录的迹象,而是通过一定的精神刺激,或某些自由而不加克制的情绪来预知未来①。这种情形常常发生在做梦的人身上,有时也发生在狂乱状态下的预言者身上,譬如彼奥提亚的巴希斯(Bacis of Boeotia)②、克里特的埃庇米尼得斯(Epimenides of Crete)③和艾力西拉的女预言家(Sibyl of Erythraea)。④应当考虑这种预言,并非那些通过无区别抽签来给出的神谕,而是那些在神的激启下发出的占卜预言。如果抽签受到古老传统的认可,那么通过它来进行的占卜就不应受到轻视,就像那些签一样,据说,它们是从地里冒出来的⑤;因为无论如何,我都倾向于认为,在神力的影响下,它们可能这样进行抽签,从而给出合适的应答。那些能够准确翻译所有迹象的人,似乎也能接近他们所翻译的诸神的意图,就像哲学家为诗人所做的那样。⑥

注释:

① 精神刺激、不加克制的情绪:参见序言 1.4 的简述。灵魂在梦中的行为和在狂乱状

态下的预言在后面得到详细的讨论(1.63)。在这些占卜样式中,都存在诸神对人类思想的直接影响,所以要理解其中包含的信息,并不需要解读或运用到理性能力。

② 彼奥提亚的巴希斯:这个名字可能是从"巴佐(*bazo*,说话)"这个词衍生过来的一般性描述词,但在亚里斯多德和普鲁塔克那里可以找到复数形式,在其中巴希德斯(Bacides)和女预言家(Sibyls)之间有联系,作为狂乱式预言的样式,因此将巴希斯解释为"像巴希斯一类的人",这似乎可信。巴希斯宣称受到仙女控制。

③ 克里特的埃庇米尼得斯:一个真实存在的历史人物,可追溯至公元前 7 世纪晚期到公元前 6 世纪早期,和梭伦是同时代人,参见 Rhodes 1981:81—83。虽然亚里士多德否认其有预言能力,但他似乎是作为预言家出现的,而且据称曾预言了斯巴达人在奥科美那斯(Orchomenus)的战败,还有雅典人在占领穆尼基亚后所遭遇的不幸。

④ 艾力西拉的女预言家:凯利斯尼兹(Callisthenes)和赫拉克利德斯(Heraclides Ponticus)首次证实其名是赫拉菲勒。据认为,她所作出的预言早于特洛伊战争,虽然优西比乌(Eusebius)将她的全盛时期置于公元前 804 年,索林诺斯(Solinus)还证明了她曾预言莱斯博斯岛人会失去自己的制海权。

⑤ "据说"可能是指 *monumenta Praenestinorum*,Q. Lutatius Catulus 所写的地方史志。这里具体提及普莱内斯特城的命运神庙的著名预言,努梅里乌斯・苏福斯提乌斯(Numerius Suffustius)在神意指引下破开一块打火石,接着"很多签冒了出来,上面有用橡木雕的古代人物像"(2.85—86)。

⑥ 很显然,西塞罗在进行类比:卜者和诸神的关系,就像注释者和诗人之间的关系。这种类比在逻辑上要求了,卜者对神意的解读并非是全然被动的,而是运用了理性的力量,特别是在推测的领域。

35

　　意图通过诡辩来推翻古人构建已久的观点,这又是何其聪明?你跟我说,你没能找到它们的起因。这可能潜藏在自然的隐晦中。神并不愿意让我理解其起因,但我应该运用他所给予的方法。所以,我会运用它们,并且不会听信误导从而认为,整个伊特鲁里亚国已完完全全疯狂地陷入到脏卜问题中了,也不会去相信,其国人在解释闪电时犯了谬误,或者说,他们只是一群错误解读迹象的人;大地的轰隆①、咆哮和震动,曾多少次为我们的共和国和其他国家,给出了即将到来之灾祸的预警。

注释:

① "轰隆"常常被用来描述地质运动,并且是元老院官方认可的征兆。"咆哮"作为一种征兆,被认为是地震前常常发生的预警。甚至有一类地震从"咆哮"中得名:*muketiai seismoi*。

36

哎呀,最近有一头骡分娩了,可是这种生物天生就是不育的,而占卜师预言这是罪恶的果实,那么此事是否应受到嘲笑?[①]还有,你怎么看待普布利乌斯之子提比略·格拉古[②]那次著名的事件?他可是监察官,曾两次出任执政官,并且是最称职的占卜师、明智之人和杰出公民。然而,根据其子盖约在著作中留给我们的说法,他曾在家里抓到两条蛇,随即召来占卜师进行征询。[③]占卜师说,如果格拉古放生雄蛇,则其妻不久必死;如果放生雌蛇,他自己就将不久于世。深思熟虑过后,他认为不如选择自己速死,也好过让年轻的妻子丧命,其妻是普布利乌斯·阿菲里加努斯(Publius Africanus)的女儿。[④]所以,他最后放生雌蛇,自己也在几天后死了。

让我们尽情嘲笑那些占卜师吧,将他们视为一群骗子和徒有虚名之人。让我们尽管鄙视他们的职业,即便明智的提比略·格拉古、他的死和相关后果,无不佐证了占卜的可信度。让我们也鄙视巴比伦人吧,还有那些占星师们,他们在高加索山脉之巅观察天体迹象,并运用数学来跟踪星星的轨迹。我说,还要鄙视那些宣称自己记录了长达 47 万年时间的人[⑤],让我们谴责他们的欺骗、愚蠢和恬不知耻,宣判他们是一群骗子,并且毫不关心后人和历史怎么看待他们。

注释：

① 据普林尼（*HN* 8. 173），编年史中有很多骡繁殖后代的记录，尽管如此，这类事情还是被当成奇事。昆图斯具体指的是公元前 50/49 年发生的事情，它被解读为预示着"国事纷争、贵族之死、法理颠覆、可耻的出生等"（参见 Col. 6. 27），比如庞培和凯撒之间的不幸内战。

② 普布利乌斯可能是公元前 189 年的保民官。格拉古在公元前 169 年担任监察官，他在公元前 163 年所做之事证明了他的杰出占卜技能。在西塞罗的其他哲学著作中，他因智慧和见识而备受称赞（*Fin.* 4. 65；*Deor.* 1. 38）。

③ 参见 Val. Max. 4. 6. 1；普林尼，*HN* 7. 122；*DVI* 57. 4；普鲁塔克，《提比略·格拉古》1. 2—3。格拉古在此处对占卜师的私下征询和他在公元前 163 年公开对脏卜进行摈弃的情况相左。昆图斯在这里说到这个故事的逻辑是，在公元前 163 年脏卜师进行辩护后，格拉古接受了脏卜的有用性；而两条蛇通常被看作代表着真尼乌斯（Genius）和朱诺（Juno），即格拉古和科妮莉亚的守护神，但也被等同于守护神（*genius loci*）。蛇在罗马国内艺术中十分常见，并在庞培城中有不少栩栩如生的展现，通常是和地府异灵有关的形象。

④ 格拉古在西庇阿死后，即公元前 183 年早期，娶了科妮莉亚；并不清楚西庇阿是否同意婚约。据普林尼的记录（*HN* 7. 57），格拉古和科妮莉亚间的婚姻诞下众多子女，有 6 个女儿和 6 个儿子，再加上我们对格拉古所任公职的了解，这段婚姻可追溯至公元前 181/180 年。科妮莉亚不太可能在公元前 195 年后才出生，也不可能在格拉古去世时才 40 多岁。这段故事的目的在于，将格拉古呈现为"虔敬的政治家，不畏惧死亡，同时在作为忠诚的丈夫和明智的公民上非常成功"，参见 Santangelo 2005：210。

⑤ 拉丁语和古希腊的写作者通常将古老的巴比伦占星记录追溯到贝若苏（Berosus），一个用希腊语写了《巴比伦史》的巴比伦人，这本书从希腊化时代以降就一直是占星学的重要资源。

37①

　　好吧，让我们承认野蛮人们也都是一群卑鄙的骗子。但是，那些希腊史学家也是骗子吗？希腊人的历史是否也遭到了篡改？说到自然占卜，谁不知道皮同·阿波罗（Pythian Apollo）曾给克罗伊斯（Croesus）②、雅典人③、斯巴达人、忒格亚人（Tegeans）④、阿尔戈斯人（Argives）和科林斯人（Corinthians）提供的神谕应答（Oracular responses）。克里希普斯（Chrysippus）汇集了大量此类神答，并且无不一一通过大量的事实来进行验证。既然你也熟知这些，我就姑且略过不谈了。然而，我还是要指出一点：关于德尔斐的神谕，如果其预言没经过时间和事实的检验，又怎么会进行得如此频繁、如此流行、如此闻名遐迩，⑤同时受尽来自每块土地的人们和王们的膜拜和敬献。"在很长一段时间里，情况并不是这样的。"

注释：

① 昆图斯对神谕的论述比较简短，比起同样话题的希腊哲学文献，这显得很不一样：例如，克里希普斯似乎在描述神谕和梦的内容上比重相当（1.6）。原因有两个：第一，虽然在意大利半岛有过很多神谕，其中一些还很靠近罗马，罗马政府却不咨询他们，而且甚至还禁止行政官雇佣他们。唯一一得到罗马官方差使的神谕是德尔斐，它大体上充当仪式十人委员会的作用，负责建议相关的行动做法，并得到元老院的认可。第二，也是更重要的援引，这些神谕在公元前1世纪时并不产生神启预言。昆图斯在为自然占卜的存在辩护时需要用到的例子，应该是由神无可争议地直接

影响其代言人而产生的神谕预言,而不是由问谶或其他没那么有信服力的神谕所得到"是"或"否"的回答。

② 克罗伊斯:吕底亚最后一任国王,在公元前547至前546年间遭到波斯人推翻,众所周知,他曾问询德尔斐和其他希腊神谕。希罗多德记录了德尔斐可靠性的建立过程,它预言了克罗伊斯的倒台(1.47.3,53.3,55.2,85.2,91.1—3)。色诺芬进一步记录了两个神谕,但这些就更鲜为人知了。西塞罗用不同于希罗多德的形式引用了一个神谕(《论占卜》2.115),很可能预示着,他并没有具体引用希罗多德。

③ 文献和铭文中都记录了很多次问询,但很可能的是,西塞罗只记住那些在波斯战争期间进行过的问询。

④ 昆图斯可能是指提供给斯巴达人的神谕,提到了阿波罗所赐的胜利,让他们打败忒格亚人,但忒格亚人的问询得到了证实。

⑤ 德尔斐在希腊神谕中最受尊崇,这从其宝藏和还愿祭品上可以看出。古代的保塞尼亚斯(Pausanias)曾对德尔斐进行过最为详尽的描述,而相关的铭文也证实了其描述的真实性。

38

如今,虽然它的荣耀已日渐褪去,也不再以预言之应验而著称,但是如果它不曾是最可信的,那么它在过去也不会享有如此尊贵的名声。①同样可能的是,那些曾以神性激启来点燃皮同女祭司灵魂的地下之气,在时间长河中已逐渐流失殆尽了②,就如我们所知,有一些河流会逐渐干涸乃至最后消失,或者受到外力扭曲以致河道改变。你可以随便解释预言的衰落,既然这是个大问题,而且还有很大的讨论空间。既然你也同意,不完全扭曲整部历史,就不可能否认一些东西——在好几百年的时间里,德尔斐的神谕都作出了真实可信的预言。③

注释:

① 人们对德尔斐神谕的问询还在继续,但已日渐减少。然而,昆图斯强调的是,预言中明显具有神性且显著的例子似乎已经消失了。他忽略了公元前 48 年阿庇乌斯·克劳狄乌斯那次臭名昭著的问询,这本可以增强他的论述。

    据认为,西塞罗对德尔斐的态度,受到了他本人在公元前 70 年代接到的神答的影响,但是,(1)关于问询的故事靠不住,(2)建议本身并不足以妨碍西塞罗,(3)西塞罗对日渐衰落的德尔斐的描述,为德尔斐的信奉者所接受,比如普鲁塔克。然而,关于昆图斯的论述,它本质上要依靠共同观念,而他所要求的是,在一个时期内,德尔斐的预测被普遍认为是特别精确的。

② 这里有点奇怪,并且可能表现出西塞罗大体上的偏见,即并不打算解释成功占卜的昆图斯,在此处展示了占卜消失的一个可能的解释。他的解释结合了一个普遍观

点,即认为皮同的预言是由升上地下室的蒸汽所引起的,而据认为她是在地下室给出了预言,而在斯多葛派看来,陆地所呼出的气体,对于人体的感官来说是察觉不到的。同样的解释也出现在普鲁塔克的著作中,并与其他解释并置:(1)因为人的罪恶,诸神撤回了神谕;(2)神谕所在地附近的人口减少,导致了诸神有所保留而不施恩惠;(3)后来皮同去了错误的地方接受激启;(4)洞窟在公元前 278 年后就不再使用了。鉴于最后一种解释,对皮同的问询发生在庙宇西边的密室(*adyton*)中。

③ 这个结论明确地将 4 种分类中的两种结合在一起,比如说,起因并非重要,依照古时观点或古例(*e vetustate*),并暗示了共同观念。这里的论述更依赖希腊编史的准确性,这也是昆图斯准备要辩护的(1.37)。

39①

不过，我们不如先把神谕放在一边，继续讨论下梦吧。在这个话题上，像安提帕特（Antipater）那样，克里希普斯（Chrysippus）汇集了一大堆琐碎的梦，再透过安提丰（Antiphon）②的解梦方法来加以解释，以此印证了占卜翻译者的智慧。③我承认，克里希普斯的著作彰显出他的敏锐，可惜的是，他没用到一些更加严谨和有力的例证。④同时代的博学和严谨之人菲利斯托斯（Philistus）⑤写到，叙拉古（Syracuse）暴君狄俄尼索斯（Dionysius）⑥的母亲，在身怀狄俄尼索斯时，梦见自己生出的是森林之神萨梯（Satyr，半人半羊）。⑦当她把此梦说给预兆解释者（在当时的西西里，这些人被称为Galeotae⑧），他们回应到（菲利斯托斯是如此讲述的），她生出的儿子将是希腊最卓越著名之人，并且会有长久并成功的生涯。

注释：

① 昆图斯对于梦的论述是本书第1卷中最为详尽的一部分，因为梦可以给占卜提供最有力（或最弱）的实例，并且也最适合昆图斯为人所知的哲学立场，因为梦也属于自然占卜。虽然一般看来，昆图斯的论述缺乏条理，但他对于梦的论述颇有其理性：在有关人为占卜的讨论和举证上，它并非支离破碎；在第39—59节，他对有关梦的文集进行了大体上连贯的分析，然后在第60—64节对传统和主要的反对观点"许多梦是错误的"进行了处理。

昆图斯会把重点放在自然占卜上，这在另一方面可能会让马库斯更容易重视这个问题,因为自然占卜的两种形式在国教中起到的作用最小,而且比起预兆占卜和伊特鲁里亚学问(*Etrusca disciplina*)的影响力来说,它所得到的认可少之又少。然而,选择这样论述给后面选择性地展示罗马诗歌留下了空间,这很符合斯多葛的做法,并且给作品增加了愉悦性。

昆图斯会论述到,占卜的存在被实际经验所证实,还有无数的例子,这些例子都有明确的背景情况,并且也证明了,鉴于预测和排除了偶然性的结果之间有如此紧密的相互关系,那么未来是可以预测的。然后,他对梦的辩护无疑是有关历史的。确实,昆图斯从一开始就强调了,他所用来证明梦卜有效性的例证必须符合严格的历史标准(1.39),还有,他对这些例证的出处的议论是为了凸显其可信度。在对自己的论述进行相应的介绍之后(1.39),昆图斯的论述至多绕了个路,而在最坏的情况下,遭到了西塞罗式的阻碍破坏,因为接下来 3 个例证并非来自历史学家,而是来自戏剧,并且和我们可能称之为"史前"的东西有关(1.40—43a);甚至是塔克文(Tarquin)的梦(1.44—45),对于罗马人来说有着不可置疑的历史性,昆图斯在论述中却引用了戏剧家的话语,而非历史学家的记录。昆图斯还绕了更远的路,即在讨论回到历史例证,然后是哲学家们的梦(1.52—53)之前,对人在临死前的预见能力(1.47)进行了简短讨论。昆图斯在总结这部分辩论(1.58—59)时,用了预言梦的最重要的种类,这些梦的真实性应该不会遭到马库斯的反对,因为他们都接受这些梦。

然而,经验式论证的效果某种程度上因其连贯性而遭到了削弱(1.60—65)。昆图斯的回应似乎将重点放在解释这些梦上,还有将矛头指向人类对梦的接受上。因为斯多葛派在有关天意问题上的立场观点并不能接受诸神会传递出错误的梦,那么梦的谬误就肯定是人类所犯的错误了。他的第二个观点实际上在整篇对话中得到了阐明,即真正至关重要的是结果,而非解释。所以,如果有些梦只能,甚至是最为合理地,被认为是真实的,那么就存在占卜的梦。然而,这在长篇解释面前又变得黯然失色了,据柏拉图的说法,许多梦并非诚实不欺,因为梦者的灵魂并非处于一种可以纯粹做梦的状态。经验论则偷偷地转向对灵魂的性质和灵魂如何做梦的理论探讨,并列举了波希多尼所构想的 3 种解释(1.63—64)。昆图斯沿着传统的斯多葛思路展现了一种凝练的经验论,这种论点显示出对例子历史性的空前关注。

② 鉴于证言本身不清晰,以及语言和风格上的差异,此处的安提丰是否为智者安提丰、戏剧家安提丰是否等同于记事散文家(拉姆诺斯的安提丰),还有有争议。

③ 安提丰的著作没有直接的引文留存下来,西塞罗的注释(1.116,2.144)是该内容和观点的唯一信息。安提丰给解梦引入一种更为复杂的形式,对迹象和能指间的对比、梦之意象和梦者的考察的相对标准进行理性分析。昆图斯清楚区分了安提丰从真正的自然占卜中所收集的梦(这些梦并不需要解读),恰当地将其看作是人为占卜的样式,或者甚至是一种诡辩伎俩,参见出于悲剧作家安提丰的观点,即占卜是"深思熟虑之人的猜测"(*anthropou phronimou eikasmos*, Gnom. Vindob. 50. p. 14 W),参见 Del Corno 1969:129—131。

④ 安提丰必定是收集了普通的梦,而不是从历史或文学作品中收集著名的例子,他并

没有将这些梦联系到个人或历史事件中去,或许可以预料到阿特米多鲁斯(Artemidorus)著作中的材料。马库斯也因此批评过克里希普斯(2.144),这表现出他对那些作出神谕的梦进行了不同的对待处理,而有关神谕的梦中,他陈列了相关的来源和证据(2.56)。然而,当昆图斯提到"斯多葛派"和西蒙尼德斯及两个阿卡狄亚人的著名之梦有所关系时,他指的是克里希普斯和安提帕特,并且给出了相关语境。"更有力的"主要指的是可信的来源,在下文中,昆图斯清楚详述了他的来源,有时还清楚地对这些来源的可靠性进行了评述(例见 1.46,48,49)。

⑤ 菲利斯托斯曾辅佐狄俄尼索斯上台掌权。他曾担任北方卫戍部队的指挥官,显然也是狄俄尼索斯的朋友。然而,在公元前 386 年,他遭到了流放,在狄俄尼索斯死后才得以回到叙拉古去维护专制统治,和继续效忠狄俄尼索斯二世,直到死于公元前 356 年。菲利斯托斯写过 6 卷的西西里史和 4 本关于狄俄尼索斯的书籍,主要描述了他的崛起,一直到公元前 396 年抗击迦太基人的活动。

　　昆图斯开始为梦辩护,用到了一位当时颇具可信度的历史学家,而西塞罗从公元前 50 年代开始就熟悉其著作。昆图斯用他菲利斯托斯,实际上响应了西塞罗在 10 年前对其《狄俄尼索斯》的赞扬。再者,马库斯在第 2 卷中并没对菲利斯托斯的证言进行驳斥,这似乎就对他作出了正面的结论。

⑥ 赫莫克里托斯之子狄俄尼索斯,从公元前 405 年开始担任叙拉古的专制君主,直至死于公元前 367 年。他似乎出身很好,但并非出于旧贵族。其母名字不详,但这个例子一定发生在公元前 430 年。关于狄俄尼索斯,可参见 K. F. Stroheker,《狄俄尼索斯》,Wiesbaden 1958 和 Caven 1990。

⑦ 古典和圣经文学中充满了母亲们梦见怀上非凡人物的梦,而梦的本质预示着孩子的品格。

⑧ Galetae 是预言者的世袭家族,其传奇可追溯到泰尔梅索斯(Telmessus),但又和叙布拉. 格勒阿提斯(Hebla Geleatis)有关,这座城镇临近卡塔尼亚(Catania),位于埃特纳火山斜坡上,处于当地西西里人控制之下。他们在雅典入侵时期效忠叙拉古,而在公元前 404/403 年的叛乱中效忠狄俄尼索斯。随后,狄俄尼索斯利用他们为其行使权力获得天意支持,特别是在控制当地的西西里人方面。通过这个例子可以看出他的政治手腕,也可以从以下的传说看出,即他们同名的始创者加勒奥提斯(Galeotes),阿波罗之子和北方乐土之民的王,在请示了多多那的宙斯神谕之后,被宙斯派到西西里去。这个故事虚构于公元前 388 至前 385 年,以此为狄俄尼索斯辩护,他入侵伊庇鲁斯(Epirus),以期恢复阿尔凯铁斯对米洛斯的统治,也为了合理化狄俄尼索斯和意大利的高卢人结盟。

　　加勒奥提斯的名字表示一种通过对壁虎的观察或者通过理解它们的语言来进行的占卜,但最早提及它们的材料是在亚基布的《鱼》中,其中打趣般地将它们比作狗鱼(galeoi)。

40

我应该不用提醒你罗马和希腊诗人笔下的一些传说故事吧?[①]例如,在恩尼乌斯(Ennius)的书中,维斯太贞女(Vestal Virgin)讲述的梦:[②]

> 维斯太从梦中惊醒。这位老贞女[③]颤抖地擎着一盏灯,含着泪说:"欧律狄刻的女儿,我们父亲的怜爱啊,[④]如今生命之力正要离开我这把老身骨了。皆因我梦见一位俊美的男子出现在眼前,他把我掳走[⑤],穿过芳香的垂柳,走过河流的堤岸,去到陌生之地域。我亲爱的姐妹啊,后来我独自一人,仿佛脚步蹒跚且徘徊,心怀渴望追寻你的步踪,却终属徒劳无功,再无法触及你的身影;却也了无路径,以站稳我的脚步。

注释:

① 从现代角度来看,昆图斯将古代戏剧当作可靠的例证,这点颇让人出乎意料,但对于西塞罗来说,恩尼乌斯的《编年纪事》(*Annales*)尤其是具有权威性的资料。在昆图斯的铺陈中,"传奇"(*fabulae*)形成了一种特殊的材料,这种材料来自有关"史前"时期事件的戏剧或史诗(1.43)。

　　尽管如此,神渗透进凡人的女人/不能永生的女人,这种事情很多都是不可能的。

② 为了满足昆图斯的目的,这个梦必然预告将发生在伊利亚身上的事,比如说,她被

战神强奸,还有随后遭受的苦难,但因为缺乏语境,人们并不能清楚得知恩尼乌斯是如何处理这个故事的。可能的是,伊利亚在熟睡时遭到强奸,随后在对其姐妹讲述梦境时已怀有身孕,西塞罗将此例包含在内时,将其作为 3 个怀孕妇女真实之梦中的第二个,从而也支持了这样的重构,参见 Krevans 1993:265—266。恩尼乌斯在处理提洛(Tyro)遭波塞冬强奸这个荷马故事时,达到了一种希腊化的重塑效果,将隐藏的梦转化成有所启发的梦,并从女性角度来讲述这段经历。她的梦虽然没有抑制了性,却也没对其进行详述;从阿提米多鲁斯的术语来看,这就是一种依其所见来解释的梦(*oneiros theorematikos*),史诗和戏剧很少对这种梦进行描写,因为比起具有象征意义的梦,它的戏剧效果较为有限,参见 Jocelyn 1989—90:41—45。

③ 她可能是伊利亚的保姆和仆人,虽然昆图斯说她是"维斯太",从而将其与欧律狄刻(Eurydice)之女的角色区分开。

④ 欧律狄刻是埃涅阿斯(Aeneas)的第一任妻子。用到姐妹的 *germana soror* 和 *soror*,她的名字通常是克洛萨(Creusa),说明了伊利亚也是欧律狄刻之女,虽然 Timpanaro 更倾向于认为,她是另一段婚姻的后代,可能是阿尔巴隆加(Alba Longa)国王之女的后裔。

⑤ 指伊利亚被战神拐走,在很多梦境和幻觉中,战神的美都是典型的神性象征,但这可能也带有微妙的性吸引力。"掳走"(*raptare*)所描述的可能是一场暴力强奸,但接下来的话重构了在悲剧中时常出现的梦魇特征,通过对伊利亚所遭遇之不幸的描绘来暗指她遭遇的强奸。恩尼乌斯所提到的河岸和柳树,将犯案现场设置在屋外,这和传统描述中战神的树林并不矛盾。

41

　　随后,父亲似乎对我说了这番话①:'女儿,你须先受苦难,直至财富自台伯河中涌出。'②我的姐妹啊,父亲说完这些,便瞬间消失无踪,尊颜不再出现,尽管我内心渴望,尽管我时时举手向穹苍祷告,以泪目来呼唤,以哀声来恳求。过后,睡眠弃我而去,留我独自神伤。"

注释:

① 伊利亚在此处听到了已去世的埃涅阿斯的声音。Jocelyn 认为(1989—1990:45—46),这个情景将埃尼阿斯设想成丰收之神福纳斯(Faunus)或辞令神(Aius Locutius),譬如一种没有出现任何可见形象的声音,但"消失无踪"(*recessit*)则意味着别的意思。

② 关于伊利亚的命运众说纷纭:死亡、囚禁,或像恩尼乌斯接下来所说的,溺死于台伯河或安登奈的阿尼奥河(Anio at Antemnae)。关于"财富",自然提到的是罗慕路斯和雷穆斯漂泊于台伯河上,最后都活了下来。

42

　　我承认,虽然这些只是诗人笔下的创作,但它对于日常的梦来说并不陌生。[1]还有以下这个梦,我承认这也是虚构的。这个梦让普里阿摩斯[2]极其不安,因为:

　　　　母亲赫库芭[3]怀有身孕,她梦见自己诞下一把燃烧的火炬。[4]父王普里阿摩斯为此感到震惊,叹息之余给予全面的保护,不断地用幼羊羔来祭祀神。随后,在寻求安宁和梦之解释时[5],他也祈求阿波罗的帮助,来解释这个怪异之梦所预示的后果。[6]阿波罗的神谕通过代言人,告诉普里阿摩斯如下的解释:"切勿养育将降临的孩子,因他将给特洛伊带来毁灭,并给别迦摩带来瘟疫。"

注释:

[1] Jocelyn(1989—1990:39)认为昆图斯的话表明,恩尼乌斯对梦的记录在前人的文献中并无来源,而这番评论是针对历史性和体裁的问题而作出的,并且基本上是在为之辩护:从一个诗人的创作中引用的例子,自然比不上史家的著述来得可靠。尽管如此,这个例子似乎有其合理性,因为伊利亚所叙述的梦中经历很常见,也在人们的共同观念中得到了支持。可以很清楚看出恩尼乌斯创作的微妙和善于引起梦者的混乱经历。

[2] Priam,特洛伊末代国王。——译注

③ 普里阿摩斯之妻。——译注

④ 这段话引自恩尼乌斯的悲剧《亚历山大》的开场白。说话者更有可能是维纳斯,而不是卡珊德拉或赫库芭。赫库芭的梦出现在公元前 5 世纪以降的许多作者的作品中。恩尼乌斯似乎逐字翻译了欧里庇得斯的版本,在其版本中,火炬象征着特洛伊的最终焚毁。

⑤ 一些希腊版本会把祭祀的宗教角色归于赫库芭,而恩尼乌斯将之归于普里阿摩斯,可能是为了适合罗马的语境。普里阿摩斯将梦视为要求赎罪的征兆(*procuratio*),用罗马的宗教术语来说是"安宁",这可能反映出罗马人对于"神的和平"(*pax deorum*)的观念,还有普里阿摩斯的主观感受。

⑥ 普里阿摩斯似乎是直接向阿波罗问询,而不是通过中间人,很可能是在特洛伊的神庙中,而不是在亚细亚的神谕里。没有足够的语境解释"*sortes*"这个术语的意思,可能是对通过抽签来问询神谕的诗意描述。

43

　　我已说过,虽然这些梦纯属虚构,还应加上埃涅亚(Aenea)之梦[1],我们的同胞费边乌斯·皮克托(Fabius Pictor)所撰的希腊编年史[2]也将它加以联系起来。根据皮克托的说法,埃涅亚所为之事和所受之苦,皆在其梦中早有预示。

　　我们还是来看看更接近我们时代的例子吧。傲王塔克文(Tarquinius Superbus)的梦又是何种梦?[3]他在阿修斯的《布鲁托斯》(*Brutus of Accius*)[4]中是这样描述的:

注释:

① 埃涅亚来到意大利后,本来用作献祭的牺牲逃走了,那个畜生还扔下了一窝 30 只猪崽,这让他觉得,他在将来建城之地所接收到的神谕得到了实现,然而,费比乌斯(Fabius)记录道:"当他入睡时,他看见一个幻象,此幻象禁止他如此行事,并建议他在 30 年后再建城,这和那窝刚出生的猪崽数目一致,于是他放弃了原先的计划。"

② 费比乌斯·皮克托(Fabius Pictor),盖乌斯之子。据传统的说法,他曾担任议员,在公元前 230 年代和前 220 年代抗击过高卢人,而在坎尼之败后,于公元前 216 年被派遣到德尔斐担任使者。他是古罗马第一位文史作者,但在公元前 3 世纪末或 2 世纪初用希腊语写作,因为对比诸如蒂迈欧(Timaeus)等希腊人的作品来说,罗马的史学传统不尽如人意,或许这也是为了从罗马人的角度来给希腊人呈现一些事件,从而对抗诸如腓里诺斯(Philinus)和西勒诺斯(Silenus)等前迦太基作者们的观点。

　　"编年史"(*annales*)泛指有关罗马的文史作品,而非其希腊语作品的标题译名。此处西塞罗具体提到了希腊史,从而和努梅里乌斯·费比乌斯·皮克托用拉丁语翻译的昆图斯著作相区分。并不确定费比乌斯本人是否有继续用拉丁语去写他的希腊编年史。

③ 昆图斯在神话、历史时期及其传统中的固有可信度之间作出进一步的区别，然而，通过他提出的问题，暂时不对王朝时期所发生之事作出结论。昆图斯用罗马人眼中一种不可置疑并且重要的历史语境来呈现一次事件，从王朝时期过渡到共和国时期的时刻，虽然他给出的版本来自另一个诗人。马库斯没对此或任何诗歌例子作出回应，这反映了他内心认为，这些都未曾真实发生。

④ 阿修斯(L. Accius)是最优秀的古罗马剧作家之一，受到西塞罗的高度赞扬，但是排名在帕库维乌斯之后(1.24)。他的《布鲁托斯》是一种历史人物剧(*fabula praetexta*，拉丁诗人格涅乌斯·奈维乌斯引入的新型罗马悲剧类型，通常涉及罗马历史人物的主题——译注)，一种有关罗马历史的严肃戏剧，很可能是为他的赞助人 D. 朱尼乌斯·布鲁托斯·卡莱库斯(D. Junius Brutus Callaecus)所写，为了颂扬其胜利或题献给其战利品所建造的战神庙。M. 朱尼乌斯·布鲁托斯曾密谋推翻凯撒，于公元前 44 年担任城市执政官，并在同年 7 月的敬阿波罗神节期间资助了阿修斯的一部戏剧，而实际上演的只有《忒柔斯》(*Tereus*)，大概是因为在刺杀凯撒事件发生之后，《布鲁托斯》显得具有煽动性。这些事件都推迟了《论占卜》的写作、修改和出版，纵使西塞罗知悉在 6 月上旬上演《布鲁托斯》的意义。因此，要说西塞罗故意安插这个梦的故事，将凯撒丑化成暴君，这是不太可能的。尽管如此，塔克文的梦在一系列的"孕梦"之间还是显得奇怪，但是，即使西塞罗是稍后才安排的插入叙述，那在 1.46 中法拉里斯(Phalaris)的例子就没有直接安排在 1.43 的后面。将两个有关邪恶暴君的梦并置在一起，还是有其道理的。

44

　　夜幕降临，我摸索安宁的卧榻，以图睡眠抚慰疲倦之躯体。随后，我梦见牧羊人驱赶着有着蓬松羊毛的极美羊群，向我靠近。①我从中选出一对公羊，再挑出更俊美的一头作为牺牲。②随后，另一头羊垂下羊角攻击我，直接迅猛地把我顶到地上。③当我手脚摊开仰躺在地，感到强烈的痛楚时，我看见天空中出现一个不可思议的奇观：灿烂的太阳向反方向移动，以全新的路径往右方滑熔而去。

注释：

① 阿修斯融入了希腊、伊特鲁里亚和罗马的元素，有些可能源自近东，象征着太阳和公羊等。梦在荷马以降的希腊文学中是常见元素，但阿修斯在构思梦的两个主题上深深得益于欧里庇得斯，即祭品的死亡和太阳轨迹的颠倒，而这些源自阿特柔斯（Atreus）传奇。天上的征兆可能首次出现在阿修斯的《阿特柔斯》中，但在《布鲁托斯》中，诗人在采用为人熟知的事件时，联系到专制统治和篡位统治的结束，将相关的主题融入梦中。我们可能是给悲剧中的塔克文传奇加上这些主题的诗意挪用，与其说是对罗马历史中的历史元素进行诗意的处理，不如说确实运用了伊特鲁里亚-罗马王权的神话和象征。阿修斯的戏剧影响了当时的罗马历史书写者。

② 这头羊指代 L. 朱尼乌斯·布鲁托斯的哥哥，塔克文认为他可能会威胁到自己的权力，故而将他诛杀。在不同的解梦传统和伊特鲁里亚宗教中，塔克文所梦之羊的象征意义有所不同。前者中具有积极意义（例如，在阿特米多鲁斯［Artemidorus］2.12："我观察了那些羊，无论它们白或黑，都象征着吉利……羊就像人一样，因为

它们会跟随着牧羊人,并生活在群体中,鉴于它们的名称,它们就好像发展和进步一样。所以,这是最为吉利的征兆,特别是对于那些想要在人群中脱颖而出的人……去获得更多属于自己的羊,并且去领导别人的羊群。再者,一头公羊意味着家里的主人,一位执政官或者国王。");而在后者之中,羊作为一种家畜,代表一种有利的征兆。Guittard(1985:52—55)尝试用马克罗比乌斯(Macrobius)的一段话来解释伊特鲁里亚的说法:"从留传下来的伊特鲁里亚书籍中看出,如果这种动物(即公羊)色泽异常,那么对统治者来说,所有事情会往有利的趋势发展。再者,有一本塔克提乌斯(Tarquitius)写的书,即 *Ostentarium Tuscum*,此书通过马克罗比乌斯的引用而得到认识。从中我们发现:如果一头羊或公羊身上布满紫色或金色的斑点,它将会使统治者家族愈加伟大,随之而来的是极致的幸运,会给他带来家庭和子嗣,并且也会带来更好的福气",但是在阿修斯的话语中,并没有指出羊毛到底是金色或者紫色。塔克文只是献祭了其中最好的羊。

③ 第二头公羊指代 L. 朱尼乌斯·布鲁托斯,即推翻塔克文的人和罗马共和国的首任执政官。阿修斯在此处并不依靠梦的知识,而是在塔克文梦中遭遇的灾祸和他在现实历史中遭到驱逐流放的命运之间进行简单的平行对比而已;他并没有因此丧命,并活着看到新政治秩序的建立。

45

现在,看看占卜师们如何解释以下这个梦:[①]

> 王啊,这事并不奇怪。梦反映了白天的欲望和思想、所见和所为,还有我们醒着时的所言和所行。任何人都有可能会做这样的梦。然而,诸神不会无故突然向您预示如此重要之事。[②]在您所做之梦中,我们看见了一条清晰的信息,它如是警告:要时刻留意那些你以为和羊一般蠢[③]的人,提防他用智慧充当武器,随后声名鹊起,最终把您赶下王位,再驱逐出王国。根据梦之预示,太阳改变了轨迹,即是发出预警,国事将有变。[④]但愿这对人民来说是吉兆!因为,既然伟大星体的轨道变成自左到右,这是最好的吉兆[⑤],意味着罗马将立于世界之巅。

注释:

① Guittard 认为,占卜师们是罗马人,而非伊特鲁里亚人,但在此段中没有证据表明这一点。虽然有可能的是,阿修斯强调了罗马占卜师和一位伊特鲁里亚领导者之间的冲突,但是如果塔克文通过伊特鲁里亚脏卜(塔克文的观众也会期待他们来作为征兆的解释者)来显示未来,那么这种效果并不会减弱。阿修斯小心翼翼地构思回应,以图选取卢修斯·朱尼乌斯·布鲁托斯名字中的 3 个因素,用反过来的顺序,

从而进行精准鉴别,却又留有悬念。Guittard 1985:58。

② 占卜师首先仔细地将塔克文的梦和马库斯所说的"自然的"梦相区分,而自然的梦是做梦者日常关心之事的反映。虽然这种做法经常见于希罗多德以降的文学和医学文献之中,也出现于亚里士多德对占卜之梦的驳斥中,但对占卜者来说,不考虑心理或医学的方法,而确信这个梦是由诸神所赋予的,这一点非常重要。

③ 此处的"愚蠢"让人想起了"布鲁托斯"绰号的意思,布鲁托斯曾因假装愚昧而获得这个绰号。

④ 卢修斯(Lucius)的本名(第一个名字)和光(*Lux*)有关,特别是上升的太阳,所以这是最后一个预示布鲁托斯的因素。

⑤ 阿修斯使用了来自古代的并且精确的宗教语言:*verrunco*,还有新秩序状态下的占卜:它将会得到诸神永久的支持。因为国王面向南方,他的左边(东方)对于飞鸟和闪电征兆来说是有利的方向;由此可推论,太阳也可如此比照。此处特别用了 *Res publica*(共和国),是作为新秩序的表述。

46

　　现在,让我们回到一些外国的例子吧。饱学之士旁托斯的赫拉克利德斯(Heraclides Ponticus)①,他也是柏拉图的学生和追随者,写下了法拉里斯(Phalaris)之母②的一则梦。她在熟睡后梦见了自己在屋内所供奉的诸神雕像③;其中,墨丘利(Mercury)右手拿着一个碗,并从碗中倾倒出鲜血④,当鲜血抵达地面时,又立刻上涌,直至完全淹没了整间房子。随后,她的儿子犯下残忍罪行⑤,也应验了此梦。我何须从狄农(Dinon)的《波斯史》⑥中援引著名王子居鲁士(Cyrus)⑦的梦,还有占星师(Magi)对此梦的解释⑧呢?看看这个吧:居鲁士在睡梦中,梦见太阳出现在自己脚下。狄农如是写道:他3次尝试徒手抓住太阳,但最后都是徒劳无功,⑨太阳转变方向并逃溜开,最终消失无踪。占星师⑩——据认为是波斯人中睿智和博学的阶层——告诉他,他3次试图抓住太阳,这预示着他将统治30年。⑪随后这事应验了,他在40岁时开始统治国家,最后活到了70岁。

注释:

① 赫拉克利德斯来自赫拉克利亚(Heraclea Pontica),在公元前360年代加入柏拉图的学园,最后在前339年以毫厘之差没能保住自己的领导职位。在西塞罗的著作

中,他总是作为柏拉图信徒被援引。昆图斯强调,赫拉克利德斯是个"学识渊博之人",这是为了合乎他的举例标准。作为柏拉图的追随者,赫拉克利德斯同意把预言之梦的真实性看作自然占卜的例子。

② 法拉里斯的出生地,所以梦发生之地可能是在克里特岛的埃斯泰帕拉娥(Astypalaea on Crete),虽然这个出处比较晚近才出现,并且拿不准。如果法拉里斯在其专制统治之前担任过行政长官,那么这个梦的时间背景就是公元前 600 年。法拉里斯在公元前 570 至前 554 年间是阿克拉加斯(Acragas)的暴君。

③ 很难揭开此梦的全部含义,因为我们缺少有关法拉里斯统治和倒台的具体描述。清楚的是,此梦预示了邪恶和灾难,结合当时的情形,此梦的解释也会令人震惊。原文中强调母亲自己的责任和身处屋内,这指向对其屋子和她本人的一场灾祸。因为有这么一个故事,法拉里斯之母和法拉里斯的朋友被阿格里托人(Agrigentans)烙死在铜牛上。又或,房子可能象征着阿克拉加斯和法拉里斯的残暴统治。

④ 诡计之神的原型象征着法拉里斯,后者以故弄玄虚而著名。此梦可能暗指法拉里斯夺取权力的手段——滥用职权来作收税吏,使公务人员对抗播种节(Thesmophoria)上的男性公民,并统治幸存下来的那些人。本质上说,神手上拿着圆盘饰(patera)是无关紧要的,只是象征着神性,但从一个一般用来接奶或酒的工具上流出血来,则预示着死亡(参照 1.98)。

⑤ 从公元前 5 世纪以来,残酷性是这个暴君的显著特点,并且在西塞罗的著作中,他也特别创造出一个术语"Falarismos"。批评大多集中在那臭名昭著的空心铜牛上,他让那些受难者在上面活活烙死,第一个受难者据说是铜牛的雕刻者培利拉欧斯(Perilaus);法拉里斯的杀戮是恣意的。"非人的"(inhuman)特别指的可能是对其食人的指控,其残忍程度堪比克里楚斯(Clearchus),虽然还有个说法更为人接受,即他对其国民的所作所为之变态怪异。

⑥ 狄农的《波斯史》:克洛封的狄农(Dinon of Colophon)跟随克特西亚斯(Ctesias)的脚步,叙述波斯的历史和传统,约莫在公元前 340 年代。现存残篇显示,狄农著作中充满了虚构和渲染,以期达到戏剧效果。虽然狄农的例子似乎不能加强昆图斯的论述,狄农在公元前 1 世纪的罗马很可能是受到尊敬的:尼波斯(Nepos)曾把他描述为"我们在波斯问题上值得信赖的历史学家"。

⑦ 居鲁士一世:Cyrus the First,即创立阿契美尼德王朝的居鲁士,并非色诺芬所追随的居鲁士。他出生于公元前 5 世纪,是米底国(Medes)波斯地区统治者冈比西斯之子;到了公元前 558 年,他继承了其父的权位。无论居鲁士之名源自伊朗语、伊拉姆语,还是印度语,希腊文献、克特西亚斯和狄农所接受的解释来说,居鲁士这个名字和太阳有关。这个梦将波斯宗教中重要的太阳象征和他们伟大帝国的创立者联系起来。

⑧ magus 在词源上和权力有关,或者"神职群体的成员",并且在古波斯术语中用来表示祭司(magu)。它适用于米底 6 个部落中的一个,在拜火教内主要属于祭司阶层。然而,古典文献中的传统在多少程度上精确反映了占星师在这片地区的活动,这还有待确定。

⑨ Achmet Oneir. 166:"如果有人接近太阳之轮盘,或者抓住了它,那么他将会得到王

的青睐,其程度将和接近度成比例……如果是国王做了这个梦,那么他将征服另一个王。"这个有利的解释,和阿特米多鲁斯一般将太阳同负面影响相联系正相反,这也可能显示了,狄农和 Achmet 的观点反映的是东方,而非希腊罗马的观念。

⑩ magi。——译注

⑪ 可能并没有什么合理原则可以解释为何每次抓住太阳代表一个 10 年,毋宁说,预言者给新王的回答最为安全——如果他们解释为 3 年,很可能会遭到驳斥,还不如解释为 30 年,这样即便在 30 年后,也没人会记得这个说法。统治期限的各种说法大抵一致,Justin 和 Phontius 都认为是 30 年整,希罗多德则认为是 29 年,而 Sulpicius Severus 认为是 31 年。所以居鲁士之死可以大致确定是在公元前 530 年,而他继承波斯王位则是在公元前 560 至前 558 年间。

47

    还有个事实,即使是在野蛮之邦①,那里的人也有一定的预知和预言能力,以下是印度的卡兰努斯②的故事:正当弥留之际,他被抬上火葬的柴堆③时说:"死亡多么绚丽啊!力士赫拉克勒斯的宿命也降临于我了。一旦这凡人的躯体被火燃烧,灵魂也将找到光。"当亚历山大问他还有什么话时,他说:"感谢你,我别无他求了,应能很快再见到你。"④结果,亚历山大在几天后死于巴比伦。⑤我现在要稍稍岔开一下,稍后再回到梦这个话题。所有人都知道,在奥林皮娅(Olympias)诞下亚历山大那天夜里,以弗所(Ephesus)的狄安娜⑥神庙遭到焚毁,⑦而在破晓之际,占星家们(Magi)开始放声哭泣道:"亚细亚的死亡诅咒在昨夜诞生了!"⑧

    好了,印度人和占星师的事就说到这里。

注释:

① 关于西塞罗用到的"野蛮/野蛮人",参见 1.2 中的"没有人"。昆图斯一方面说到了题外话,用到灵魂在临死时能够预见的例子(他在 1.63 中会回到这个话题),但他的整体观念的关键在于一种共同观念,而前面波斯人居鲁士的例子让他继续讲述"野蛮人"的例子。这种特点在亚历山大历史学家和异国爱好者中很普遍。

② Callanus of India。——译注

③ 在普鲁塔克看来(*Alex.* 65.3),卡兰努斯的真实名字是思凡斯(Sphines),他借用了印度人打招呼的方式(kalyana),但有些现代学者认为,它是印度真实名字的希腊版

本。卡兰努斯是婆罗门,在公元前 326 年遇见亚历山大,随后跟随其出征。他是印度事务受争议的随从和顾问,受到不同程度的敌意。他死于殉葬,这也被认为是婆罗门的特别习俗,并引起了很大关注。希腊文献中的记录众说纷纭:亲历者卡雷斯(Chares)和麦加斯梯尼(Megasthenes)说卡兰努斯是自己跳进燃烧的柴堆中,而阿里安(Arrian)和奥尼斯克里特斯(Onesicrates)说他爬上柴堆,然后躺下(或站着),一动也不动,最后柴堆被点燃,直到将他烧死。我们并不清楚西塞罗说的是以上哪个版本。

④ 很多不同版本的记录中都有这句话。地理学家斯特拉波(Strabo)说,所有版本都一致同意有亚历山大在场,但只有西塞罗的版本提供了一次面对面的对话。据阿里安的说法(7.18.6),卡兰努斯"拒绝接近并与亚历山大见面,还说他会在巴比伦再见到他",参见普鲁塔克,*Alex*.69.3:"他见到在场的马其顿人,并鼓动他们将每天的时间都投入到享乐和陪国王喝酒当中,而他将很快会在巴比伦见到那位国王。"亚历山大甚至连穿着也像赫拉克勒斯,他在侵入印度时仿效赫拉克勒斯。这些事再加上他想要封神的欲望,就使得卡兰努斯的类比显得合适了。西塞罗最后是从某个亚历山大史学家那知晓此事,可能是通过波希多尼。在经历过凯撒的独裁统治之后,西塞罗在提及亚历山大时,要么是不褒不贬的,要么是消极的。

⑤ 卡兰努斯死在接近波斯和帕萨尔加德边界的地方,并且早于公元前 324 年 4 月在苏萨城(Susa)的庆典。亚历山大于公元前 323 年 6 月 10 日死于巴比伦。卡兰努斯所说的"很快"只有在亚历山大死后才显出意义来,不过,"几天后"却涵盖了整整 14 个月的时间。

⑥ Diana,罗马的月亮与狩猎女神。——译注

⑦ 普鲁塔克,*Alex*.3.3:"亚历山大出生于百牛大祭月(Hecatombaeon)上旬,在那个月的第六天,也就是以弗所的阿尔忒弥斯神庙遭焚毁的当天"。这相当于公元前 356 年 7 月 21 日或 22 日。普鲁塔克进一步将其出生和俘虏波提狄亚(Potidaea)、帕曼纽(Parmenion)击败伊利里亚人、他的马在奥林匹亚取得胜利等事联系起来,因为这几件事情同时发生,怪异得很,但事实上,这只是粗略的说法,因为俘虏波提狄亚是在春天发生,而奥林匹亚运动会和在伊利里亚取得胜利是在夏天。亚里斯托布鲁斯(Aristobulus)认为,亚历山大出生于公元前 356 年 10 月,是根据亚历山大于公元前 336 年 10 月正式即位,而不是在 6 月的事实……

⑧ 普鲁塔克说占星师们位于以弗所,这点是可疑的。Pease 认为,占星师们根据天文观测来进行预言,然而,如果我们都同意这种预见只是事后才作出的,并且来自希腊文献,那么这就显得没必要了。

48

　　我们再回到梦上面来吧。克里乌斯^①写到，汉尼拔想从拉辛宁的朱诺神庙中夺走一根金柱^②，但是却不确定它到底是纯金的，还是镀金的。于是，他往里钻了个孔，发现里面也是金的，便决定要搬走它。然而，在当天夜里，朱诺在他梦中现身了，警告他不能这么做，并威胁说，如果他一意孤行，她就会下手让他失去一只好的眼睛。^③这个聪明人可没漠视这个警告。此外，他命人用之前钻出来的金屑打造了一只牛犊雕像，安置在那根柱子的顶端。^④

注释：

① L. 克里乌斯·安提帕特(Coelius)，格拉古同时代人，在文学、法律和修辞学方面知识渊博，曾著述关于第二次布匿战争的专著，长达 7 卷之多。他的《历史》写得非常严谨并且深入，即便其中有表现出对预兆、超自然现象和夸张写法的偏好。

② 克罗同人(Croton)在其拉辛宁海岬之城东南方 10 公里处建造了朱诺神庙，用作意大利南部古希腊殖民地联盟的圣所。神庙中的金柱子，李维也对此作过考证 (24.3.6)，是圣所中储藏的众多著名贵重供品之一。因其地理位置偏僻，从而成为袭击者的明显目标，其庙宇容易遭致盗窃。

　　汉尼拔的梦并未在他处有过记载，但他与神庙的关系是确定的，并且可以这么理解：汉尼拔有意和赫拉克勒斯紧密联系起来，而后者在一个版本的传说中至少是神庙的创建者，并且完成了从西班牙到意大利脚下的同样的路程。汉尼拔在公元前 205 年离开意大利的土地之前，在那里留下来了一块双语铭碑，用以陈述其功绩。

③ 朱诺现身,是作为其神庙遭到破坏的女神出现,可能也作为迦太基的守护女神出现,但肯定不是作为汉尼拔的敌人。她的警告和汉尼拔对警告的听从,和神对渎神掠夺者进行报复的故事相悖。而"看见"的说法,在两个梦中都有所表现,这才是重点——在一个梦中,汉尼拔有向后看,从而违背了神的指示(1.49),并遭到惩罚而失去一只眼睛;此处,他遵照了梦的启示,保住了自己的视力。汉尼拔于公元前217年在伊特鲁里亚遭遇右眼失明。

④ 在神话和典仪中,公牛与母牛和朱诺(赫拉)相关,特别是在克罗同。

49

在西勒诺斯①——克里乌斯曾追随他,并且是汉尼拔事业的勤恳研究者②——所写的希腊史中,还记载了汉尼拔的另一则故事。汉尼拔在俘虏了萨贡托(Saguntum)③之后,梦见朱庇特召他去诸神的议事会。当他到达时,朱庇特命他把战争带到意大利④,并承诺在他开启征程之时,会为他提供一个来自议事会的神导。⑤后来,神导警告汉尼拔,莫要向后看。然而,汉尼拔因为抵受不住好奇心,忍不住往后看了。随之,他看见一个庞大而可怕的野兽,其躯体被群蛇包裹着,所到之处,莫不破坏树木、灌丛和房屋。汉尼拔在惊愕之际,询问神导此兽为何物。神回应说,它将会把意大利夷为废墟,并命汉尼拔继续向前推进,莫为身后之事烦忧。

注释:

① 西勒诺斯(Silenus)曾跟随汉尼拔出征。西勒诺斯对汉尼拔持正面的态度,然而,并不能确定他是如何呈现那个梦、在什么背景之下,还有他最后给出了什么解释。

② 昆图斯的插入语证实了,他用克里乌斯来作为引用来源:这个梦来自与汉尼拔相近的同时代人,因此是可信的。

③ 公元前219年,汉尼拔包围这座西班牙城,而罗马曾宣称与此城同盟,它本应受到罗马和迦太基所缔结之合约的保护。即使这次进攻并没有最终导致和罗马开战,但它作为布匿叛逆的例子,有着非同一般的意义。李维(21.22.6)将梦置于汉尼拔渡埃布罗河(Ebro)的背景之下,这是迦太基和罗马在西班牙的势力范围之间的界

线:汉尼拔将此梦当作诸神对其入侵意大利的支持。西塞罗著作中缺少了地理层面的准确描述,这意味着他只是引用了克里乌斯的摘要,但不能完全排除掉西塞罗对原文的理解。

④ 如果我们同意这个梦是汉尼拔说出来的,而并非来史学家的文学虚构,那么梦原来的形式本可以给汉尼拔的宣传工作起到作用。在人们广泛甚至普遍对神启之梦有所相信的背景下,这个梦本可有力地驳斥罗马人基于国际法的主张,并给汉尼拔的军队在面对漫长征程和无疑是极度困难的战役时起到安稳军心的作用。比照亚历山大在提尔所做的梦,神启的梦肯定了指挥官的计划。

⑤ 西里乌斯·伊塔利库斯(Silius Italicus,3. 168—169)认为这个神的向导是墨丘利(Mercury),可能是阿勒忒斯的墨丘利,即迦太基的守护神,但最有可能的是赫拉克勒斯:汉尼拔表现出自己在模仿赫拉克勒斯,后者赶着革律翁的牛群从世界西部的边缘而来,穿过西班牙和高卢,越过阿尔卑斯山进入意大利。然而,如果波里比阿(Polybius)在批评其他作者(他们认为汉尼拔离开了神的引导就不能越过阿尔卑斯山)时的模糊语言很重要的话,西勒诺斯的梦并没有说出那个神的名字。然而,波里比阿有意用了含糊的语言,可能是为了嘲讽。

50

我们在阿加托克利斯（Agathocles）①写的历史中看到，迦太基人哈米尔卡（Hamilcar Barca）②在围攻叙拉古期间，在睡梦中听到一个声音，说他翌日将在叙拉古城内进餐。在翌日破晓之时，阵营中的迦太基军队和盟友西丘里人（Siculi）之间发生了一次严重的内讧。叙拉古人借此发动了一次突袭，最后生擒了哈米尔卡。③所以，事件最终证实了梦的预示。

历史之中全是此类实例，日常生活中也一样。

注释：

① 阿加托克利斯：可能是库济库斯的阿加托克利斯（Agathocles of Cyzicus），公元前 3 世纪晚期到 2 世纪早期的一位语法学家和历史学家，曾在亚历山大城工作，并且是斯多葛学派芝诺多托斯（Stoic Zenodotus）的学生。

② 哈米尔卡：吉斯哥之子哈米尔卡（son of Gisgo）从公元前 311 年起在西西里担任迦太基军指挥官。狄奥多罗斯认为他被俘的时间是公元前 309 年。

③ 狄奥多罗斯比较详细地描述了这场混乱的军事行动，但并没有记录迦太基人和西西里当地的非希腊城市同盟间的冲突，倒不如说是由随营人员制造的混乱；然后，在夜间的混乱中，因为不熟悉地形，迦太基人内部也发生了打斗。

51

　　我再说一个例子：著名的帕布琉斯·德西乌斯（Publius Deci-us），他是昆图斯之子，也是家族中第一个成为执政官的人。①在马库斯·瓦勒琉斯（Marcus Valerius）和奥卢思·凯尔苏斯（Aulus Cornelius）担任执政官时期，帕布琉斯是当时的军队保民官（mili-tary tribune）②，其军队遭遇了萨谟奈人（Samnites）的重重围困。当时，因为他过于鲁莽地投入到战争的危险中，有人劝他须更加谨慎小心，编年史记载了他的回应："我梦见自己因战死于敌阵之中，而获得不朽的名声。"③虽然他后来丝毫无损，并最终带领军队突出重围，但在3年后担任执政官时，他全副武装地突袭了拉丁人的战线，最后付出了生命的代价。④由于这一战绩，拉丁人最终遭到征服和毁灭；他的死如此荣耀，以致他的儿子也热切地追随同样的命运。⑤

注释：

① 帕布琉斯·德西乌斯·马斯于公元前340年任执政官，与其同名的儿子于公元前295年任执政官，很可能还是公元前279年执政官的祖父。通过用"第一个"这样的词来说明亲属关系，昆图斯比较准确地确认了这层关系。

② 在这段时期，6位当选的行政官担任军事领域的职位，在军团中行使关键的指挥权力。

③ 德西乌斯在萨谟奈的大胆和倡议,最后营救了克索斯(Cossus),并且取得一场大胜,李维著作中对此事也有所记述。克索斯带领军队进入一处峡谷,瞬即遭到萨谟奈人重重包围,撤退不得。正在进行夜间侦查任务的德西乌斯,从制高点发起袭击,最终解救了他的指挥官。

④ 公元前 341 年,罗马的拉丁同盟不甘作为从属,继而叛变。在公元前 340 年的多场战役中,担任执政官的德西乌斯和同僚曼利乌斯在维苏威火山附近的维塞里斯(Veseris)遭遇拉丁人军队。在李维的版本中,德西乌斯和曼利乌斯两人都梦到,在接下来的战斗中,其中一方将失去一位指挥官,而另一方则失去整个军队;为自己军队牺牲的将军最后将会获得胜利。在那场战役中,随着罗马军队左翼失利,德西乌斯在军队前背诵忠诚献身的套话,以此恳求众多的奥林匹亚人和地府神灵来将恐惧打入敌人的内心,并夺走自己和敌人的性命,他故而驱马冲进敌阵。他因践行献身精神而失去生命,但同时也大大激励了其军队,最后取得胜利。*Devotio*,具有某种赎罪仪式、原始巫术和替代牺牲的特点。

⑤ 德西乌斯·马斯,公元前 295 年执政官,在第三次萨谟奈战争中对阵萨谟奈人和高卢人时,"献身"于森缇努姆(Sentinum)。这次"献身"(*devotio*)是史实,并且可能记载于《卡皮托利欧岁时纪》(Capitoline *Fasti*),然而,几乎人人皆知公元前 340 年的那次事件是一次虚构。

52

　　如果你愿意的话,我们现在来看看那些哲学家的梦吧。[①]我们从柏拉图著作[②]中读到,身陷囹圄的苏格拉底,对友人克力同(Crito)说:"我将死于三日之内[③];因我梦见一位绝世美人,她唤着我的名字,并对我说起荷马的这句诗:

　　　　第三天的黎明将于佛提雅的海岸欣然地凝视你。"[④]

　　历史已告知我们[⑤],他正如所预言那般死了。苏格拉底的门徒色诺芬(Xenophon)——他是何等杰出之人——记录了和小居鲁士[⑥]一同出征时所做之梦,[⑦]同时还有这些梦的显著应验。[⑧]

注释:

① 这 3 个梦都围绕着"回家/归乡"的主题,苏格拉底和欧德谟斯的例子是从死亡的意义上讲,而色诺芬则是历史性地回到希腊。

② 参见《克力同》43d—44b。昆图斯用了一个有力例证,并针对西塞罗的个人偏好。西塞罗认为柏拉图是所有哲学家之中的最优秀者,极具权威和说服力,并且是杰出的文体批评家。西塞罗并没有就柏拉图作为苏格拉底思想和生活讲述者的历史可靠性予以置评,但就其作者和主题而言,这个例子符合昆图斯在第 39 节所设的"有力例子"的标准。

③ 西塞罗对话集中的苏格拉底是作为哲学的"创始人"和父亲(*ND* 1. 93, 2. 167;

Tusc. 3. 8，5. 10，47；*Deor.* 3. 60；*Fin.* 2. 1）。他最后的日子尤其具有重要意义，并且斯多葛学派出于不同目的也援引了这段插曲。公元前 399 年，苏格拉底被定罪，罪名为荼毒年青人和渎神，最终被判处死刑。死刑在朝圣大船从得洛斯岛返回后才执行。

④ 昆图斯在重述这句话时，其实是一种即兴的翻译，而在荷马著作（*Il.* 9. 362—3）中，阿喀琉斯说："如果大地之神准予我一路平安，那么我在第三天就应能抵达肥沃的佛提雅了。"因为佛提雅是阿喀琉斯的家乡，苏格拉底将此梦理解为他的灵魂将会回家，或者回到天堂，在死亡后摆脱肉体的束缚。

⑤ 柏拉图和色诺芬均没有明确证明此事，但柏拉图著作中发生的这则故事证实了昆图斯在此处所说的话。这个梦有几个方面的意义，首先是告知苏格拉底确切的死期、他将面对的命运，同时肯定了他不逃避死亡的决定，并且支持了他对来世的信念，这将个人心理和形而上真理结合了起来（Vegleris 1982：60—61）。

⑥ 这个居鲁士是波斯大流士二世的小儿子，大流士二世曾于公元前 401 年发起对其兄弟亚达薛西斯的反叛，在其中，色诺芬是许多希腊雇佣兵中的一员。西塞罗谨慎地将这个居鲁士和居鲁士大帝区分开（1. 46）。

⑦ 色诺芬在危机时期接收过两个梦：其一，当军队的指挥官遭到刺杀，希腊人是否能继续存在下去而前途未卜之时，色诺芬几乎不能入睡，但是看见"一声霹雳，继而是一道闪电打在其父亲的房子上，所有东西瞬间着火"；其二，当他的军队陷入困境，前有貌似不可渡的森璀特斯河（Centrites），后有合围而来的卡杜卡亚人，他梦见"自己被上了脚镣，不过脚镣自动打开了，因此他解脱而出，并可以自由活动"。

⑧ 第一个梦似乎预示着要么从重重险境中逃脱而出，要么遭到波斯国王的包围，然而，真实事件证实了前者，因为色诺芬提出推举新的指挥官，并主张进军来挽救希腊人于被俘或战败的边缘。在第二个梦中，一些侦察兵发现了一处可安全渡过的地方，希腊人付出一点小代价得以渡河，最终逃脱了卡杜卡亚人的追赶。这些梦或最终结果都不像昆图斯所说的那么"显著"——两者都没有给出清晰明白的神明、预言或可以准确归入占卜之梦的类别，而不如说反映了色诺芬醒时所担忧的事情。

53

　　我们能说色诺芬是个骗子或疯子吗？还有亚里士多德这样才智超凡如神之人[①]，他在记录其友塞浦路斯人欧德谟斯（Eudemus the Cyprian）[②]时，是犯了错呢，还是故意误导他人？欧德谟斯在去往马其顿（Macedonia）时路经斐赖（Pherae），这是色萨利（Thessaly）的名城，却在暴君亚历山大的严酷统治下[③]苦苦挣扎。欧德谟斯在那里病得很严重，甚至医生们都觉得他已病入膏肓、无药可救。他在病榻上做了个梦，梦见一名极其俊美的青年人告诉他：他将很快痊愈；暴君亚历山大将死于几天之内；欧德谟斯本人5年后回家。[④]亚里士多德写到，前两个预言应验了：欧德谟斯痊愈了，暴君死于妻舅们之手，而在五年之期结束时，依据所做之梦，他希望能从西西里返回塞浦路斯，却在抵达叙拉古前，死于一场战斗。[⑤]因此，此梦的解释是预示着，他的灵魂将离开躯体，随后返回家乡。[⑥]

注释：

① 对于西塞罗而言，亚里士多德仅次于柏拉图。西塞罗在描述多位希腊哲学家和文学人物时，说他们是"神性的"（divine）；柏拉图和亚里士多德受到的赞扬最为频繁，前者更是无条件的。"犯错"比起昆图斯最后提问中的说谎或者发疯，显得没那么严重。昆图斯是在暗示，亚里士多德仔细记录下朋友和同时代人欧德谟斯谈过的

梦,也暗示了,他相信这是一个真实发生过的梦,而非模仿柏拉图而虚构的文字。

接下来的例子显示了,亚里士多德接受了欧德谟斯之梦的预示是上天赐予的,这可能是亚里士多德在年少时在柏拉图主义影响下而选择相信的,他随后放弃了用形而上学式的玄想来作为研究梦的实证方法。然而,如果此梦只是为了开启他接下来关于梦的看法,那么他的信仰问题则显得无关紧要了。亚里士多德的《优台谟伦理学》(*ethica eudemia*)1248a30—b2 中的一段话暗示了,他的确接受有些人享有过上天给予的预言帮助,但可能实际上通过谨慎思虑而作出成功的决断,或者有能力作出有利的选择。对于昆图斯的论述而言,比起柏拉图、色诺芬和亚里士多德在各自重要著作中所包含的对梦的态度,更大程度上不如说是梦的历史事实和这些梦作为"神性的梦"的性质。有可能的是,这里存在着两个版本的亚里士多德,一个是支持以梦来进行占卜的斯多葛学派,另一个则是马库斯援引来进行论述的亚里士多德。

② "塞浦路斯人"是用来与罗德岛那个更加杰出的欧德谟斯相区分开,后者是天文学家和亚里士多德的学生。在西塞罗的时代,斐赖是色萨利中无足轻重的城镇,但到了公元前 4 世纪上半叶,在接连的强大霸主们的统治下,斐赖成为色萨利的主要城市。

③ 亚历山大于公元前 369 至前 358 年在位。他通过杀害叔父波利弗朗(Polyphron)来巩固自己的权力;他臭名昭著的残暴行为还包括,违背对底比斯使者的誓言、屠戮斯科图萨(Scotussa)和墨利玻亚(Meliboea)的居民。

④ 关于神性容貌之美,参见 1.40。昆图斯援用这个例子,是因为它看上去是个明显的神性之梦——应验的预言有 3 个元素,最后一个最为戏剧,包含了延伸到 5 年后的预言。预言组合混合了梦的奇迹的方面。

⑤ 欧德谟斯死于他所支持的狄翁(Dion)和叙拉古的狄奥尼修斯二世间的冲突,当时是在一场为了争夺叙拉古控制权的战斗中。这里的时间从句强调了,欧德谟斯对梦的了解并没有影响到他的行为——他想去塞浦路斯。并不清楚的是,年代时间表是否准确:预言是在公元前 358 年给出的,当时就在亚历山大遭到刺杀前不久,但是欧德谟斯的死期至多发生在 4 年多以后,因为狄翁死于公元前 354 年夏。

⑥ 认为灵魂作为异体存在于肉身的观点,或者说,灵魂并不在它真正的家乡,这些说法也隐含在柏拉图的《斐多篇》中,但第一次清晰地阐明是在柏拉图的 *Ax* 365b 中。此处的"事后"(*post eventum*)解释则和"梦境成真"(oneirocrisis)的任何技艺(Artem. 2.49)无关,而不如说与柏拉图重要的哲学观点有关。

54

让我们在哲学家的例子里,再补充一个最为博学之人、真正非凡的诗人——索福克勒斯(Sophocles)。①有人从赫拉克勒斯神庙中偷走了一个沉重的金碟子②,神亲自现身在索福克勒斯梦中,告诉他是何人所为。然而,索福克勒斯一再忽视这个梦。当此梦更加频繁地出现时,他走上阿勒奥帕格斯山③,如实相告此事。④根据索福克勒斯所说的人名,法官们下令逮捕了该人。经过审问后,被告人承认了所犯之罪,并交还了金碟子。后来,神庙因此得名"告发者赫拉克勒斯神庙"。⑤

注释:

① 对于西塞罗而言,索福克勒斯是最优秀的悲剧大师,而且是唯一能称得上"神性的"希腊诗人。这个例子再次合乎昆图斯设下的标准,因为指涉到一位重要人物。

② 这个故事的最早版本来自逍遥学派哲学家罗德岛的谢洛尼莫斯(Hieronymus of Rhodes):"当雅典卫城上的王冠遭到盗窃后,赫拉克勒斯来到索福克勒斯梦中,叫他走进右边的房子中寻找,王冠就藏在那儿。索福克勒斯将这事告知人们,并因此得到1塔兰特(talent,货币单位——译注)的奖赏,这在前面有说过。他用得到的奖赏来给告发者赫拉克勒斯建一处神龛。"其他处的记载略有不同,更有可能的是,西塞罗不准确地援引并改写了这个故事。

③ The Areopagus,雅典一山丘,也作最高法院义。——译注

④ 如果阿勒奥帕格斯负责监督宗教之法,并且对付这起渎圣之案,那么人们会给予索福克勒斯奖赏。又或者,西塞罗对这个故事加以修饰,在说到阿勒奥帕格斯山时,

　　给它加上自己时代为人所熟悉的功能,将它等同于罗马元老院。

⑤ 参见谢洛尼莫斯更加严格的结论,索福克勒斯给告发者赫拉克勒斯奉献了一座祭坛或神龛。

55

　　既然我们历史中的实例更能满足我,我为何还要详细讨论这些希腊的例子。还有一个所有史家都会提及的梦,像法比乌斯(Fabii)和格里(Gellii)曾提过,最近是克里乌斯(Coelius)提起过。在拉丁战争期间,第一次举行大献祭比赛(the Great Votive Games)时,整座城市突然被武装召集起来,比赛因而中断了。[①]在比赛举行之前人们悉数入座时,一个背负牛轭的奴隶被拖着穿过竞技场,同时受着木棒击打。[②]之后,一个罗马乡下人[③]做了个梦,梦见有个人出现在跟前,说他不满意这场献祭,并命令乡下人把这事告诉元老院。然而,他却不敢这么做。随后,梦中之人反复下达同样的命令,并威胁乡下人不要怀疑其神力。即便是这样,乡下人还是不敢遵从其命令。过后,乡下人死了儿子,并第三次梦见同样的指令。他最后得了病,才把这个梦告诉给朋友们。根据他们的建议,他躺在轿上被抬到了元老院。他在对元老院如实相告此梦后,立即痊愈了,并且不需帮助也能自行走回家。据传,最后元老院相信了梦的预示,让献祭传统延续下去。[④]

注释:

① 参见奥古斯丁的"罗马人"和瓦勒留·麦西默斯的"平民"比赛。克里乌斯的描述最

合适公元前 493 年结束的拉丁战争和签订《卡修斯条约》(即 *foedus cassianum*,罗马共和国和拉丁联盟在雷吉路斯湖战役后于前 493 年签订的条约,这结束了拉丁联盟和罗马间的战争——译注)之间的矛盾。现存最为具体的描述可以在狄奥尼索斯和李维的著作中找到。

　　比赛中断是因为沃尔斯奇人(Volscian)。

② 狄奥尼索斯,Hal. 7. 69. 2:"他伸开自己的双臂,用一块木头固定起来,越过了胸膛、肩膀还有手腕,人们跟在他后面,用鞭子抽打他裸着的躯体。祭品……不仅发出不祥的叫喊,而且在猛打之下做出不得体的动作。"

③ 这个农人的在场只是为了强调他并没有牵涉进政治生活中。

④ 克里乌斯的版本没有记录下朱庇特的具体指示。李维和狄奥尼索斯则具体地说明了其儿子死前有几天的间隔期,瓦勒留的版本则是当即的死亡。异教文献中则显示了朱庇特对国家的关心,他反复给出警告,基督教的文献则强调了权力的不对等。克里乌斯对故事的构造反映出罗马国教中元老院所扮演的最高角色,虽然他们比较罕见地会认可梦的预示。这种占卜超出了精英阶层的有效控制,还有,通过这样的故事,来劝止普通的罗马人,切勿宣称梦具有公共意义。

56

　　据同一个克里乌斯所说，盖约·格拉古（Gaius Gracchus）曾对很多人说过，当他是财务官（quaestor）候选人时，他的哥哥提比略来到他的梦中，对他说[1]：'无论你如何试图推迟命运的到来，你始终都要和我一样面对同样的死亡。'[2]克里乌斯写到，这事发生在盖约·格拉古当选人民保民官之前，此前格拉古也已对很多人说起过此事。你能找到比此梦更有信服力的事吗？[3]

　　还要请问，谁能轻视斯多葛作者们经常提到的这两个梦？第一个和西蒙尼德斯（Simonides）[4]有关：他曾看见一个陌生人暴尸在外，随为之进行了安葬。后来，正当他想上一艘船时，他突然看到一个幻象，正是他为之埋葬的陌生人。陌生人警告西蒙尼德斯不要上船，否则将死于船难。于是，西蒙尼德斯改变了主意，而船上所有的人最终都罹难了。

注释：

① 有两个激进的保民官和元老院发生冲突，最终造成了他们的死亡，盖约·格拉古是其中年纪较轻的一个。他于公元前 126 年担任财务官，所以这个梦的时间是公元前 127 年，即进行选举之前。盖约当时正往仕途（*cursus honorum*）踏出第一步，虽然他曾担任土地官员，负责根据其兄立下的法规来分配土地。

② 提比略·辛普洛捏斯·格拉古（Tib. Sempronius Gracchus），即盖约·格拉古之兄，

死于公元前 133 年。"遭受同样的命运"通常来说,是指两位保民官因激烈对抗元老院而遭受的悲惨结局;然而,也有可能是,他们的尸首被抛到台伯河中(Vell. Pat. 2.6.7;参见普鲁塔克,《提比略·格拉古》[*Ti. Gracch*],20.2;《盖约·格拉古》[*C. Gracch*],17.5)。然而,从死法和场景上看,他们各自的死并无类似:提比略是在卡比托利欧山上遭到长凳腿棒打致死(普鲁塔克,《提比略·格拉古》19.6),而盖约可能是在其奴隶的协助下,在复仇女神树林中自杀而亡(普鲁塔克,《盖约·格拉古》17.2)。

③ 在昆图斯看来,这个例子非常具有信服力,因为克里乌斯是个值得信赖的权威人物,并且是盖约之事的亲历者,此事也可以在许多其他来源上得到确证。

④ 西蒙尼德斯:即喀俄斯岛的西蒙尼德斯(Simonides of Ceos),可能出生于公元前 6 世纪中期。这个故事的完整版本见于里巴尼乌斯(Libanius, *Narrat*. 13),他所记录的地理细节提示了,这个故事发生于公元前 480 年代,当时西蒙尼德斯访问了西西里。

57

　　第二个梦非常有名,大意是这样:两个来自阿卡狄亚(Arcadia)的友人来到墨伽拉(Megara),其中一个在旅馆住宿,另一个则去了朋友家。他们吃完晚餐并就寝后,在夜深人静之时,住宿旅馆的人出现在朋友的梦里,乞求他赶过去救命,因为旅馆老板意欲加害于他。他先是被此梦吓醒了,没一会儿他冷静了下来,认为没什么好担心的,并重新睡去;而当他重新入睡时,同一个人又出现在梦中,并对他说:"既然你在我活时也不愿帮助我,那就求求你,让我的躯体入土为安,莫让我含冤而死。我已被旅馆老板谋害了,他将我扔进一辆马车①中,并用畜粪掩盖着。我恳求你明早在马车出城前,赶到城门口去。"受到此梦的触动,他在第二天一早去到城门口。他在那儿看到赶马车的人时,便彻底地信服了第二个梦,他问马车装的是什么,车夫仓皇而逃。于是,这个阿卡狄亚人从马车上卸下友人的尸体,并向当局控诉了这项犯罪,旅馆老板随之遭到逮捕。还有什么证据比这个梦更能让人信服神启②的力量?

注释:

① 马车:wagon,马车通常被用来运送尸体和粪便,参见 J. Bodel, *Graveyards and Groves*: *A Study of the Lex Lucerina*, Cambridge, Mass., 1994, p. 108 n. 161。

② 神启/神性激启：divinely inspired（*divinus*）显示了诸神在占卜之梦中的作用，昆图斯对此会有进一步的讨论（1. 64）——这些梦并非因生理或心理紊乱引起（1. 60—63）。虽然第一个梦可以用租住环境的不安全感和对朋友的关心来解释。第二个梦给出的信息却是诸神才能给予的，并在随后发生的事中得到证实。有关超自然传播消息的推测，参见 Dodds 1971：203—204。

58

　　为何还要继续在史册中找寻例证呢?① 我就时常跟你讲过我做过的梦②,也经常听你讲你做过的。我做过一个和你有关的梦:我在担任亚细亚总督时③,曾梦见你策马跑向某条大河的岸边,接着突然向前倾倒并栽入水流中,然后完全在我视野中消失,我大为震惊,并害怕得浑身发抖。④ 但是没过一会儿,你又重新回到马背上,面带欣喜和自若,走上了对岸。我们在那里看到对方,并互相拥抱。此梦的意义简单易懂,亚细亚解梦家们毫无困难地跟我解释了,并依据此梦来推测接下来将发生之事。⑤

注释:

① 昆图斯介绍最为重要的一组预言梦,即昆图斯和马库斯作为梦接收者的梦,所以这些梦有着不可置疑的权威性。然而,第一个梦并非异常显著,鉴于象征的性质、昆图斯和西塞罗之间的关系,还有昆图斯在罗马任职期间所熟知的政治状况。

② 昆图斯的论述带着强烈的"针对个人偏好"(*ad hominem*)的色彩,在此,如果马库斯确实时常说起一个梦,而梦的结果强烈暗示着神启,并且如果他本人也将这个梦说成是"神启"(divinely inspired)(1.60),那么他再驳斥预言之梦的现实就显得虚伪了。实际上,马库斯的回应远远说不上是有说服力的。

③ 公元前 61 年 3 月,昆图斯被派遣到亚细亚,同年中旬正式就职,后来任期延长多两年,直到公元前 58 年才卸任。昆图斯将职位说是总督,遭到一些编纂者的批评和否定。昆图斯并未担任执政官,其仕途最高点是公元前 62 年出任地方官(prae-tor),而他所管理的那个省,通常是前执政官的特权。*procos* 基本意思可能是"代理

执政官"，而非他所执行的最高权力、统治权（*imperium*）。

④ 古代的梦理论从各个不同方面充分讨论了此梦，其中有个解释，就像昆图斯所说，"简单易懂"，照此而论，这个梦就并非昆图斯要求的那样具有预言性。第一，"那个熟悉的朋友预见了尤其是有关彼此的命运"。在一本巴比伦的梦书中，沉入河中并重新出现意味着财富和忧虑，尽管没有现存的希腊或罗马文本可以提供接近的类比，参见 Artem. 2. 27："站在河中饱受波浪冲涤且无法逃脱，这是一种凶兆。因为一个人不能承受随如此一梦而来的厄运，即使他英勇过人"；Hippocr. *Insomn.* 93："渡过河流意味着……患疾或灾害"。此处的马似乎并没有相关的指代。

⑤ 指西塞罗遭到流放，但最终恢复原来的地位。即使昆图斯在公元前 61 年离开罗马之前，西塞罗的影响力遭到大大削弱，此前他因为破坏了克洛狄乌斯在玻娜女神（Bona Dea）丑闻中的不在场证明，而招致克洛狄乌斯的记恨；公元前 60 年初，西塞罗忧虑自己的前途，并担忧遭受克劳狄乌斯派保民官的威胁。昆图斯口中的"解梦师"的身份、其预言的性质，还有他们作出解释的时间，这些都模糊不清——他们是否有具体地指代流放，或者仅仅是个人命运的衰落？

59

现在说说你的梦吧。当然,我是从你口中听到这个梦的,但更经常的是从撒路斯提乌斯①那听到。在你遭到放逐期间——这对我们来说是荣耀的,但对国家来说却是不幸的②——你在阿蒂纳平原(plain of Atina)上的一座乡间屋子③过夜。你在那一夜大部分时间里都醒着,到了黎明时分终于得以沉睡。④虽然行程很紧迫,但撒路斯提乌斯下令保持安静,不允许惊扰到你。然而,你过了约莫两小时就醒了过来,并跟他说起你的梦。在梦中,你悲伤地漫游在一片荒凉之地,⑤盖乌斯·马略拿着桂冠环绕的束棒⑥出现在跟前,他问你为何事悲伤,你回答说自己已被强行驱逐出国家。他抓住你的右手,安慰你要振作起来,把你交托给高级执法吏,⑦下令将你送至他的纪念神庙⑧,并说你在那里可找到安全感。撒路斯提乌斯说,听完后,他就大声喊起来了,"等待你的是一次很快到来且荣耀的回归啊"⑨,还说看到你似乎也为此梦面露喜色。紧接着,我也知道了这事。后来,你听到,经过一名杰出执政官的动议⑩,元老院在马略纪念庙通过决定要召回你,这个决定传了出去,他们涌上拥挤的剧场,通过呼喊和喝彩来支持你。你说,再也找不到比这个梦更有力的证据,去证明神启的力量了。⑪

注释：

① Sallustius，西塞罗的老朋友，他伴随着西塞罗一起流放，最远去到布鲁迪辛乌姆（Brundisium），并且是听到西塞罗讲述自己之梦的第一人。

② 这个对照在表面上更多是修辞性的，而非具有实际意义。比较起他的回归，并不清楚西塞罗的流放，如何"荣耀"，这可能仅仅是昆图斯极度夸张的说法，就像西塞罗时常试图将自己的流放描述成是"大度的自我牺牲"。他选择了"*fuga*"这个词，并非为了达到更大的感染力，虽然西塞罗在流放期间的措辞显示出，他一度沉溺于悲惨苦痛和自我怜悯中。更准确地说，西塞罗从不用专业术语"*exilium*［放逐、流放］"，即便是在私人信件和驳斥那些认为他是遭到流放的人时。

③ 卢卡尼亚的一处地方。西塞罗在此处待过的时间是可以准确考证的。

④ 某种程度上，这是用以增加感染力的细节，而更加重要的是，它提供了用以确认此梦是否具有预言性的关键信息。确认梦发生的时分非常重要，因为据认为，那些发生在黎明或早晨的梦最有可能成真。

⑤ 西塞罗当时正赶往布鲁迪辛乌姆并乘船去往希腊，因为上面下令要惩罚任何窝藏西塞罗的人。此类漫游的梦预示着个人的艰难时期，此处也反映出西塞罗对自己前途渺茫的恐惧。

⑥ 即伟大的罗马将领马略，曾 7 次担任执政官，战胜过朱古达（Jugurtha）和辛布里人（the cimbri）和条顿人（Teutones）。他来自阿尔皮努姆（Arpinum），即西塞罗的故乡，和西塞罗有某种关系。西塞罗在多本著作中异常频繁地提到马略，而他在担任执政官后、流放期间一直到公元前 55 年，都对马略表示出最大的同情心，这和马略的失势及其流放的遭遇有着紧密的可比性。尽管西塞罗很乐意援引马略的故事，特别是在公众演说时，不应该夸大他对马略的个人偏好和认识，同时也不应该小看他在其政治手段上的疏离孤立（alienation），参见 E. D. Rawson, *PCPS* 17, 1971, 76—79。此处的"桂冠环绕的束棒"结合了罗马权力的标志和胜利的象征；它们尤其指向马略所取得的胜利，并且可能暗示了西塞罗仕途的未来，就像马略在结束流放后第七次担任执政官。

⑦ 以希腊解梦学来看，因为并不确定马略是否算得上西塞罗的亲密朋友，会面所象征的意义不一定就是有利的："见到并非是亲密朋友的人，并不那么吉利"（Artem. 2.2）。然而，在此处，特别是罗马的语境，其象征意义很显然是正面的：马略邀请西塞罗进入场域和沟通，而在通常情况下，马略在 24 名扈从的陪伴下，在公共场合下是禁止任何公民靠近的。执法吏（lictors）即那些在执政官前面肩荷束棒的官吏，高级执法吏（*lictor proximus*）特别要负责维持祭典的距离。

⑧ 荣耀与勇武神庙（Honour and Courage）的建造，是为了纪念马略在家附近击败辛布里人和条顿人。神灵特别适于新人（*novus homo*）马略的胜利，因其美德的缘故，所以也延伸至其最著名的继任者西塞罗。提到神庙的名字，用到题献者的名字，而非神祇绅迪的名字，这在共和国晚期很典型。

⑨ 此梦中没有迹象表明西塞罗很快会恢复原先的地位。这很可能是撒路斯提乌斯本人作出的激励式解读，或者是西塞罗所偏向的解读，带着某种后见之明——公元前 46 年 10 月，西塞罗运用了同样的形容词组，虽然并不确定这些话是代表着西塞罗

的原话,还是席西纳(Aulus Caecina)的话。同样重要的是,西塞罗接受了这个梦,并且立即认可了其带有神性的性质,虽然这些细节比起马略纪念神庙有关的地理细节,算不上将梦认定成预言梦的重要客观因素。

⑩ 即普布利乌斯·科尼利乌斯·兰图鲁斯·斯宾特(P. Cornelius Lentulus Spinther),公元前 57 年担任执政官,从一开始就为西塞罗的回归而做工作。他死后,西塞罗赞颂他为"主导我从流放中得以回归的人"。

⑪ 对昆图斯而言,这是他论述的高潮——西塞罗本人也承认了他的梦所具有的预言性和神启性,而且,元老院在一处特别场所进行判决和通过决定,这些都得到了佐证。在做梦之时,西塞罗并不知道兰图鲁斯会担任执政官,并控制诉讼程序,从而在一个和西塞罗尤其相关的神庙里举行投票。

60

"很多梦都是不可信的",[①]你可能会这样反驳。然而,更有可能的是,这些梦的意义对我们来说是晦涩深奥的。不过,即便承认有些是不可信的,我们为何就要抨击那些可信的梦呢?[②]事实是,如果我们在健康适度的条件下入睡,后者可能会更加频繁地发生。然而,当酒足饭饱时,我们的梦就会是混乱和困惑的。[③]现在来看看在柏拉图的《理想国》中,苏格拉底说了什么:

> 人们在睡眠时,灵魂的其余部分,理性那受过教化而起控制作用的部分会失去作用,而兽性和野性的部分在吃饱喝足之后却活跃起来,并且力图克服睡意涌现,以求满足自己的本性要求。你知道,在这种情况下,由于失去了一切羞耻之心和理性,人们就会没有什么坏事想不出来的;就不怕梦见和母亲乱伦,或者和任何别的人,和男人、和神、和兽类交媾,也就敢于起谋杀之心,吃禁止的东西。总之,他们没有什么愚昧无耻的事情不敢做的了。[④]

注释:

① 昆图斯所想象的这个回应并非是指荷马以降人们所熟悉的观念,即诸神故意向人

们传示令人误解的梦,而是一个经验事实,即并非所有的梦都预示将要发生的事。这一点得到了广泛认可,甚至包括那些释梦师。

② 昆图斯的第一个回应似乎强调了梦的解释,并责怪人们对梦的接收。在斯多葛的理念中,和诗意想象恰恰相反,他们并不接受诸神会传递谬误之梦这一说法,谬误的梦肯定是人类造成的。昆图斯的最后一个论述基本在1.24中也阐述过,也是多次重复的一点,即真正关键的是结果,而不是缘由。如果一些梦只能,或甚至是最好,被认为具有预言性,那么预言梦的现象就是存在的。

③ 通过引用柏拉图,昆图斯展示了这些混沌之梦例,然而,他的言语可能来自亚里士多德:"平时,景象显得紊乱(*tetaragmenai*)和怪诞……会发生在那些醉酒的人身上。"这一段话在1.81中也有重复。亚里士多德和随后的其他作者,都有用生理学对过度放纵之梦的影响进行过阐述。它可以导致不可靠的梦,甚至是在黎明时分,那个时候,生理系统通常已经消除了消化系统带来的干扰。

④ 该段译文参考了《理想国》,郭斌和、张竹明译,北京:商务印书馆1986年,第352—353页。——译注

61

　　但是,我认为,如果一个人的身心处于健康明智的状况下,在他睡眠之前已经把理性唤醒,给了它充分的质疑问难的机会,至于他的欲望,他则既没有使其过饿,也没有使其过饱,让它可以沉静下来,不致用快乐或痛苦烦扰他的至善部分,让后者可以独立无碍地进行研究探求,掌握未知的事物,包括过去的、现在的和未来的;如果他也同样使自己的激情部分安静了下来,而不是经过一番争吵带着怒意进入梦乡;如果他这样使其灵魂中的两个部分安静了下来;你知道,一个人在这种状况下是最可能掌握真理的,他的梦境最不可能是非法的。

这段话我是一字不漏地重复了柏拉图的记述。

62

那么,我们是否更应该听听伊壁鸠鲁说了什么①,而不是柏拉图呢?对于卡涅阿德斯,他在激情地进行论辩时,说的话也是反复不定的。"但伊壁鸠鲁所说的都是他所想的",你这样反驳。然而,他所想的并非周密合理,或配得上"哲学家"这个头衔。②所以,你能因而把他放在柏拉图或苏格拉底的前面,即便后两者没有加以解释,而仅仅是因为他们的名字盖过这些蹩脚的哲学家么?柏拉图给人们的建议是,动身去梦的土地吧,准备好健康的躯体,这样一来就没有错误和迷惑能击败灵魂。据认为,出于这个原因,毕达哥拉斯学派(Pythagoreans)内部禁止食用豆子,③因为这种食物能引起肠胃气胀,从而给追寻真理的灵魂带来损害。

注释:

① 对于西塞罗而言,伊壁鸠鲁和卡涅阿德斯是占卜的主要反对者(1.5;1.7)。一般来说,即便西塞罗和伊壁鸠鲁一样反对占卜,他还是会和伊壁鸠鲁的学说保持距离。昆图斯用这个问题来让马库斯为难,通过他明显支持的哲学方法,而这种方法又是他所驳斥的。对于伊壁鸠鲁而言,梦仅仅是一种生理现象,由身体散发出的一连串影像所引起,这些并不能通过感官来获取,但可以被思想所感知。虽然在唯物主义论看来,梦在占卜功能上和信仰不一致,而在伊壁鸠鲁学说中,诸神并不关心人类事务,所以诸神并没起到任何作用。

② 和卡涅阿德斯的对比是非常鲜明的,因为伊壁鸠鲁用非常易于记忆和传播的形式

来阐述他的关键理念。一般来说,西塞罗轻视伊壁鸠鲁的文学才能,就像轻视他的
哲学观点一样。

③ 在毕达哥拉斯的语录中,也可看到戒除食用豆类的指示,这在毕达哥拉斯学派内部
很常见。只是在某些情况下,并不是很清楚这种戒令是否延伸至甚至是不能碰豆
类,一般情况下是说不能食用。给这种戒令作出确切的解释是不可能的,但还是有
些方法去理解:要理解一项常识性的禁令,可用到我们现在知道的遗传性酶缺乏,
而缺乏这种消化酶会导致对豆类的严重反应,特别是在意大利南部和西西里,即早
期毕达哥拉斯学派的诞生地。再者,毕达哥拉斯学派可能认为,豆子含有死者的灵
魂,而他们的禁令可以在图腾术语中看出。昆图斯的解释是多种理性解释中的一
种。除了豆类能引起的肠胃气胀,它们富含左旋多巴(levadopa),能影响神经系统,
并可能导致失眠和噩梦,造成精神活动的不利影响。

63

所以，当睡眠使灵魂从身体的感觉联系中抽离而出时，灵魂将忆起过往、理解当下和预见未来；[①] 这是因为，睡眠中的身体虽然像死亡一般安躺着，灵魂却依然是活跃和强健的。人在死亡后，灵魂会完全离开身体，会变得更加活跃和强健。所以，随着死亡的接近，灵魂的预见能力会愈加强大。对于那些已病入膏肓的人来说也一样，他们会意识到死亡即在眼前，还有那些已死之人也会显现出来，到了那个时候，他们对名声的欲望也变得最强。对于那些以不恰当的方式活着的人来说，他们在临死时会为自己的罪过感到莫大的懊悔。

注释：

① 昆图斯结合了柏拉图的思想观点，并进一步援引亚里士多德和逍遥学派所认可的关键因素（除了灵魂在睡梦时离开身体的观念）：（1）人是身体和灵魂的结合体；（2）熟睡时，灵魂在某种程度上摆脱了肉体的奴役；（3）死亡后，灵魂完全全脱离身体。当身体在熟睡时，灵魂能自由地接收预言之梦。

   至于预见者可以在过去、现在和未来之间徘徊，这种观点是老生常谈，可以追溯至荷马（*Il.* 1.70），但在这种情况下，西塞罗的援引来源可能是逍遥学派，因为在1.65中，西塞罗用到赫克托尔（Hector）在死时的预言，而这也被亚里士多德援引过。西塞罗可能也记得，柏拉图的《理想国》中那段他刚翻译过的话，特别是，在他的版本中省略去的一个章节，"接收它所不知道的，无论是过去、现在还是未来的事"。

64

　　再者,波希多尼关于一个罗德斯岛人的著名记述,也佐证了将死之人的预见能力。那个罗德斯岛人在临终之时,提到 6 个与之年龄相若的人,并预言他们中谁最先死去、谁次之、谁最后死去等等。在这里,波希多尼认为,人在做梦时有 3 种方式可得到神的启示。[①]第一,灵魂由于和诸神有关,故自身就具有预见能力;[②]第二,空气中到处是不死的灵魂,它们可以说已经清晰铭刻着真理的标记;[③]第三,诸神会在人睡眠时亲自和他们交谈。还有就像我刚刚说过,随着死亡的接近,灵魂能更容易地辨认出未来的迹象,从而预见未来。

注释:

① 波希多尼的论述很可能参照了希罗菲卢斯(Herophilus)对梦起源的 3 种划分:有些梦受到了神的启示而必然发生,但是对于其他梦而言,在灵魂给自身产生了对自己有利和将发生之事的形象时,这些梦是自然而发的;还有一些梦是混合式的,发生时并没受到刺激,每当我们看到我们所愿望之事时,比如说,男人梦见和所爱的女人交欢。在斐罗的著作中也再次出现这种说法,只是作了轻微的改变,去合乎其一神论的观点。毫无疑问,波希多尼接受了普通或诊断之梦的心理学解释,但对于"受到神的激启"最为自然的阐释在此处限制在神性、预言之梦的范围内。"激启"(ad pulsu)阐述了斯多葛派的根本唯物主义概念,即必须存在着某种外部媒介,才能解释如此之梦。波希多尼通过其媒介重要性的上升序,分别展示了 3 种不同的神之激启。在他的划分法背后还有个问题,即"人们是如何通过梦境来确定地获知

未来"。昆图斯并没能再次明晰地援引这种划分,还有临死之人所预言的例子中的孤立性,这表明包含在内的内容只是一种事后想法,但在实际上,相关的观点在随后的辩论环节会再次出现(例如 1. 109—110)。

② 人和诸神之间的亲缘关系(*cognatio, sungeneia*)对于希腊人和罗马人来说,是个广泛的哲学和宗教观念,至少可追溯至阿波罗尼亚的戴奥真尼斯(Diogenes of Apollonia),但其对斯多葛思想的核心性,在克里安提斯(Cleanthes)的《宙斯颂》(*Hymn to Zeus*)第四章中最为明显,"因为我们是你的后裔",这一句和波希多尼的援用最为相关。加伦认为波希多尼持有的观点是,灵魂的智力功能,"其自身中的守护灵(*daimon*)和统治整个宇宙的那个灵魂有着类似的性质",上天的世界精神,即本质上是理性的。"自身"似乎非常像是亚里士多德所说的话,在更大的语境上看存在着很大的可能性,虽然在波希多尼和亚里士多德之间还有一些基本的不同点。并没有任何早期的斯多葛文献认为灵魂自身可以预见未来,所以这可能是波希多尼给斯多葛学派引介的观点,并且和以下两种解释相矛盾。

③ 这不是指天上的星星,而是守护灵(*daimones*),即人和诸神间的媒介,还有英雄们,他们是栖息在大气中的亡灵。这是斯多葛派观念中的一个普遍因素,有时候和占卜相联系。波希多尼写过一本关于此话题的书。似乎他所想象的不死灵魂能预示未来,因为未来已经以一种认知的印记影响着灵魂。(认知的印记,kataleptic impressions, kataleptike phantasia。kataleptic 的名词为 katalepsis,希腊语为 κατάληψις,意为"领会、理解、明白、掌握"。对于斯多葛哲学家而言,Katalepsis 是个重要的假定前提,有关一个人在认知基本哲学概念时的精神状态,也代表着斯多葛派对准则问题的解决途径。根据斯多葛学说,人的心灵持续饱受各种印象[phantasiai]的影响。一些印象为真,另一些为假。他们还认为,心灵本能地对真假印象进行分辨,故而人不应轻信所感知的万物,而只应相信一些带有特定印记的事物。这种印象被称为"认知的印象",希腊语φαντασία καταληπτική。总之,认知的印象即由存在之事物所发出的独特印象,也是该事物的复本,其他事物并不能发出同样的印象。要获得确定性,唯有通过认知的印象,这 种感性表象和一般常识。再通过组合这些印象,从而获得一般概念,并变得更加理性。——译注)"铭刻"(*insignitae*)可能译自 *enapesphragismenos*。斐罗通过消除掉中间的媒介,将它和一神论联系起来:"我们自己的心灵脱离了自身,并和宇宙的心灵在一起。"

65

　　我之前提到卡兰努斯的故事，还有荷马所记述的赫克托尔（Hector），都分别佐证了这个观点。赫克托在临死之际，曾预言过阿基琉斯（Achilles）的早逝。

　　很显然，如果预感的能力完全不存在，那么在我们的日常对话中，就不应该这么频繁地使用 praesagire，这个词的词义是"预先感知，预感"。关于这个词的具体使用，可参考普劳图斯（Plautus）以下这句著名的话：

　　　　我在离家之时，我的灵魂预感到，我的离去纯属徒劳。

在这里，sagire 意为"有敏锐的感觉"。同理，一些老妇人被称为"sagae［女巫］"，因为人们假定她们知道的更多。① 还要提到狗，它们被称为"sagaces［精明的、有远见的］"。② 因此，一个人能事先预见未来之事被称作"praesagire"，即预先感知未来。

注释：

① Festus 303 L："老妇人被称为 sagae，因为她们知道很多"；426 L："精通神职的女人也被称为 saga"。
② 猎犬能通过敏锐的嗅觉嗅出猎物的巢穴（Festus 303，427 L）。

66

所以，灵魂生来就具有预感或预知的能力，神的意志将这种能力从外部注入灵魂，并使之成为灵魂的一部分。①如果此能力发展异常，则被称为"狂乱"或"激启"，当灵魂从身体中抽离而出，并受到神启的激烈刺激时便会发生这种情况，②就像在以下例子中，赫库芭③对卡珊德拉（Cassandra）如是说④：

> 然而，为何她的眼神突然会如此怒烧？
> 她那年少时冷静的谦逊逃往了何方，
> 直到如今依然如此柔和，又如此明智？

然而，卡珊德拉回答道：

> 噢，母亲啊，你是至今所有神圣女人中最神圣的！
> 我已为神启的预言所征服，必要述说预言，
> 皆因阿波罗违背我的意志，使我疯狂，而道出未来的
> 病恶。⑤
> 我以与同龄的女孩为伴而羞耻，我父
> 却以我之所为而羞耻，⑥他可是最好的人啊。

噢，亲爱的母亲！我为你感到悲痛，

又为自己感到嫌恶。因你为普里阿摩斯

诞下最美好的子女——除我之外。

我是何等伤痛，因他人带给你幸福，

而我带来悲痛；他人顺从你，而我反叛。

这是何等温柔和凄婉的诗歌，又何其贴合她的个性！虽然我承认，这首诗和当前的讨论没多大关系。⑦

注释：

① 昆图斯强调预言能力并非灵魂的天然功能，并不像做梦那样，而是需要诸神的外部影响。强加之力（*Iniecta*, imposed）的需要至少表明，一些更加强大的力量，才符合卡珊德拉的行为。"使之留在"（*inclusa*）表明，预言者天然会排斥神的显灵，还有，它需要神性的力量才能保留于其中。卡珊德拉经历了一次极端的显灵事件。

② 这里的语言富有隐喻：灵魂被想象成一个动物，遭到拖拽（*abstractus*）、棒激（*instinctu*）和鞭策（*concitatur*），才开始行动。这里的描述应当和游梦中的灵魂那个情况进行比较，在后者中，离开身体的根本隐喻是非暴力的（*sevocatus*）。在古典文献中，卡珊德拉是最优秀的神启预言家。恩尼乌斯对卡珊德拉的描述显示出，在她传递预言的过程中，包含了两个不同的阶段和心理状态：一开始时，她是沉静的，并理性地传达信息，然后被神灵附身，并看见幻象。西塞罗所援引的第一段文字中，虽然卡珊德拉有表示过，神灵正在附身，但她依然能掌控自己的语言；然后，她开始看到幻象，再过一会，她成为了阿波罗的直接喉舌。恩尼乌斯给这些变化作时间上的标记，从扬抑格的 *septenarii* 到抑扬格的 *octonarii*，再到扬抑格的 *quaternarii*。

③ Hecuba，普里阿摩斯之妻。——译注

④ 以下三段引言可能源自阿西乌斯的《赫库芭》或恩尼乌斯的《亚历山大》。

⑤ 卡珊德拉在叫赫库芭，重复押头韵的 m 音。"神启的/激启的"（inspired）翻译了 *superstitiosus*，这个形容词在这个时期并不带有贬义，恩尼乌斯对这个词的使用是基于其"拥有占卜之能力"的基本含义。

⑥ 第一次承认羞耻，可能是卡珊德拉在用一种费解的方法来暗示，她遭到阿波罗附身，夺走了她的贞洁，还有她与其他合唱团年轻女孩联系的权利。传说卡珊德拉的预言能力是阿波罗对其性关系的回报，但她欺骗了他，从而遭到惩罚，再也不能获得别人信仰。普里阿摩斯可能是对卡珊德拉的疯癫感到羞耻，但父女之间最直接的矛盾与她的末日预言有关。

⑦ 西塞罗用"诗歌"而不是"戏剧"表明了，他援引的是一个文本，而非对某次舞台表演的记忆。昆图斯批评其引用毫无相关，这似乎有点严厉了，因为其核心至少很好地

阐明了外部的影响,还有契合昆图斯介绍的意象。"温柔"(*tener*)和"凄婉"(*mollis*)这两个形容词,即现代美学中的术语,和恩尼乌斯的古诗并无关系,而是为了生动地描述精神混乱。然而,这并不削弱昆图斯对诗歌的理解,而只是显示出,他在用文学批评的当代语言来欣赏诗歌。再者,心理方面恰恰切中要害,正如这些诗歌的引文所说的那样。

67

但是,我在这里要说的是,真实的预言往往是在一个人狂乱时产生的,这在以下这段话中也得到了佐证:

> 它来了! 它来了! 那血污的火炬,包裹在
> 火中,即使好多年来不为人所见!
> 我的同胞们,快来帮我吧,扑灭它的火焰!

接下来说话的并非卡珊德拉,而是一个身处人形体中的神:[①]

> 早已在浩瀚的大海上,[②]打造好
> 一支迅猛的海军;它在加速一股毁灭和灾难的浪潮,
> 它会来的,它的船舰扬着帆在逼近,
> 一波波野蛮人和凶猛的军队会挤满我们的海岸。

注释:

① 根据昆图斯的观点,预言是外部媒介的结果。参见 Plat. *Ion*. 534d:"神取走了这些人的心智……就像神性预言者,这样一来,我们这些听闻的人就可知道,当这些人失去了自己的神智,并非是他们说出了宝贵的话语,然而,其实是神自己在说话,通过这些人来给我们讲话。"

② 卡珊德拉有关为了夺回海伦而航向特洛伊的希腊舰队的预言一定早于某些时候的预言,以此证明,昆图斯将之纳入真实预言的归类是正确的。

68

　　我似乎在从悲剧诗人那引用有关神话的例子。不过,我在你那里也听过一个类似的例子,这就并非虚构了,而是真实发生过。盖乌斯·科坡纽(Gaius Coponius)是一个具有超常能力和学识之人,当他还是罗德斯岛舰队指挥官时,[①]他来到底拉古琴(Dyrrachium)找你,[②]并告诉你一个预言,它出自罗德斯岛一艘五桨木船上的某个划手之口。预言说,不出 30 天,希腊将成为浴血之地;[③]底拉古琴将惨遭劫掠;其保卫者将逃往他们的船舰,于逃亡之时,他们将看见身后熊熊大火的不幸场面;[④]但是,罗德斯岛舰队将会迅速回到家乡。[⑤]你自己也对此事不无担忧,[⑥]当时与你在一起的还有马库斯·瓦罗(Marcus Varro)和马库斯·加图(Marcus Cato),他们都是有学识之人,也都大大警惕了起来。[⑦]实际上,几天后,拉比努斯(Labienus)从法萨卢斯(Pharsalus)逃至底拉古琴,[⑧]并带来了军队战败的消息。至此,其余的预言很快就得到了证实。[⑨]

注释:

① 西塞罗,*Cael*. 24:"最有修养和有学识之人,并有着至清醒的热情,懂得极其优秀的本领。"盖乌斯·科坡纽曾与卢夫斯(Caelius Rufus)交往。他于公元前 49 年就任执

政官,这有相关的文字证实,参见西塞罗,*Att.* 8. 12A. 4。他和马塞拉斯(C. Marcel-lus)一起指挥庞培军队中的罗德岛分队,凯撒对此也有所提及。昆图斯精确描述了科坡纽在公元前 48 年的职位是资深副执政官。

② 凯撒于公元前 49 年 1 月入侵意大利后,庞培命军队往希腊西岸的底拉古琴撤退。西塞罗于 6 月 7 日离开。公元前 48 年 6 月,病中的西塞罗留在底拉古琴(普鲁塔克,《西塞罗》39.1),当时庞培在包围底拉古琴挫败后,追击凯撒至色萨利。到了 7 月末,庞培军临色萨利,8 月 5 日,抵达法萨卢(Pharsalus)。昆图斯版本中的时间表述,"几天后"和"一个月内",有助我们将预言确定在 7 月 9 日之后,很可能接近 8 月 9 日。马库斯在 2.114 中用未完成时态写了一段话:"我们听说,不同的营地在色萨利互相靠近",这强化了这种印象。紧接着,庞培在底拉古琴取得胜利后,共和国军队士气高涨,并寄出了信函,宣告凯撒的战败。如果预言是在此时作出的,这就更引人注目了,比起后来庞培消失、消息不通、一场决定性战斗逼近,这些都加重了底拉古琴中的恐惧。马库斯通过渲染这些因素来将预言的效果减至最低。

③ 这则预言出自一个卑微的希腊人,他当时远离家园。庞培军队于公元前 48 年 8 月 9 日在法萨卢遭遇失败。

④ 在法萨卢之后,那些没有跟随庞培逃亡的人回到底拉古琴,然而,因为指挥官波尔齐乌斯·加图(M. Porcius Cato)认为这是个无法防守之地,他下令军队由海路撤退至科西拉(Corcyra),这大概是在公元前 48 年 9 月。

⑤ 共和国海军发生分裂后,罗德岛人可能在卡西乌斯(Cassius)指挥下朝东走并向凯撒投降。对于 Latte(1959:140)而言,这正是所谓预言的重点——罗德斯岛划手想回家,从而将他的愿望投射在一个"预言"之上。

⑥ 现存唯一的一封信中显示出,在底拉古琴的胜利后,西塞罗分享着普遍的乐观情绪:"看上去战后的情况好像并不会太过困难。"在随后的信件中,带着一些事后的觉悟,他对共和国事业表示悲观,而不针对其取得的军事胜利。

⑦ 前者活了下来,并证实了这个故事,而且作为重要的知识分子,给昆图斯提供了很好的佐证;马库斯·波西乌斯·加图在公元前 46 年死去。加图和瓦罗都能轻易地获得"知识渊博"之誉,特别是后者,参见 Brut. 205:"瓦罗是一个智力超群、无所不通之人。"有个看法挺有意思,西塞罗在描述这些对预言的反应时在开玩笑:作为斯多葛人,加图本应该接受预言的普遍现象,并且在面对自身命运时保持冷静。瓦罗曾是阿斯卡隆的安条克(Antiochus of Ascalon)的学生,后来成为学园派的教条主义者。虽然西塞罗在《论学园派》中题献瓦罗,而瓦罗也在《论拉丁语》中向西塞罗回报敬意,但他们之间的关系在凯撒统治期间并非尽善尽美。

⑧ T. 拉比努斯当时负责指挥骑兵队,位于庞培左翼,其溃败和紧接下来遭到的包围给庞培的战略带来了毁灭性的打击。

⑨ 根据凯撒的说法(*B Civ.* 3. 99.3),15000 名共和国军遭到屠杀,超过 24000 人被俘;阿西尼乌斯·波里奥(Asinius Pollio)记录的是 6000 人死亡。"很快"是指决定在非洲集中抵抗之后的一个月内,因为在 11 月初,舰队便驶离了非洲。

69

因为粮仓已悉数被掠,谷物遍洒街头巷尾。你和同僚们为之大惊,随即上船,在夜色下,你们往城中回望,看到着火的商船,这是士兵们点的火,他们不想遭到追杀。最后,当一行人被罗德斯岛舰队抛弃时,你才意识到,预言之全部皆成事实。[①]

注释:

① 昆图斯描述了一次仓促且充满恐慌的逃亡,而不是一次战略性撤退,中间还有共和国军的哄抢。"遭到罗德斯岛舰队抛弃"可能是指卡西乌斯指挥的舰队和凯撒在爱琴海的遭遇交锋。

70

我尽量简短地说吧，我已经讨论过通过梦和狂乱来进行的占卜，就像我所说的，这些占卜都缺乏技艺。两者有着共同的原则，也就是我们的朋友克里提普斯（Cratippus）时常运用的："某种程度上，人的灵魂源自灵魂之外。所以，我们要意识到，在灵魂之外，存在着一个神的灵魂，这是人的灵魂之源头。"① 再者，人的灵魂中被赋予了感觉、情绪和情欲的部分，② 与肉体的影响脱不了干系；当负责思考和理智的那一部分达到最强大时，灵魂也距离身体最远。

注释：

① 西塞罗将这种主张归于毕达哥拉斯学派（*Sen.* 78："毕达哥拉斯人从不怀疑我们有着源自神、宇宙心灵的灵魂"），参见 *Tusc.* 5.38："人的灵魂源自神的心灵。"然而，西奥弗拉斯塔（Theophrastus）之后对这个主张的发展（Simpl. *In Phys.* 965："心灵更美好并更具神性，因为它于外部进入，并且是全然完美的"）在此处对于逍遥学派的克拉提普斯（Peripatetic Cratippus）的解释非常关键。亚里斯多德自己可能会觉得，人之灵魂的理性部分（*nous*）和神的理性部分（*nous*）一致，但"源自/来自"这样的观念似乎太过实体化。然而，克拉提普斯将运用更进一步的论述，加上斯多葛派的物质宇宙，而对于斯多葛派来说，神性灵魂的观念超越所有，并处于中心的位置。Diog. Laert. 7.142—143：

　　宇宙是一个生灵，具有理性，有着活力，被赋予了灵魂，并具有智力。克里希普斯在其《论天意》第 1 卷中有过阐述,而波希多尼也说过"被赋予了灵魂"(*empsy-chon*)这样的话,很显然,我们的灵魂是其源头的一个碎片。

② 关于灵魂的这种描述,似乎更加带有柏拉图式的色彩,而不是亚里士多德式,它阐述了克拉提普斯倾向于强调在亚里士多德思想中的柏拉图残余痕迹。将灵魂划分成两部分,即理性部分和非理性部分(*Off.* 1.101;*Tusc.* 2.47),在柏拉图那里,则表示为灵魂的高贵部分和卑劣部分(例见 *Rep.* 438d ff.;*Phdr.* 246a ff.)。西塞罗本人相信柏拉图的两分法(*Tusc.* 4.10),但他也清楚意识到,不仅仅是翻译 *Rep.* 571c—572b(1.60—61),柏拉图将非理性部分再细分为两部分,参见 *Rep.* 435b—436a。

71

　　于是,在给出这么多关于真实预言和梦的例证之后,克里提普斯通常会这样总结观点①:"虽然,没有眼睛,就不存在眼睛的功能和作用,虽然,眼睛有时并不运用其功能,然而,一旦人试过用自己的眼睛来看到事物本来的样子,他就能意识到能看见事物的视力是什么。②同理,如果没有占卜就不存在占卜的功能和作用,即便拥有占卜能力的人也会误卜或错误地预言,但是,如果能有一次清晰地预见事件,而非出于偶然发生,这就足以构建占卜的存在了。③况且还有许许多多这样的例子,所以必定要承认占卜的存在。"④

注释:

① 昆图斯这番话可能显示出,他援引的并非某本著作,而是回忆克里提普斯在上课或讨论时的观点。这可能经过了昆图斯侄子马库斯的转述,后者曾跟随克里提普斯学习,更有可能的是,西塞罗于公元前 51 年造访米蒂利尼(Mytilene)期间,昆图斯亲自和克里提普斯交流过。然而,西塞罗也能用同样的说法,因为我们知道相关的著作(*Fin.* 5.81),其中的意思仅仅是"这是普通的观点"。特土良(Tertullian)在列举讨论梦的作者时,将克里提普斯包含在内,并且留下了著作,可供西塞罗参考利用。

② 这个观点有赖于克里提普斯对柏拉图《美诺篇》的解读,当中可以总结为"一旦一个人意识到自己能记忆东西,他就被赋予了记忆的能力,并且能够反复运用这种能力",其中的细节更像是亚里士多德式的。这表明,克里提普斯将亚里斯多德《论灵

魂》适用于占卜的讨论:(1)既然视觉功能预先假定了,眼睛作为视觉器官而存在,并且能看到通过这种感知力才能接收到的物体,同理,占卜的功能也预先假定了,存在着某种"器官",它能够解读占卜征兆,还有有关占卜的特殊事件的存在;(2)如果我们承认,通过视力即可以看见真实,即便有时候我们遭到迷惑,那么,通过占卜,也是可以感知到真理的,即使它有时候也会犯错;(3)存在着很多占卜例子,看上去并不可能是偶然发生的;(4)所以就应当承认占卜的存在(Repici 1995:184—185)。

乍看上去,这种平行论证挺吸引人,其魅力就在于,我们并不能因为有时受到肉眼误导而否认视力的存在,而这种主张本身无从反驳;然而,将这种主张延伸到像占卜这类事物,则是有问题的,因为,虽然占卜实践的确存在,在没有祈求这种现象存在的情况下,就不可能证实在这些实践背后的东西真实存在,这不像讨论视力那样(Repici 1995:185—186)。

③ 昆图斯在之后的论辩中会总结克里提普斯的观点(1. 125)。虽然这项公式显得非常弱,如果 *videatur* 翻译成"似乎"(参见 1. 125 中的 *appareat*),那么此处需要更有力的译法:"显然",参见希腊语 *phainetaion*。对于克里希普斯以降的斯多葛人来说,占卜预测得以实现的显而易见性(*enargeia*)在他们的正式讨论中占有重要地位(Bobzien 1998:92—93),但克拉提普斯的论证并不是用一种能回答学园派怀疑者关注之问题的方式来构成的。

④ 再一次,这个论证有点极端——就像斯多葛派所做的那样,昆图斯会展示许多能归为占卜证据的例子,但对这些例子的接受并不能证实占卜的存在,只能说明其合理性。再者,成功预测的频率问题和这些预测在全数占卜预测中是否具有统计学意义,这些都是至关重要的(2. 121),却悉数被昆图斯忽略了,参见 Hankinson 1988:146—147。

72

　　然而,那些依赖推测或仔细观察和精确记录事件的占卜方法,就像我前面所说的,它们都是人为的,而并非自然的。这其中包括脏卜、占卜和释梦。对于这些样式的占卜,逍遥学派(Peripatetics)认为是无效的,而斯多葛派则为之辩护。其中一些基于记录和实际运用,就像伊特鲁里亚人在有关脏卜、闪电、仪式等内容的著作中都清楚记录了,[①]同样在你那些关于占卜的书中也能找到。[②]相比之下,其他基于推测的占卜则依照了当时所处的情况。[③]比如说,荷马笔下的卡尔克斯(Calchas),他用麻雀的数量来预言特洛伊战争持续的年数。[④]还有在苏拉写的《历史》[⑤]中,我们也能找到另一个例子,来佐证推测性占卜,你也亲眼见证过这个事件。[⑥]当苏拉在诺拉地区[⑦]的指挥部前面进行献祭,[⑧]一条蛇突然从祭坛底部钻了出来。卜者盖乌斯·波斯图米乌斯(Gaius Postumius)[⑨]恳求苏拉立即继续征程。苏拉照这样做了,并占领了萨谟奈人固若金汤的营地,此营就在诺拉城前方。

注释:

① 昆图斯考察了伊特鲁里亚学问(*Disciplina Etrusca*)中的三重划分的规范次序。并不清楚伊特鲁里亚人的脏卜是如何用自己的文字记录他们的训诫,虽然萨格勒布

(Zagreb)的干尸如今已证实了用伊特鲁里亚语言写的关于其仪式的亚麻书的存在，而坟墓中的浮雕展示了卷轴。到了共和国晚期，还是可以在拉丁语中获得一些材料的。卢克莱修(Lucretius)对"伊特鲁里亚诗歌"的驳斥(6.381)显示了，在当时，同时代人对伊特鲁里亚事物充满了强烈兴趣。对于学者和其他人来说，当时并不缺乏罗马宗教各个方面的深奥材料，即使当时的高等学府确实保留了一些秘密档案。相比之下，西塞罗对于《伊特鲁里亚训诫》的了解却是肤浅的。

② 西塞罗作为占卜学院的成员，可以获得这些资料，并非是指西塞罗写的关于占卜的书，*De Auguriis*。

③ 昆图斯强调的情况，指出了推测和常规占卜解释的区别。Pease 记录到，*subito* 必须解释成"无准备的/无预料的"：前兆或征兆发生时并无其他情况，所以不得不参照已知的迹象来解释，要考虑当时的情况，并需要运用理性来进行推导，参见 Linderski 1986a：2239。

④《荷马史诗·伊利亚特》ii. 301—332。正当希腊人在奥利斯(Aulis)进行祭祀，一条蛇从其中一个祭坛底部钻了出来，爬上一棵树，吃掉 8 只雏麻雀和它们的母麻雀，最后化成一块石头。卡尔克斯立即被召来解释这个征兆；9 只被吃掉的鸟分别代表战争中的一年，直到第十年特洛伊遭到占领。这个征兆在古代关于占卜的著作中也得到了充分的讨论。

⑤ 苏拉在其简短的隐退生活期间，写了长达 22 卷的自辩书，很快汇集了各种不相关的材料，最后却没有润色打磨。普鲁塔克大量运用了其中的材料，将其援引为 *hypomnemata*，即注释的一般术语。只有西塞罗将其称作《历史》，要么是在讽刺，要么是因为当时并没有现成的术语去描述自传或回忆录。

⑥ 西塞罗于公元前 89 年开始服兵役，先是在苏拉旗下，直到后来公元前 88 年参选执政官，然后是在庞培·斯特拉博(Pompeius Strabo)手下。

⑦ Nolan District，在坎帕尼亚(Campania)，地名不变。这场战役发生在公元前 91 至前 88 年。——译注

⑧ 苏拉当时正在进行行事前请示诸神之意的常规祭祀活动。公元前 90 年，坎帕尼亚的诺拉城陷于萨谟奈叛乱者手中，并成为一座要塞。

⑨ 苏拉和波斯图米乌斯之间的关系反映了将领对神性引导的个人信仰。波斯图米乌斯于公元前 88 和前 83 年出现在苏拉的随从中，其名字可能源自伊特鲁里亚，他作为苏拉的私人占卜师而享有薪水，而非作为杰出个人和六十人占卜团(*Ordo LX haruspicum*)的成员。

73

  还有个推测性占卜的例子，发生在狄俄尼索斯身上，[①]就在他开始统治之前不久。当时，他正旅经勒奥提尼（Leontine），[②]把马驾到了河里，马随即被漩涡吞没并消失了。[③]狄俄尼索斯尽力拉住马，想让它摆脱困境，最终也是徒劳，只能不安地离开，菲利斯托斯（Philistus）是这样写的。而当他走了一小段距离后，突然听到一声轻微的嘶鸣声，回头看，欣喜地看到他的马正急切地跟在身后，鬃毛上还挤着一群蜜蜂。[④]这个预兆的后续是，狄俄尼索斯在几天后开始了统治。[⑤]

注释：

① 参见普林尼，*HN* 8.158："菲利斯托斯记录到，狄俄尼索斯留下马困在泥沼中，随后，马挣脱而出，并跟随主人的步迹，鬃毛上附着一大群蜜蜂；由于这个征兆，狄俄尼索斯取得霸权"；Ael. *VH* 12.46："他们说，赫莫克拉提斯（Hermocrates）之子狄俄尼索斯当时正在渡河。一匹马驮着他。马滑陷入泥中，但他跳了下来，抓住河岸，从而离开，任由其马困于其中，就好像它已经死了似的。然而，后来，马继续跟着他，发出嘶鸣，并且叫他回来。他拽住鬃毛，正要一跃而上时，一大群蜜蜂附在他的手上。狄奥尼索斯去询问加莱奥特（Galeotae），他们告诉他，这个迹象象征着个人独裁。"

② 公元前 405 年，狄俄尼索斯作为全权将军去往勒奥提尼，他在那里下令召集所有满兵役年龄的叙拉古人，表面上看是为了对抗迦太基人，但实际上是为了巩固自己的权位，以免受到上等阶层公民的反对。这条河可能是 Terias 或 Lissus。

③ 这个迹象就像菲利斯托斯想呈现的那样,讲述了狄俄尼索斯早期生涯中的变迁,并且预示他将崛起掌权:在公元前408年参与了赫莫克拉提斯的密谋后,狄俄尼索斯让人宣称自己已死,从而逃脱惩罚,即便他很快又崛起成为将军们的书记官(*grammateus*)。马的消失可能象征着他的假死,而马的重现则可能象征着他作为全权将领去往勒奥提尼的旅程。

④ "一大群"的征兆被解释为大量的顺从者,但在罗马语境中,蜂群通常具有消极意义。然而,梦见蜜蜂对一个指挥官来说又是有利的。Achmet记录了梦见蜜蜂的多个不同意义,但是却没有类似这种情况的。此处,蜂群可能预示着,向狄俄尼索斯允诺了在勒奥提尼有一支至少600人的护卫队,还有他雇佣了德克西普斯(Dexippus)的雇佣兵。回到叙拉古后,他在战略地位险要的海军军火库设立了指挥部,并以雇佣兵来控制叙拉古。

⑤ 狄俄尼索斯于公元前405年被选为全权将军(*Strategos autokrator*),但他的"统治"可能要到公元前403年才开始,在叙拉古境内一次针对他的反叛后,他将权力下放给地方部门,并且以"首领"的身份开始统治。在狄奥多罗斯笔下(13.96.2),他于公元前405年从勒奥提尼回来后,"公开宣称自己为专制君主";然而,从实用政治(*Realpolitik*)的角度看,狄奥多罗斯是对的,并不确定的是,狄俄尼索斯的辩护者菲利斯托斯是否也如此描述他当时的权位。

74

还有,在留克特拉战役(Battle of Leuctra)的灾难之前,斯巴达人收到如此预警①:赫拉克勒斯神庙中的盔甲武器铿然作响,赫拉克勒斯神像汗水淋漓。卡利斯提尼斯(Callisthenes)说,在同一时间,②位于底比斯的赫拉克勒斯神庙,③虽然大门早就闩锁好,却突然自动打开了,还有那些固定在庙墙上的盔甲,都掉落在地上。④此外,在同一时间,在勒巴迪亚(Lebadia)和彼奥提亚(Boeotia),当时人们正在向特洛佛尼乌(Trophonius)献祭,⑤邻近的公鸡开始奋力啼叫不止。⑥彼奥提亚的卜者据此宣称,胜利将属于底比斯人,⑦因为按照公鸡的习惯,它们在被制服时保持沉默,而在胜利时才啼叫。

注释:

① 斯巴达人要求底比斯人解散彼奥提亚联盟和践行誓言,同时派出一支侵略军,由克列翁布罗特王指挥。公元前371年8月,斯巴达军在彼奥提亚南部的留克特拉平原战败,约400名斯巴达卫队士兵丧生。

② 同一个神的相距甚远的不同崇拜圣地在同一时间出现奇事表明了神在起作用。虽然西塞罗认为卡利斯提尼斯"博学",他还是认为其文风过于虚夸。昆图斯本人则喜欢阅读卡利斯提尼斯的作品。卡利斯提尼斯和亚里斯多德及另一位同时代目击者关系密切,所以他对这些事件的讲述比较可靠。

③ 神话中赫拉克勒斯曾生活在底比斯;他从奥科美那斯手中解放了这座城市,并在底

比斯卫城格米亚(Cadmea)南边的城门外的圣殿被供奉为英雄。虽然仅仅是个英雄,他也被供奉在庙宇中,有着山花的装饰和浮雕像(还有门)。对他的崇拜尤其与底比斯有关。

④ 参见 Xen. *Hell.* 6.4.7:"据称,神殿所有门都自动开了,祭司们都说诸神在启示胜利……他们说赫拉克勒斯庙(Heracleum)中的武器都消失了,就好像赫拉克勒斯亲自去战斗了。"从埃福罗斯(Ephorus)以降,这些奇事都被归结为厄帕米农达斯(Epaminondas)在战斗前用来激励士气的途径;然而,色诺芬和卡利斯提尼斯更加轻信,即便是马库斯自己(2.67),也仅仅停留在运气和偶然上。虽然庙门奇迹般地打开在文字作品中有着丰富的历史记录,罗马历史记述将其作为奇事征兆,这让昆图斯格外有兴趣。对罗马人来说,庙中之物的掉落作为"坠落预兆"(*auspicia caduca*)而有其宗教意义:西塞罗曾题献的密涅瓦(Minerva)雕像的坠落,就预示了他在公元前 43 年的死亡(Dio 45.17.3)。

⑤ 再次,奇事发生的同时性对于确定此类现象是由神引起的很重要。在神话中,特洛佛尼乌是一个建造大师,他在受到敌人追逐时,被大地吞噬了。他在夜里于一处地下神殿发出神谕,给那些可能被喂服了致幻药的咨询者。对他的崇拜在公元前 4 世纪很流行,这可从记录的 4 个不同的特洛佛尼乌奇事上看出。

⑥ 虽然鸟类很可能被用来祭祀,公鸡却被当作具有特别占卜功能的禽鸟,可能是因为它们仰望天空的独特行为(普林尼,*HN* 10.47)被解释为是在仰望朱庇特。

⑦ 参见普林尼,*HN* 10.49:"公鸡整夜啼鸣,向彼奥提亚人预示了对抗斯巴达人的著名胜利,这个推测性解释的根据是,这种禽鸟在被征服时便不会发出啼鸣。"

　　同时,斯巴达人在面临留克特拉之败前,就曾得到过很多预警。比如说,一个用多刺野药草做成的王冠,突然出现在德尔斐纪念吕桑德(Lysander)[1]的雕像头顶,这可是斯巴达人中最卓越的代表啊![2]还有,斯巴达人在德尔斐的卡斯特和帕勒克神庙(The Temple of Castor and Pollux)中高置着一些金制的星星,[3]来纪念吕桑德打败雅典人的伟大胜利,[4]因为据说有人目睹了卡斯特和帕勒克神在战役中站在斯巴达舰队一边。[5]可是,就在留克特拉战役之前,这些神灵的象征——即德尔斐的金制星星,前面已提过——都纷纷掉落,并且再也看不到了。[6]

注释:

[1] 斯巴达将领吕桑德的战略和外交在伯罗奔尼撒战争中为斯巴达人赢得了胜利。

[2] 普鲁塔克,*Mor.* 397f:"吕桑德的石像自己长出灌木和野草,多到覆盖了他的脸。"这尊放在阿堪修斯人宝库中的大理石像所刻画的吕桑德有着长长的头发和胡须。吕桑德的征兆通过发生在一个竭力维护斯巴达统治的人身上的灾祸,预示了斯巴达统治的结束。

　　Pease 记录道:"草木生长明显是由于风或者鸟带来的种子萌芽了……藏在雕像顶部人们看不见的尘土里。"在这些意想不到的地方长出植物,通常被罗马人当作某种征兆(普林尼 *HN* 17.244;Suet. *Aug.* 92),希腊人也如此——亚里斯托米尼斯在目睹这些草后还受了刺激而自杀,而这些草通常只生长在荒芜的地方,参见普鲁塔克,*Mor.* 168f。

③ 普鲁塔克,*Lys.* 18.1:"吕桑德在德尔斐一堆战利品当中矗立自己的铜像、他手下每个海军将领的雕像,还有狄奥斯库里的金制星星";普鲁塔克,*Mor.* 397f:"吕桑德献上的这些星星来自他在羊河(Aegospotami)取得海战胜利的战利品"。

④ Xen. *Hell.* 2.1.21—32;Diod. 13.105—106;普鲁塔克,*Lys.* 9.5—13.4。公元前405年,吕桑德在羊河担任海军中将时,使计让雅典人骄傲自满,从而俘获了他们的大部分舰队。

⑤ 普鲁塔克,*Lys.* 12.1:"有些人宣称,在吕桑德的战船出征对抗敌军时,狄奥斯库里像星星那样现身在其船每一边,并照亮船舵。"Pease 从科学角度对此进行解释,认为是圣爱尔摩火在起作用。战场上有神显灵在古代史中经常出现,而狄奥斯库里尤其显著,特别是在海战情况下。毕竟,他们和斯巴达有关,并在斯巴达人当中受着特别的供奉。他们据认为可能以雕像的形式随斯巴达国王出征。此处,并非王族的吕桑德将这些神合并起来,可能表现了他想要在自己受到掣肘的斯巴达统治系统中争取权力。

⑥ 如果星星消失,之后的作者们,甚至是诸如卡利斯提尼斯的同时代人可能并不知道星星被挂到何处,或者相关的纪念建筑以何种形式出现。此处的象征意义很明显:诸神撤回了对斯巴达的保护,他们不会显灵去对抗特洛佛尼乌和赫拉克勒斯提供的征兆。

76

　　然而,斯巴达人得到过最重大的预警是这个:他们派人去多多那(Dodona)的朱庇特神谕那里,询问获胜的几率。[①] 就在他们的信差按时准备好器皿并装好签之后,摩洛西亚(Molossia)国王用来娱乐的一只猴子,突然搅乱了所有的签,还有其他所有用来问卜的东西,并将它们到处乱撒。[②] 据说,后来,负责神谕的女祭司说,斯巴达人应当考虑的是自身安危,而不是胜利。

注释:

① 这是已知的斯巴达向多多那的首次官方问谕(1.3),德尔斐在公元前 373 年遭遇了一次强地震,神殿遭到毁坏,故而向多多那问谕成为了必要。不过,斯巴达人非常热切渴望得到摩洛西亚人的支持,后者不久前在希腊西北变得出名起来,即阿尔塞塔斯(Alcetas)领导下的 10 个部落联盟,以多多那和欧里蒙那(Eurymenae)为中心。虽然斯巴达的介入让摩洛西亚人避免了在公元前 385 年被伊利里亚人占领统治,但他们还是在公元前 375 年加入了第二次雅典同盟。公元前 371 年,有一支强大的斯巴达军队到达福基斯(Phocis),阿尔塞塔斯王不得不在即将来临的冲突前决定支持哪一方,他很可能对诸神关于斯巴达人的应答感兴趣。

　　在文字记录中,神谕通过 5 种方式给出回应,然而,历史上的问谕和同时代的参考文献关注拈阄/抽签的使用。向朱庇特问谕的问题铭刻在铅板上,放置在上呈给神的瓮中,而神会在一个令牌上留下回答。

② 猿猴在古希腊被养作宠物,可参见 W. C. McDermott,《古代的猿猴》,Baltimore,1938,pp. 131—140,149。如果阿尔塞塔斯当时在问谕现场,还带着宠物,那就没必要去假设那只猴子是从圣树上跳下来。猴子的行为妨碍了宙斯所给的神示,这对阿尔塞塔斯来说行了方便,因为这让他不再需要考虑选择支持谁。

77

　　还有第二次布匿战争（The Second Punic War）期间，盖乌斯·弗拉米尼乌斯（Gaius Flaminius）在其执政官第二任期，①不是也因为漠视先兆，给国家带来了巨大的灾难吗？②因为，在一次净化军队仪式③之后，他转移了营地，并向亚雷提恩（Arretium）进军去会战汉尼拔，当时，他的马不知何故突然摔倒，他也一起摔倒在地，正巧就摔在支持者朱庇特（Jupiter Stator）神像前面。④即使预言者认为这是个神性预警，是在警告他不能发起战争，但弗拉米尼乌斯同样没有理会。⑤再一次，当他进行鸡占（tripudium）时，神鸡的卜者说，还没到发动战争的合适时机，最好还是推迟吧。⑥弗拉米尼乌斯于是问他："如果那些鸡从不吃东西，你又作何建议？"卜者回答道："你应当留在营地里。"弗拉米尼乌斯说："这占卜真是了不起啊！⑦如果神鸡饿了，那就应当采取行动，如果神鸡饱了，那就该什么都不做。"于是，他命令扬起军旗，召集军队随他出征。这时，先锋队的旗手却怎么也拔不出地上的军旗，⑧许多士兵也来帮助他，却纯属徒劳无功。有人将这事报告给弗拉米尼乌斯，他还是一如往常那般顽固，决定忽略此事。⑨结果，不出 3 小时，他的军队便遭到彻底溃败，他本人也惨遭屠戮。

注释：

① 弗拉米尼乌斯于公元前 223 和前 217 年任执政官，深得民心，贵族与之为敌，但他却未能实行持续连贯的反元老院的政策。因为在元老院阶层给弗拉米乌斯塑造的传统形象中，他扮演了个有争议的角色，其形象极其负面。

② 在罗马人最初的观念里，奇事异兆并不预示未来，而是通告罗马与诸神的关系破裂；就此而言，这些预兆起到了传达诸神愤怒的警告作用。只有愈加剧烈的希腊化和第二次布匿战争危机才使他们认为，奇事异兆能够预示将要发生之事。诸神通过发出奇事异兆来左右自然普遍规律，从而制造预料之外的现象，需要人类作出正式回应。据克里乌斯(Coelius)所言，弗拉米乌斯忽视了许多神性警告，这个说法证实了诸神对罗马的关注，同时也突显了弗拉米乌斯的罪过和责任。这样的表述法，避免了有所偏袒地去指责弗拉米乌斯的政见，同时也加强了对宗教系统的接受。

③ 在这场净化仪式(*lustratio*)中，弗拉米乌斯准备观察宗教仪式，此处即三牲祭祀仪式(*suovetaurilia*，罗马宗教中最为神圣和传统的仪式之一，即献祭一头公猪、一头公羊和一头公牛给战神，以求对土地赐福、净化和清除灾祸——译注)，以维持"神的和平"(*pax deorum*)，而不是精英阶层可以用来反对他的那种活动。在具有战略意义的演习上，他离开了阿里米努姆(Ariminum)的基地，去反击逼近伊特鲁里亚的汉尼拔军队，从而避免其进行放肆的蹂躏。

④ 这发生在阿雷提恩(Arretium)，时间是特拉西米恩(trasimene)战役前一天。这次摔倒是不祥的，特别是对一个指挥官来说，而最为惊人的则是摔倒的地点，只有克里乌斯具体说到了这个地点。支持者朱庇特是"止住溃败"(Livy 1. 12.5)的神，他最著名的神庙是在古罗马广场(*Forum Romanum*)。诸神这是在警告弗拉米乌斯要停止下来(*stare*)。

⑤ 弗拉米乌斯的行为并非不计后果，照此，征兆可以被"扭转"，或者被认为是不重要的。在罗马人看来，人的自由意志能起到非常大的作用，首先是决定是否要将征兆看作重要的，第二是通过快速的行动来避免不幸。

⑥ 第二个事件发生在特拉西米恩战役的早晨。克里乌斯很好地呈现了占卜的样子：神鸡的卜者向占卜人员汇报禽类的行为，回答关于弗拉米乌斯是否应该在该日发动战斗的简单问题。Konrad 推测(2004b：178)，神鸡的卜者意识到弗拉米乌斯并没有得到有效的征兆，从而劝他不要进入战斗。

⑦ 弗拉米乌斯表现得像个理性主义者，并怀疑罗马宗教的崇敬做法。"如果那些鸡在下一个阶段也不吃东西，那么他会又提议怎样的做法呢？"也不知他是否在考虑当天晚些时候进行第二次占卜，但这会违反宗教做法。毋宁说，他嘲笑整个流程。忽视这种形式的"强行"命令占卜(这几乎可以保证能得到有利的回答)，这是尤其危险的。如果弗拉米乌斯接着得到胜利，那么他的行为也会遭到忽略，但在叙述中，这是他得到的第二次警告。

⑧ Livy 22. 3. 12—13；Florus 1. 22. 14。因为步兵支队(hastati)是全副武装军队的先锋部队，并形成战斗队形，所以这个迹象意味着，所属的支队不应该进入战斗阵容，这个迹象本应受到注意。即便人们进行铲挖，也要使出很大力气才能移动军旗。

⑨ 克里乌斯对弗拉米尼乌斯的记述还记录了他在其他场合下也藐视宗教活动。例如,弗拉米尼乌斯通过操纵宗教机械设备,来反制其政敌阻止他履执政官之职,他在公元前 217 年 3 月 15 日于罗马城外履职。结果,他并没进行传统的占卜或向卡皮托利欧山上的朱庇特献祭,也没在阿尔邦山上庆祝拉丁节日;而且,他没经过占卜就自行决定召集军队的日子,并且在离开罗马去地方行省前省略常规的献祭和宣誓。

克里乌斯清楚记述了,正确的占卜流程如下:未经祈求而得到的征兆(oblative sign)会报告给地方官员或将军,然后,他们有责任通过正式的宣告去声明要接受,抑或拒绝。然而,弗拉米尼乌斯只是忽视该迹象,这里面的意思非常清晰,就因为他进行强制占卜却得到否定回应,还有他下令根除各种标准做法,这两者之间密切相关,故而采取了极端鲁莽的做法来行事。朱庇特的示意再清楚不过了:弗拉米尼乌斯的占卜是无效的(Konrad 2004b:180—181)。

78

克里乌斯(Coelius)更进一步补充到,^①就在这场战争灾难发生时,利古利亚(Liguria)、高卢(Gaul)、一些岛屿和意大利全境发生了极其激烈的地震,一大批城镇遭到摧毁,许多地区还发生了山体塌方、地表下沉、河流逆流和海水倒灌等灾害。

占卜专家们作出过占卜的可靠推测。比如,当佛里吉亚(Phrygia)的著名国王弥达斯(Midas)还是孩童时,在一次睡觉时遭蚁群给他嘴里填满了麦粒。据预测,他将成为非常富有之人。^②随后,预言应验了。还有,当柏拉图还是婴儿时,他睡在摇篮中,蜂群停在他的嘴唇上,^③后来这被解释为,他将拥有罕见的口才技能。^④如此,在他尚在襁褓中时,人们就已预见到他未来的雄辩之才了。

注释：

① livy 22.5.8；"他们奋力投入到厮杀中，没有人注意到发生在意大利很多城市的地震。"普林尼，*HN* 2.200："布匿战争期间发生了最激烈的地震，当时给罗马的报告中称仅仅一年中就有过57次地震；这一年正是特拉西美诺湖行动期间，迦太基人和罗马人都没注意到强震。"所有关于弗拉米尼乌斯的征兆和预兆记录都来自克里乌斯。对事件同时性的强调，可能和蒂迈欧的影响有关，参见西塞罗，*ND* 2.69。虽然地震可解读为诸神的不满，却不可能起到像弗拉米尼乌斯所忽视的警告那般的作用，所以昆图斯仅仅将这部分纳入到主要的论述中。这些地震顶多向罗马人说

明了，"神的和平"遭到了破坏。

② Aelian *VH* 12. 45 和 Val. Max. 1. 6 *ext.* 2。弥达斯的身份一度被认为有两个，一是神话人物，一是公元前 8 世纪佛里吉亚的统治者，通常认为其在位时间为公元前738 至前 696 年，如今各种传奇因素越来越多地从佛吉尼亚宗教和文化传统来解读。在早期希腊文献中，财富是弥达斯传统中的关键元素，所以他的名字与财富同义，而且他被认为能够点石成金。

③ 这是最早出现的证据，这则故事最为详尽的细节见于新柏拉图主义者的传记中（例如 Olypiodorus *In Alc*. 2. 24—29）。主要的分歧在于，蜂群只是停在柏拉图的唇上（例见普林尼，*HN* 11. 55），还是也在上面酿蜜了（例见 Val. Max. 1. 6 *ext*. 3；Ael.*VH* 12. 45）。虽然西塞罗可能是在学院求学期间听到的这则轶事，这则故事最可能的来源是柏拉图的传记，通过波希多尼向西塞罗讲述。

④ Val. Max. 1. 6 ext. 3："听说后，征兆解释家说，从他的嘴里会流出一种特别罕见的口才"，参见普林尼，*HN* 11. 55。因为蜜蜂被当作亡者的灵魂，并且象征着缪斯之神（例见 Varr. *RR* 3. 16；Procl. *In R* 2），从荷马以降，人们将之和诗人的灵感相联系起来（例见 Paus. 9. 23. 2）。关于蜂蜜和口才之间的联系，至少可追溯到荷马（*Il*.1. 249）。

79

还要说到罗西乌斯①,他可是你爱戴和钦佩的朋友呢！在以下这件事上,到底是他自己说谎了呢,还是整个拉努维乌姆(Lanuvium)都在维护他？当他尚在摇篮时,他在索洛尼乌姆(Solonium)受到养育,那是拉努维乌姆地区的一块平原。一天晚上,他的奶妈突然惊醒,借着灯光,她看到孩子在一条蛇的盘绕中熟睡着。②她大惊失色,并立即示警。后来,罗西乌斯的父亲就此事问询占卜者,③占卜者随后回应到,这孩子将来会享有无比的显赫和荣耀。帕西特里斯(Pasiteles)在银器上铭记了这一幕,我们的朋友阿基亚斯(Archias)也在诗歌中描述了此事。④

那么,我们还在等什么呢？等到长生的诸神来到集会市场、街道和家中,来和我们对话?⑤虽然他们不直接亲自向我们显灵,但实际上四处都弥漫着他们的神力——有时会积聚在土地的洞穴中,有时会注入人体和人性中。身处德尔斐的皮同女祭司,就曾受到过土地神力(the power of the earth)的激启,而女巫也受到过自然神力(the power of nature)⑥的激启。⑦你又何必对此感到惊讶？我们不也见过,土地的种类各有不同么？一些土地死寂一般,就像赫彼奈(Hirpini)国的安普桑塔斯湖(Lake Ampsanctus),⑧还有亚细亚的普卢托尼亚(Plutonia)⑨,这些我们都见过。甚至是就同一片土地而言,一些部分有益健康,而另一些部分却有毒害;一些地方出了敏锐机智之人,而另一些地方却出了愚蠢之人。⑩所有这些皆取决于气候的不同和土壤产出的不同。

注释:

① Q. Roscius Gallus,悲剧、喜剧演员。——译注

② 这幅画面在神话中很常见,例如埃里克特翁尼亚斯(Erichthonius),赫勒诺斯和卡珊德拉(Helenus and Cassandra)等,在罗马历史中也很常见,例如西比奥(Scipio Africanus)、尼禄等。这个征兆意味着将来的伟大。词典编纂者 Hesychiu 和 Pollux 表明,带有蛇标志的手镯很常见,这可能反映了当时的观念,认为这样可以受到蛇的护佑,也可能是戴上手链就可以驱赶蛇。因为在拉努维乌姆当地,蛇在朱诺崇拜中有着重要的意义。

③ 这是一次私人问询,参见 1.36。预言后来成真,罗西乌斯被认为是其领域的最优秀者,他的名字也被用来形容各种艺术中的佼佼者;"罗西乌斯正在台上",就像谚语一样用来描述最优秀的演讲者(西塞罗,*Brut.* 290)。

④ A Licinius Archias 是叙利亚安提阿人,生于公元前 120 年代,擅长写警句诗而得名。并且善于即兴创作的技能(西塞罗,*Arch.* 18)。他于公元前 102 年首次来到罗马,在公元前 62 年,其罗马公民身份受到责难,西塞罗为他辩护。昆图斯似乎当时正是法庭的主持人。

⑤ 虽然罗马和希腊史学中有过很多神显灵的记录,并且有过卡斯托尔和波吕克斯于公元前 168 年现身于市集之上(*ND* 2.6),这看上去是对以上反问句的一个不错的回答,但此处的争论已经转向了关于诸神显灵之可能性的哲学论争。柏拉图(*Leg.* 909e—910)认为神之显灵为妇人的幻觉,从而对其摈弃,相比之下,新柏拉图主义写作者则替神之显灵的真实性进行辩护。在斯多葛派当中,对这个问题的态度似乎有些含糊,巴尔布斯(Balbus)就认为(*ND* 2.166),神的直接显灵是在遥远的过去,而波希多尼认为,诸神自己确实会和做梦者对话(参见 1.64)。西塞罗本人公开驳斥显灵(*Har. Resp.* 62),昆图斯在此处仿效这个观点。在希腊人、罗马人的个人生活中,还有在他们的历史中,神性显灵被认为是持续存在的事物:例如,一位无名作者的宣言(*P. Ox.* 1381)、公元前 3 世纪迪迪马(Didyma)的碑文证据上显示了神之显灵一度很常见(*IDid.* 496),还有在罗马有报告说潘神(Pan)在大白天向西吉努斯(Hyginus)显灵(*IGUR*, no. 184)。

⑥ 昆图斯显然没说到女巫激启中蒸汽的作用,虽然意大利的问谕是在地下室进行的。

⑦ 原文的未完成时态反映了,较早期的人们认为,德尔斐当时还没成为重要的预言中心(1.38)。

⑧ 普林尼,*HN* 2.208:"在赫彼奈中很相似,在安普桑塔斯湖的麦费提斯(Mephitis)毒气神庙,任何人进入其中都会死去";Vib. Seq. 153:"卢卡尼亚的安普桑塔斯湖,当中散发出的气体会杀死飞鸟"。这里依然是意大利最强大的气体散出区域;气体中

带有浓硫酸的二氧化碳,近距离靠近就有毒性。

⑨ "*plutonium*"是表示毒气圣所的一般术语。在迈安德谷中比较常见,但西塞罗记录了希拉波利斯(Hierapolis)附近的一个惊人例子,参见 Strabo 629—630:"希拉波利斯,有着温泉和毒气的地方……在一片山地的山脊下,有一处大得足以容纳一个人的入口,且相当深。它被四方形的围栏围住,周长 30 米;充满了气体,浓密笼罩,甚至看不见地面。人们如果站在围栏外围,空气还是无害的,因为在无风状态下还没受到气体的污染。一旦进入围栏以内,死神立刻让人痛不欲生……"。然而,信仰母神(Cybele)的阉人祭司却对此免疫。西塞罗曾在公元前 51 年前往西里西亚途中经过希拉波利斯,去往迈安德谷,有可能绕路去过此地。虽然昆图斯当时并没有伴随他,但他在担任亚细亚总督的 3 年任期中,是有机会去的。

⑩ 地理或环境决定论的这些观点,在西塞罗其他著作(*ND* 2.17, 42;*Fat.* 7)中也曾有过响应,可能追溯至前苏格拉底时期的哲学家,因为他们在希波克拉底的论文"*De aera, aquis, locis*"影响下受过很好的熏陶。希罗多德反过来阐述了这些理论所作出的任意区分的局限性,参见 R. Thomas, *Herodotus in Context*:*Ethnography, Science and the Art of Persuasion*, Cambridge, 2000,第 86—114 页。柏拉图(*Leg.* 747d—e)和亚里士多德(*Pol.* 1327b23)也呈现过这个观点,但斯多葛派的帕那提乌斯(Stoics Panaetius, Procl. *In Ti.* 50b)和波希多尼是西塞罗的直接联系。

80

　　这种情况也时常发生：在看到某种影像，或听到低沉的声音或歌声时，灵魂就会受到激烈的触动；焦虑或恐惧通常也会对灵魂造成这般反应，就像赫西俄涅

　　咆哮着，疯狂地像被酒神仪式（Bacchic rites）刺激到了那样而她的透克尔，站在坟墓之间，高声叫喊①

　　诗歌灵感也佐证了，有一种神灵的力量存在于人的灵魂中。德谟克利特曾说过，没经历过疯狂就不能成为伟大的诗人。柏拉图也说过相同的话。②随他喜欢，就让柏拉图称之为"狂乱"好了，正如他在《斐德罗》中称赞的那样。还有你在诉讼中的那些演讲辞呢？③如果灵魂本身不受到深深触动，你们辩护人的演讲会这么激情洋溢、掷地有声且流利顺畅吗？我敢保证，我曾很多次在你身上，看到何等激情的表情和动作，以至于我还以为，有某种力量让你没有意识到自己在做什么；还有，说个不那么有力的例子吧，④我在你的朋友伊索普斯（Aesopus）身上也见过同样的事情，某种力量似乎剥夺了他头脑中的认知能力。⑤

注释：

① 昆图斯援引的例子可能来自帕库维乌斯(Pacuvius)的《透克洛斯》(*Teucer*)，透克尔没能和兄弟埃阿斯(Ajax)一同从特洛伊归来，而遭到父亲的流放，这使其母赫西俄涅(Hesione)极其痛苦。Festus 将"疯狂"(*lymphata*)和希腊人所称之为"狂乱/入迷"(*nympholepsy*)的附身形式联系在一起。酒神激启的影响和预言在视觉上有着清晰的相似性，参见 Eur. *Bacch.* 298—301："此神乃是先知，因为酒神的狂喜和狂乱有着占卜的很多要素。因为神在进入人的身体时，他能让被附身的人预示未来。"然而，这里需要区分附身情况下受到的真实激启，和灵魂采取主动的情况(Iambl. *Myst.* 3. 7)。

② 例如 *Ion* 534b："诗人没经过激启和丢魂忘形，就不能作出诗歌"，参见 *Apol.* 22b—c；*Phdr.* 245a；*Leg.* 682a，719c。这句话经常受到引用。西塞罗的著作中有过类似的改写："没经过神性的激启，人就不能成为伟大的人"(*ND* 2. 167)；关于诗歌，参见西塞罗 *Arch.* 18，关于诗歌和文才，参见西塞罗，*Tusc.* 1. 64。

③ 昆图斯在区分谈话(*oratio*)和演讲(*actio*)风格，这包括了姿势、身体运动、面部表情和嗓音调节，这在西塞罗其他著作中也有谈及(*Orat.* 54；*Brut.* 239)。

④ 在共和国晚期，对于罗马公民来说，要成为戏剧表演者，就意味着要失去公民身份(*infamia*)(例见 Leppin 1992：71—74)，所以西塞罗用"不那么有力/严肃"(*levis*)去描述这项艺术及其实践者，还有他的其他辩护书。

⑤ 克洛狄乌斯·伊索普斯(Clodius Aesopus)是著名的悲剧演员。西塞罗只有在私人信件中才将他称作是朋友(*familiaris*)，虽然他曾对西塞罗从流放中回归给予了支持。伊索普斯因在表演中展露极富情感的性情而著称(西塞罗，*Tusc.* 4. 55；普鲁塔克，《西塞罗》5.5)。

81

　　鬼魂通常也会自我显现,虽然它们没有实体,却有着实体的表象。有这么个例子,据说,布伦努斯(Brennus)① 对德尔斐的阿波罗神庙有过一次不敬的冒犯后,他和他的高卢军队就遭遇了一些事。② 皮同女祭司代替神谕对布伦努斯说:

　　　　白衣贞女③ 和我,会对此有所回应的。④

结果,有人看到贞女身披战甲对抗高卢人,后者的军队最终被白雪所淹没。⑤

　　亚里士多德曾认为,即便是那些因病胡言乱语、被称作"疑病症患者"的人,在他们灵魂深处也有着某种预见和预言的能力。⑥ 然而,我倾向于认为,这种能力既不是因为腹部患疾,也不是因为头脑错乱。⑦ 相反,应该是健康的灵魂,而非有病的身体,才会拥有占卜的能力。

注释:

① 此人并非占领罗马的布伦努斯,而是公元前 278 年侵入马其顿,并死于此地的布伦努斯。——译注

② 公元前 279 年,超过 40000 名高卢人出征希腊;希腊人在温泉关(Thermopylae)放弃抵抗后,布伦努斯直接进攻德尔斐,那里有 4000 抵抗军,并受到了一个俊美青年人和两个武装少女的显灵所鼓励。高卢人给神庙建筑造成很轻微的损害,然而,在当天晚上,先是有很多巨石打在他们身上,后来还有冰雪使他们冰冻并瞎掉;第二天,他们对抗埃托利亚人的进攻,但到了夜间,潘神给他们制造了恐惧,福基斯人(Phocian)发起进攻,高卢人随之撤退。布伦努斯只是个头衔名,意为“王”。

③ 指雅典娜和阿尔忒弥斯。——译注

④ Diod 22.9.5:“皮同回应德尔斐人说,神命令他们将祭品和所有献给神的东西留在圣殿中,因为神和伴随神的白衣贞女会守护所有东西。”;Just. *Epit.* 24.7.6:“神谕不准人们从他们的农场带走酒和玉米”;Paus. 10.22.12:“神不想他们害怕,但是也宣称他会守护自己的所有物”。阿波罗在公元前 371/370 年也作出过同样的回应,当时他们正在对抗斐赖的伊阿宋(Jason of Pherae)。古人将贞女认定为是密涅瓦(Minerva)和戴安娜(Diana);她们的称号“白/白衣”(*leukai*)通常被认为和救助凡人的神祇有关,而 *korai* 有着处女的含义。

⑤ 德尔斐官方版本:“野蛮人对希腊人和德尔斐神庙发起战争;据称,他们进攻神庙后,遭遇了神和协助神庙之人的惩罚,神庙得以保存,并以那些试图入侵之人的武器来作为装饰,其余大部分入侵者死于和希腊人的冲突中……人们感谢神于危难时在神庙显灵,并拯救希腊人。”

⑥ 从词源学上看,产生忧郁症(*melancholia*)的条件至少和黑胆汁(black bile)有关,而古代医学的定义包含了那些情绪不稳定、感到恐惧和悲伤的病人。阿雷特乌斯(Aretaeus)认为这是疯狂的开始,而在随后的医学传统中,其又和躁狂(*mania*)联系了起来,虽然两者得到了仔细区分。西塞罗在 *Tusculanae Disputationes*(3.11)中将 *melancholia* 和拉丁术语中的 *furor* 等同起来,并用诸如埃阿斯(Ajax)的悲剧英雄所感受到的深层情感来加以阐述,这似乎更像是剧烈的愤怒,而非神灵附身。西塞罗在《论占卜》中援引了三段亚里士多德著作:虽然 *Problemata* 954ᵃ34ff 提到不同的忧郁症及其对狂乱和热情的敏感性,却没有提到有任何的神力作用;*Ethica Eudemia* 1248a39—40 强调,神是处于忧郁症中的灵魂的运动的基础,还有 *De divinatione per somnia* 463b12—21 中说道:“自然是似魔的(daemonic),却非神性的。”证据如下:非常普通的人有着预见的能力和直接的梦见能力,就好像并非是神叫他们显示了梦,而是因为他们本质上就絮絮叨叨,可以说,忧郁沉闷之人看到了各种景象。因为他们经历了各种运动,只是碰巧遇到了类似真实事件的画面,而又在当中足够幸运,就好像玩零和游戏的某些人那样。亚里士多德术语中的“类魔性”(daemonic nature, *physis daimonia*)将神性介入排除在外,并将此类梦降低到偶然的层面(Gallop 1996:44—46)。对于那些在做梦时带有特别的频率和清晰度的忧郁症患者,他们的梦并非神示,而是“一种神性运动和某种人类接受状态的互动:患忧郁症的人‘运用’(chresthai)了一种一般并普遍的神性运动,比起其他人,他们因自身生理结构而对此更加敏感(van der Eijk 1993:226)”。亚里士多德对梦卜的看法可能在 *Ethica Eudemia* 和 *De divinatione per somnia* 之间并无二致;因为他没有在任何作品中支持神性激启,还不如说,他只是主张了某些人更能通过梦来预见

未来的心理-生理学解释,参见 M. A. Holowchak,《古代哲学》16,1996,第 420—422
页。虽然亚里士多德并没明确主张忧郁症患者灵魂中存在着某种神性的东西,昆
图斯口中含糊的"神性的预知力量"较合理地转述了亚里士多德在 De divinatione
per somnia 中的观点。

⑦ 这并非驳斥或修正亚里士多德的观点,不如说是重述对暴食和酗酒所引起之梦的
　预言意义的驳斥(1.60);忧郁有别于消化不良和谵妄(delirium),后两者都有其生
　理原因。西塞罗运用了来自希腊的两个医学术语,这表现了他在医学术语的良好
　知识。塞尔苏斯(Celsus)将 cardiaca passio 定义为一种肠胃失调,这和谵妄(phre-
　nitis)不同,虽然治疗这种疾病的关键是找出是心脏还是胃入口出了问题(Galen
　5.274—275 K)。尽管忧郁症能在没发热情况下导致谵妄(delirium),但 phrenitis
　却是指带有发热症状的 delirium(Galen 16.491 K),并被当作是一种主要源于身体
　的疾病(Anon. Lond. 1.15)。

82

例如,斯多葛派是这样来论证占卜的存在的:①

如果诸神存在,而且不会提前向人类清楚说明未来之事,那么他们就是不爱人类的;或,他们并不知道未来之事;或,他们认为,人类提前知道未来之事毫无益处;或,他们认为,给予人类未来之事的预警,有悖他们一贯的威严;或,他们虽身为诸神,并不能对未来之事给出清楚明白的迹象。然而,诸神并非不爱我们,因为他们是人类的朋友和恩人;②诸神也并非不知他们自己的命令和计划(decrees and plans);③并非是我们提前预知未来毫无益处,④如果我们能预知未来就会更加谨慎;也并非诸神认为给出预示有悖于他们的威严,⑤既然没有比善行更优秀的品质;更并非他们没有知晓未来的能力。

注释:

① 此章描述了斯多葛派运用假设三段论(hypothetical syllogism)的论证形式,克里希普斯认为假设三段论有 5 种变体。Sandbach(1975:97—98;参见 Repici1995:187)陈述了论证的逻辑结构:如果(a)诸神存在,并且(b)他们不向我们预示未来,要么(c)他们并不爱我们,或(d)他们并不知道将要发生之事,或(e)他们并不认为知晓未来于我们有益,又或(f)他们认为向我们预示未来不符合他们的尊严,又或(g)他们无

法告知我们。大致可陈述如下：

如果 a 和 b 同时成立，那么会导致 c 或 d 或 e 或 g 中的一个。既然没造成 c 或 d 或 e 或 f 或 g，那么 a 和 b 没有同时成立，而是只有 a 成立，而 b 不成立。

然而，这是"无效论证"的不良示例，在其中，论证的前提不能证明，也不为反对者所接受。这种论证形式遭到卡涅阿德斯驳斥，而安提帕特之后的斯多葛人也对之舍弃。即便这种论证很古老，西塞罗将之归于克里希普斯、戴奥真尼斯和安提帕特(1.84)，他可能是援引了波希多尼的解释，即便在后来，斯多葛派和波希多尼探讨的是另一种截然不同的思路。

② 西塞罗 Leg. 2.32："他们关照人类的好处"；ND 2.162："诸神以谨慎来照料人类的利益"。

③ 传统的希腊宗教认为，诸神所知的比凡人多，却又并非无所不知(Burkert 1985：183)，甚至克里希普斯也认为，"神并不能无所不知，因为他并不能(在逻辑上)使不可能的变为可能"(Philod. Dis. 3 col. 7 p. 25 ＝ SVF ii. 1183)。另外，早在荷马那里(Od. 4.379)，关于诸神的无所不知有个极为相似的观念，给苏格拉底以降的哲学找到了特别居所(例如，Xen. Mem. 1.1.19："许多人认为诸神知道一些东西而不知道另一些……苏格拉底认为诸神无所不知"；Alex. Aphrod. Fat. 30："如果说诸神对即将要发生之事一无所知，那就太令人惊讶了。")关于斯多葛派对命运的概念，参见1.125。

④ 巴尔布斯对占卜的辩护："许多危险都得以避免"(西塞罗，ND 2.163)。关于预防的观念，参见1.30。对于斯多葛派来说，知晓未来使人参与到其命运中，而不是去改变命运(参见 Epict. 2.10.5 和 1.17.20；C. Levy 1997：338—339)，去安顿好自己的灵魂，在平静和坚定的安宁中等待即将到来之事，参见 Ptol. Tetr. 1.3.5；Heliod. Aeth. 2.6—7；M. Vegetti, Elenchos 15, 1994, pp. 219—228。

⑤ 这里暗指的是，伊特鲁里亚人认为诸神并不关注人类，只是居住在他们的安宁之地(ataraxia)。朱庇特被称作是"最好的"、"最善的"，参见西塞罗，ND 2.64。关于诸神对细小事物的关注，参见1.118。

83

　　因此，诸神存在却不给予我们未来的征兆，这种说法是不对的。应该说，诸神存在，所以他们给予了这些迹象；[①]而且，如果他们给出了迹象，那么说他们不给予我们理解迹象的方法，则是错误的——要不然他们的迹象将毫无意义；如果他们确实给了我们理解的方法，那么说不存在占卜，则是错误的；所以，占卜是存在的。[②]

注释：

① 对伊壁鸠鲁来说，这种说法的前半部分是假设事实，这可以在他的著作中看出(*Men.* 123)，也见于其追随者的著作，参见 Philod. *Piet.* 627—628，650—653，1890—1892。马库斯强调，驳斥占卜并不意味着否定诸神的存在(2.41)，这一点在 *De Natura Deorum* 中已确定。

② 从属于主要论点的逻辑框架，在这里，昆图斯非常简明地呈现了给出迹象却缺少解读方式的荒谬。关于占卜和诸神存在之间的关系，还有马库斯的嘲讽，参见1.10。

84

　　克里希普斯(Chrysippus)、第欧根尼(Diogenes)、安提帕特(Antipater)都运用了同样的推论。[①]那么，凭什么要去怀疑我立场的绝对正确呢？既然我这边有理性推论、事实证明、人民、民族(希腊人和野蛮人)、我们自己的祖先[②]、古往今来恒久的信念、最伟大的哲学家们、诗人们、最睿智的人、城市的建造者、共和国的缔造者。难道我们对人们的共有观念还不满足吗？难道我们还要等野兽也给出它们的证词吗？

注释：

① 西塞罗可能是从波希多尼那里直接得出此观点，后者写了 5 本关于占卜的著作，他在提出自己的观点之前，对前人的论证也进行了述评。

② 这些依次指的是：(1)第 81—83 节的三段论论证；(2)昆图斯已经用过和即将要运用的例子中的占卜实践结果(eventa)；(3)先进文化，甚至低至城市层面(例如 Verr. 2.2.77;Balb.42)；(4)不一定小于之前种类的族裔实体，但可能文明化程度没那么高；还有(5)罗马的例子。

85

　　事实上，并没有其他的论证，足以证明我所提及的多种样式的占卜的无用性，除了有一点就是，要给出所有样式占卜的起因或缘由是很困难的。你问道："当脏卜僧人在祭祀动物的肺里找到一处龟裂，即便其他器官还是健全的，他就会停止一项任务的执行，而推迟至另一天，这是为什么呢?"① 或者，"为什么卜者看到一只黑鸦在右边飞行，或者一只乌鸦在左边飞行，就会据此认为这是一个吉兆呢?"或者，"为什么占星师会认为，孩子在出生时，月亮、木星和金星连成一条线是个吉兆，而月亮、土星和火星连成一条线又是凶兆?"② 还有，"为什么神在我们熟睡时向我们发出预警，而在我们清醒时却又不这么做呢?"③ 最后，"为什么疯狂的卡珊德拉能预见将来，而明智的普里阿摩斯却不能如此?"④

注释：

① 脏卜主要用到肝脏。此段是经典著作中唯一提到肺部在脏卜中起作用的文本，Lu-can(1. 6222；Thulin 1906：23，45)还有后来的一首爱国诗。占卜的两个技术语在此处似乎用在了脏卜上："停止"(stop, *dirimere*)、"推迟到另一天"(*proferre diem*)；而在巴比伦牲羊脏卜的具体仪式中，非常关注肺部的变化，参见 Starr 1983：38—41。

② 占星上经常将善良仁慈归于维纳斯和朱庇特，这可以从拉丁诗人的作品中看出。然而，更加晦涩难解的是预测的具体学问。具体地说，月亮和"人身体的本质"

(*Firm. Math.* 4. 1. 1)有关，"图表的支配者(ruler of the chart)和生命的赐予者据发现是来自月亮的位置"(Firm. *Math.* 4. 1. 8)。虽然弗米库斯·马特努斯(Firmicus Maternus)(例见 Math. 4. 3)的预测学显示出，种种幸运会等着那些出生时月亮和木星或金星连成线的人，认为这些星体"有利"这种基本特征和古代观念相一致(Barton 1994:96)。火星、土星：参见 Firm. *Math.* 4. 2 和 4. 4，这些星体通常被认为具有角面的占卜意义。

③ 早在公元前 4 世纪，有人对此提出了不同的意见(Arist. *Div. Somn.* 464ᵃ20—22)，参见马库斯的抱怨："那么，我就想问，如果神给我们这些幻象好让我们提防，为何不在我们清醒的时候，而要在我们熟睡之时呢?"(2. 126)斯多葛人可能会认为，神的显灵和通过人为占卜给出迹象，这些是清醒状态下的交流，但对此反对的理由通常和自然占卜的最常见形式有关。

④ 赫库芭的话中有对卡珊德拉的疯狂(*furor*)和智慧(*sapientia*)作出同样的区别。卡珊德拉曾预言希腊舰队的到来。马库斯对此作出同样的反驳(2. 110)。反驳的理由有一定道理，因为这种自然占卜正是发生在人的理性受到最大抑制或被强大的情感经历所压倒之时。

86

你会问为什么会发生所有这些事？这个问题完全合情合理，但这还不是现在讨论的重点。[①] 真正的问题是，它发生了，还是没有发生？[②] 举个例子，如果我说，磁石能吸铁，然而我却无法告诉你个中原因，然后我料想，你会就此全然否定磁石有这种力量。至少，你会用这样的推论，来质问占卜能力的存在与否，即使它构建于我们自己的经验、他人的经验、我们的学识和我们祖先的传统之上。[③] 确实，即使是作为新近发明的哲学诞生之前，[④] 普通人也对占卜不存疑议，还有，随着占卜的发展，无论是声誉如何的哲学家，并没有人曾怀疑过占卜的存在。[⑤]

注释：

① 昆图斯承认因果关系是哲学家应当关注的问题（参见马库斯的批评，2.46），并有点不真诚地表示，他会在某个阶段再进行讨论。当他引出波希多尼的观点时，他将命运呈现为原因（1.126），却没对马库斯的问题进行任何具体的答复。

② 这是昆图斯的争论策略核心，通过呈现占卜那些无可辩驳的例子来确立其存在（1.125）。

③ 马库斯在《论占卜》第 2 卷中并没提过关于磁石的观点，因为这对他来说难以驳斥。昆图斯的观点在大众化和经验主义的层面上很有说服力，并且再次依靠了共识观念的论证方法。西塞罗在其他处高度宣扬过要保留前辈们所传承下来的东西，例见 *Div.* 2.148；*Har. Resp.* 18—19。

④ 昆图斯熟知哲学有着超过 500 年的历史，但他却将其说成是"新近的"，这和占卜这

个更古老的学问形成了比照，也和人类存在这个愈加古老的历史形成了对比。

⑤ 参见 1.5—6 中的总结，在其中，西塞罗将色诺芬尼和伊壁鸠鲁单独拿出来作为特例。前者并非在西塞罗时代把握着哲学话语权的主流学派之中，而西塞罗将其归为次要外围，并对其哲学观点鲜有讨论(*ND* 1.28;*Ac.* 2.118;*De or* 3.20)，在此处，通过将其包括在"古代哲学家"中，西塞罗实际上是将其降格到哲学的单纯朴素阶段。西塞罗轻视伊壁鸠鲁(1.5,62)，否认其为像柏拉图一样的"权威人物"(*auctoritas*)，参见 *Tusc.* 1.49。

87

我已经提过毕达哥拉斯、德谟克利特和苏格拉底，至于古人，除了色诺芬尼，我几乎没漏掉任何人。我也补充了老学园人和逍遥学派，还有斯多葛派；唯一持不同意见的人是伊壁鸠鲁。[1]然而，这又何足为怪？比起他对占卜的看法，还有什么比这事更可耻：他居然认为，世间不存在任何公正无私的美德。[2]

然而，经时间之手所签字盖章验证的、最清晰可靠的记录和证据，有谁不曾受过其影响？[3]比如说，荷马写到，卡尔克斯是迄今希腊人中最好的卜者，[4]他曾指挥希腊舰队进逼特洛伊。我认为，他对舰队的指挥，是基于他作为卜者的技艺，而非他的航海技艺。

注释：

[1] 通过让昆图斯来口述自己对哲学观点的早期研究，西塞罗明显犯了个失误，因为这并非昆图斯的论述，而是本书引言中的观点(1.5)。这个错误通常被归为创作时的仓促，并缺乏事后的检查，这在哲学作品中并不少见，参见 *Acad.* 1. 46；*Fin.* 5. 21，49；关于 De Officiis，参见 Dyck 1996：10；关于 De Legibus，参见 Dyck 2004：11。

[2] 将对手在智识上犯下的过错描述为可耻的，这是继承柏拉图的怀疑主义学园派的修辞技巧(Dyck 2003：58)，这一点也为西塞罗所用，例如在 *ND* 1. 70 和 *Fin.* 1. 19 中驳斥伊壁鸠鲁。现存文献中并无留存伊壁鸠鲁有关这个观点的作品，但人们常常将这个观点归于他。伊壁鸠鲁认为，美德是用以结束幸福生活的途径，而非通往幸福生活的途径，参见 Diog. Oen. 26. 3. 3—8。不得而知的是，除了将伊壁鸠鲁剔除讨论范围之外，此番对伊壁鸠鲁的无谓攻击对昆图斯的论证到底还有何增色。

③ 透过这个反问句,昆图斯引出下一部分的讨论(1.87—89),接下来将呈现古代(追溯至荷马)的占卜例子,即 *e vetustate* 的论证。他关注的第二点是,这些证据应是可靠的,因为援引自最有声望的作者们。此处,昆图斯实际上是在重述之前的开场白,隐含着占卜的早期观点和哲学家后来的"科学"方法之间潜在的区别;他从开场白中的观点出发,并有所延伸,参见 Schaublin 1985:162。

④ 在 *Il*. 1.68—72 中有个简写的版本:"卡尔克斯,忒斯托耳之子(the son of Thestor),是迄今最好的预言者,他知晓古今将来,并通过占卜得到太阳神阿波罗的恩赐,从而指引亚该亚人的舰队去到伊利昂(Ilium)。"昆图斯带有讽刺和激烈意味地根据荷马的说法,肯定的是卡尔克斯出色的占卜技艺,而不是人类的地理知识。在后来的文献中,他的技艺被延伸到脏卜学和占星术上,参见 Quint. Smyrn. 9.330—332,12.4—6。在荷马之后的传说中,他被摩普索斯(Mopsus)的占卜技艺打败,最后在绝望中死去(例见 Strabo 642),参见 di Sacco Franco 2000:36—38。

88

安菲罗科斯(Amphilochus)和摩普索斯(Mopsus)都是阿尔戈斯(Argos)王,但他们也是卜者,并且在西里西亚的海岸建起了多座希腊城市。^①甚至在他们之前的安菲阿剌俄斯(Amphiaraus)和忒瑞西阿斯(Tiresias),他们并非地位卑贱或默默无闻之辈,^②也不像恩尼乌斯(Ennius)所描述的那种人:

> 为了一己之私而虚构错误的预言。^③

他们是贵族中的佼佼者,并透过占卜的迹象预言未来。说到忒瑞西阿斯,据荷马说,即便身处冥界,只有他是明智的,其他人都是些游魂野鬼。^④说到安菲阿剌俄斯,他在希腊的名声非常崇高,以至于被敬奉为神,人们会在他的安息之地寻求神谕的应答。^⑤

注释:

① 安菲罗科斯是墨兰普斯(Melampus)的后代(Hom. *Od.* 15. 248),在特洛伊陷落后伴随卡尔克斯漂泊(例见 Quint. Smyrn. 14. 366—369);摩普索斯先是(Hes. *Melamp.* fr. 278 MW)作为在占卜竞赛中击败卡尔克斯的人出现,而在多数版本中这场竞赛发生在克洛封(Colophon),后来摩普索斯促成了克拉罗斯(Claros)的阿波罗神谕的建造。根据卡里努斯(Callinus)(Strabo 668),摩普索斯和安菲罗科斯领导着那些定

居于西里西亚、叙利亚以及远至腓尼基的民族(Hdt. 3. 91. 1)。在潘菲利亚和西里西亚的群落据说是在他和其他人的领导下得以建立的,比如摩普随提亚(Mopsuestia)和摩普苏克任(Mopsucrene),这些人继承了他的姓氏,但他主要和马罗西(Mallus)有关系,在那里,他和安菲罗科斯在一场决斗中被杀。位于西里西亚东北部的卡拉提佩,发现的一块赫梯石碑能追溯至公元前 700 年,在那时,当地的王称自己是摩普索斯家族的后裔,这意味着独立于主流希腊神话的西里西亚传统,但不一定表明摩普索斯是个真实的历史人物。希腊人和西里西亚有了更大幅度的接触后,他们可能运用了当地的传统做法,从而使当地人更为容易地接受他们,又或者,他们自己当时已经受到了西里西亚传统的深刻影响。

② 两者都在底比斯神话传说中占有重要地位,这也证实了昆图斯对他们地位的评价:安菲阿剌俄斯是个亚尔古英雄(Argonaut),参与了猎杀卡莱敦野猪(Calydonian boar)和七勇士远征底比斯(the campaign of the Seven against Thebes);忒瑞西阿斯是俄狄浦斯(Oedipus)和克瑞翁(Creon)的预言者。在荷马系谱中,安菲阿剌俄斯是安菲罗科斯之父(Od. 15. 248),同时也是墨兰普斯的后代,所以和阿波罗神有着紧密的神秘联系。底比斯的忒瑞西阿斯,即摩普索斯的祖父,为赫拉或雅典娜致盲,后来宙斯为了补偿他,让他有了预言的能力和长寿的生命。昆图斯主要颂扬的是他作为卜者的能力,然而,据说他的专长还延伸至占星术、脏卜和奇事征兆的解读。

③ 昆图斯会在总结论述时援引恩尼乌斯的一段话,来抨击低级和贪得无厌的卜者,正是这些人的行为害得占卜声名狼藉(1. 132)。在此基础上,这段话通常被证实来自恩尼乌斯的《忒拉蒙》(Telamon),参见 Jocelyn 1967:346。此处,安菲阿剌俄斯与忒瑞西阿斯和这些粗俗的卜者相区分开,以此支持他们精湛的占卜技能。

④ 昆图斯援引了荷马的"(珀耳塞福涅准许)只有他是有意识的,其他人都像鬼魂般飞来飞去"(Od. 10. 495)。

⑤ 他的神谕可能坐落于科诺皮亚(Cnopia)(Strabo 404),圣尼克拉斯附近要塞的南边,也就是在这里,宙斯降下霹雳,大地张开黑洞,吞没了安菲阿剌俄斯,这座神谕在公元前 6 世纪非常重要(Hdt. 1. 46. 2),并且只对非底比斯人开放(Hdt. 8. 134. 2)。然而,在波斯战争后,对他的崇拜中心变成了距奥洛波斯(Oropus)6 公里的地方,位于彼奥提亚(Boeotia)和阿提卡(Attica)的边界上,通过召梦术而非神谕来治疗成为最重要的特征。考虑到他是人类所生,安菲阿剌俄斯应该是个"英雄",但其 anhodos 的传说又表明,他的地位存在着问题,参见 E. Kearn,《神人之间:英雄及其神圣的地位与功能》("Between God and Man: Status and Function of the Heroes and their Sanctuaries"),收录于 Bingen and Schachter,1992:71。西塞罗自己曾是元老院顾问委员会成员,在公元前 73 年奥洛波斯人和罗马收税吏之间的争端中,顾问委员会站在了前者一方,并且免除了前者的税,作为对安菲阿剌俄斯的崇拜,参见西塞罗,ND 3. 49;而在元老院政令中(Sherk,RGEDA,no. 70),安菲阿剌俄斯被描述为神(theos)。

89

　　还有，亚细亚王普里阿摩斯①不是有个儿子叫赫勒诺斯（Helenus），还有个女儿叫卡珊德拉（Cassandra）吗？他们都是卜者，前者通过占卜来预言，而后者则通过神的激启和灵魂的亢奋来预言。②根据我们祖先的记录，在他们那个时代，还有同样出身贵族的马西安兄弟，他们也都是同样类型的占卜师。③荷马不是也提到，科林斯的波吕伊多斯（Polyidus of Corinth），不仅给过其他人很多预言，同时也预言了其子之死，④其子当时出征去特洛伊。作为古人的一条通则，统治城邦之人同时也是占卜大师，因为他们认为，智慧和占卜，是和君权画上等号的。我们的国家也见证了这一点，王们同时都是占卜师；⑤还有后来，被赋予了祭祀职分的普通公民，通过宗教信念的权威，也统治着这个国家。⑥

注释：

① 这是对普里阿摩斯的王国的夸大修辞，通常只会在诗歌中出现这种夸张说法（例见 Virg. Aen. 2.557；Sen. Agam. 203），但是西塞罗有时会给所描述的人加上一些头衔，从而给他的罗马读者增加点分量（例见 Off. 2.60）；而对于昆图斯来说，有关其他大陆的提及比较多。

② 这一对双胞胎据认为（很可能是斯多葛人这样认为）分别是人为占卜和自然占卜的典例。荷马将赫勒诺斯描述成"迄今最好的卜者"（Il. 6.76），并且在荷马以降的史诗中有过多种奇遇经历，例如向尼奥普托勒墨斯（Neoptolemus）建言（Paus.

1.11.1）；而在维吉尔笔下，他的专长延伸到占星术和神启预言（*Aen.* 3.360）。卡珊德拉的预言作用出现在荷马之后。两者都因在阿波罗的神庙中通过召梦术而得到了阿波罗赐予的预言天赋，参见 Tzetzes ad Lycophr. *Arg.* 5。

③ Livy 25.12.2：“马西安诗歌中出现了新的干扰。这个马西安曾是著名的预言家，而在之前一年，元老院曾下令调查这些书籍，从而移交到处理此事的城市执政官 M. Aemilius 手中。他随后立刻将相关书籍转交到继任执政官苏拉（Sulla）手上。其中记录了马西安的两则预言，其中一则获得了权威性，因为所预言之事已经应验，这也给第二则预言带来了可信度，该预言还没到应验的时间……”西塞罗可能是从克里乌斯·安提帕特的版本中获知此事。西塞罗在提到两个马西安人（亦可参见 2.113；Serv. *Aen.* 6.70，72；Symm. *Ep.* 4.34.3）时，前后不一致，有时是一个（1.115）；大多数权威作者都认为是一个，例见普林尼 *HN* 7.119；Macrob. *Sat.* 1.17.25；Festus 162L。马西安属于平民家庭，也因祖上有人当过执政官而配得上“贵族出身”的描述。

④ 波吕伊多斯这个名字的字面意思是“看见/知道很多事情的人”，与科林斯（荷马，*Il.* 13.663）和墨伽拉（Paus. 1.43.5）有联系。他预言了自己的儿子欧策诺尔（Euchenor）之死（荷马，*Il.* 13.663—672），帮助过柏勒洛丰（Bellerophon）（Pind. *Ol.* 13.79—82）并且复活了米诺斯之子格劳科斯（Glaucus, son of Minos）（Apollod. 3.3.1—2）；他通过猫头鹰来进行占卜（Ael. *Hist. an.* 5.2）。

⑤ 罗慕路斯尤其是践行占卜的罗马王（1.30），即使占卜活动并不受到其他王所重视（Valeton 1891：410 n.5），占卜活动依然是占卜学院的一部分，而庙宇的落成典礼也给君王进行占卜实践提供了机会（例见 Numa, Livy 1.20.7），参见 P. M. Martin, L'*Idee de royaute a Rome*：*De la Rome royale au consensus republicain*，Clermont Ferrand，1982，pp.85—96。

⑥ “后来”暗指王遭到驱逐之后。民众祭司，作为祭司学院的成员而被认为是“普通公民/私人”，即使他们的行为具有公共性质（Linderski 1986a：2195 n.176），参见 *Leg.* 2.31：“国家中最高和最重要之权威乃是卜者的权威。”昆图斯这个合理的夸张说法恭维了马库斯在任公职时的荣耀。

90

　　即使是在野蛮人的部落中，也不会忽视占卜的实践，①因为在高卢确实存在着德鲁伊（Druids）②，在其中，我自己就认识狄维契阿古斯（Divitiacus the Aeduan），他也是你的客人和崇拜者。③他声称，自己懂得希腊人称为"生理学"的自然科学，④并曾时而通过占卜，时而通过推测解读，来对未来作出预测。⑤而在波斯人当中，贤士（magi）实践着占卜和预测，⑥这些人定期聚集在一个神圣之所，来实践占卜和磋商咨询，这就像以前你们占卜师按惯例在诺那斯日（Nones）所做的那样。⑦

注释：

① 西塞罗指的是卜者在决策过程中的有力影响，而非君权和占卜力量的结合。

② 如果"德鲁伊"含有前缀词根 wid[知道]，那么其含义就是"明智的人"，这等同于希腊作者笔下的哲学家（例见 Strabo 197）。关于德鲁伊的众多古典援引，参见 N. K. Chadwick, *The Druids*, Cardiff, 1966, Rankin 在 1987：259—294 中提及：他们（德鲁伊）是凯尔特人中的知识分子，出身贵族，其职能为诸神和人之间的媒介。

③ 昆图斯在公元前 54 至前 51 年间曾在高卢为凯撒大帝效力，但他与狄维契阿古斯的相识可能要追溯至公元前 62 至前 61 年的冬天，当时，狄维契阿古斯访问罗马，以寻求帮助去对抗塞夸尼人（Caes. *BG* 6. 12. 15），参见 M. Rambaud, "Diviciacos Chez Ciceron", 收录于 R. Chevallier, ed. , *AION：Le Temps chez les Romain*, Paris, 1976, pp. 87—92。狄维契阿古斯是杜诺列克斯（Dumnorix）的哥哥、埃杜维人（Aedui）的首领，他非常支持罗马人，从而对凯撒有着重要的作用。

④ 昆图斯并非在为狄维契阿古斯的话作担保，因为他并没见过后者进行占卜。一般来说，西塞罗的注解是为了用拉丁语来解释希腊术语（*ND* 1.20），而在此处则相反。生理学（*physiologia*）主要是指自然哲学，但却包括神学和占卜学。波希多尼及其后来者将大范围的哲学和智力兴趣归于德鲁伊们，例见 Caesar *B Gall*. 6. 14. 6；Strabo 197；Pomp. Mela *Chor*. 3. 2。

⑤ 在希腊人对凯尔特宗教的主要描述中，德鲁伊和预言者是两个不同类别，但并没足够的证据去对两者进行清晰区分（*RE* v. 1730）；而在凯撒和西塞罗的著作中只出现过德鲁伊。经典著作证实了凯尔特人对占卜的运用（Just. *Epit*. 24. 4. 3；Arist. *Misc. Ausc*. 86；Diod. 5. 31. 3；Ps-Plut. *Fluv*. 6. 4），而在凯尔特人的文献中，占卜也起着类似的重要作用（F. Le Roux and C. -J. Guyonarc'h, *Les Druides*, Rennes, 1986, pp. 128—132）。"占卜"（augury）和"解读推测"（*coniectura*）在罗马人的实践中是同一回事（Linderski 1986a：2237 n. 355）。

⑥ 贤士（亦见 1.46）主要和释梦、占星学有关，然而，运用火、棍、棒来进行的占卜也得到了证实。虽然 *magi* 被普遍认为有着高超的占卜能力，但并没有证据提及他们的预言能力。关于拜火教的占卜，参见 J. Duchesne-Guillemin, "La Divination dans l'Iran ancien", 收录于 A. Caquot and M. Leibovici, eds. , *Rites et pratiques religieuses*：*La Divination*, I, Paris, 1968, pp. 141—155。

⑦ "圣所"（*fanum*）对于 *magi* 来说是合适的，因为他们并没有盖有屋顶的庙宇；在罗马的语境中，对卜者来说，有一块神圣的地面就足够了，甚至是占卜学院成员的花园亦可（西塞罗，*Am*. 7）。这些"并非为了通过政令或回答长官而召集的正式集会——而是非正式的研讨会和座谈会——讨论的是关于占卜原则（*disciplina auguralis*）中的理论教义"（Linderski 1985：212—213）。在这些讨论过程中，解释和阐释的活跃过程成为了卜者述评（*commentarii*）中的必须遵守的学问（Linderski 1975：286—288）。虽然此处的过去时和"以前"的时间提示也许"暗示了，到了西塞罗的时代，这项传统已被遗忘"（出处同上），它也仅仅意味着，自从内战造成破坏以来，这种常规的月度会议已停止。在 *De Amicitia*（7—8）中，西塞罗也呈现了同样的习俗，卜者宴会到了公元前 46 至前 45 年依然是践行的传统（*Fam* 7. 26. 2），似乎并没有受到凯撒专制统治的影响。

　　Nones 也为 Nonae，古罗马历 3、5、7 或 10 月的第七天或其他月份的第五天；也或者是（一天其次祈祷中的）第五次祈祷。——译注

91

确实,一个人不先学会贤士的技艺和学问,他就不能成为波斯人的王。① 况且,你可能还会看到一些家族和部落致力于这项技艺。举个例子,卡里亚的特尔墨索斯(Telmessus in Caria)② ,就是一座以培养卜者技艺而著称的城市;在伯罗奔尼撒的厄利斯(Elis in Peloponnesus)有两个家族,伊阿米达家族和克拉提达家族(The Iamidae and the Clutidae)因高超的占卜能力而著名;③ 在叙利亚,迦勒底人④ 因其天文学知识和思想敏锐而卓越超群。⑤

注释:

① 希腊人对波斯君主受过的教育很着迷,并频繁将拜火教的宗教训令包含进其中(Plato,*Alc* 121e;Nic. Damasc,*FGrH* 90 F 67;Philo,*Spec. Leg.* 3. 100)。这项希腊习俗可能反映了拜火教祭司学校的习俗(*herbedestan*)(de Jong 1997:448—451)。因为拜火教中的祭司身份是世袭的,贤士给以下希腊和巴比伦的世袭占卜例子提供了很好的介绍。

② 昆图斯加上"卡里亚的"来特别指出是哈利卡纳苏斯(Halicarnassus)西边 9 公里处的特尔墨索斯。

③ 虽然祭司身份世袭在希腊很常见,甚至和神谕有关联,在奥林匹亚上的地址是独特的。这可能反映出两组地理群落在同一地方,来自特菲利亚的伊阿米达和来自阿卡迪亚的克拉提达,就像两个家族的不同部落联姻所表示的那样,参见 Parke 1967:173—178。

④ Chaldeans,此词也作"占星者、占星术的"之义。——译注

⑤ 西塞罗在运用"叙利亚"上并不精确,他是指包含叙利亚和巴比伦的地区,参见西塞罗,*Tusc.* 1. 101;*Fin.* 2. 106。迦勒底的占卜(1. 2)据称是世袭的(Diod. 2. 29. 4)。

92

　　还有,伊特鲁里亚人非常精于观察雷电,并依据迹象来解释即将发生之事。[①]这就是为什么,在我们祖先的时代,元老院在国家正当强盛时下了道命令,[②]要求在族长们的儿子中,选出 6 人分别派遣到各个伊特鲁里亚部落中,去学习占卜的技艺。[③]这是为了,如此重要的一项技艺,不会因为其践行者的穷困,而失去了宗教的影响力,最终沦为唯利是图的工具。[④]在另一方面,佛里吉亚人、彼西底人、西里西亚人和阿拉伯人,主要依靠鸟的飞行迹象来进行占卜,按照惯例,翁布里亚人(Umbrians)也曾如此。

注释:

① 参见 1.35;Sen. *NQ* 2.32:"伊特鲁里亚人掌握着有关闪电的最多学问";Diod. 5.40. 2:"他们通过观察闪电来进行占卜,能提供比其他人的占卜更多的细节";Dion. Hal. 9.6.4:"(伊特鲁里亚)预见者……比起其他地方,对天空迹象研究得更精确,因而享誉于世。"

② 这个含糊表述暗示了多个不同的时间:在公元前 396 至前 310 年间(Luterbacher 1904:10 n.7);公元前 2 世纪(Thulin,*RE* vii. 2437;Capdeville 1993:3);在第二次布匿战争和公元前 133 年之间(Timpanaro);还有可能是公元前 139 年间(M. Dickie, *Magic and Magicians in the Greco-Roman World*,London,2001,pp. 155—156)。然而,最好的解释是罗马最初接受脏卜后不久的时期,比较合理的时间是公元前 278 年(MacBain 1982:43 ff.)。"于国家强盛之时"并非暗地批评凯撒(Giomini 1971:21 n.22),而是强调无论时代好坏,元老院对罗马宗教信仰所倾注的关注。

③ Val. Max. 1. 1. 1:"族长的儿子们被派遣到伊特鲁里亚各个部落中,去学习神圣仪式。"关键问题在于,这些族长/领头公民(*principes*)的国籍。Valerius Maximus 对西塞罗文本进行了直接的解读,认为是罗马人的儿子被送到伊特鲁里亚。然而,根据 Davies 和 Madvig 的校订版本,这些人又变成是伊特鲁里亚人的儿子了。考虑到 Valerius 对西塞罗研究的密切性,可以将其文本当作有关西塞罗文本的精确参考书。更有可能的是,关于受训者国籍的误解是由 Valerius 的阐释者造成的。

　　虽然罗马卜者可能在早期就实践过脏卜(Valeton 1889:447),但在历史时期中,根据我们所掌握的大多数证据显示,脏卜是伊特鲁里亚人的(例见西塞罗,*Fam*. 6. 6. 3),而西塞罗本人在关于罗马宗教的保守处方中(*Leg*. 2. 21)写道:"奇事和征兆应该委托给伊特鲁里亚的脏卜师,伊特鲁里亚的领头公民应该学习这些规训。"

④ 虽然元老院历来都没大量运用脏卜,但要取悦新近征服的伊特鲁里亚精英很重要,这些人在其系统中严格把控宗教知识(Briquel 1997:446—449),同样重要的是,要让他们易于接受罗马人的统治;在公元前 2 世纪中期,脏卜有记录可供追踪,在宗教保守主义不断增长的一个时期内,元老院认为,要保证脏卜师保持自己的贵族地位是至关重要的。考虑到伊特鲁里亚战争所带来的混乱,还有脏卜师在罗马统治下的未来不确定感,就能理解公元前 3 世纪中期的候选人短缺了。对元老院而言,要对这种宗教形式实行某种管控有其重要性,就像控制其他事物一样。如果并非是罗马人要成为其实践者,那么对于伊特鲁里亚的精英来说最好的解决方案是,他们管理起整个系统,并且确保脏卜师并不会成为激进政客的代理人。

93

确实,于我而言,每个民族所居住的地域,决定了其人民所采取的占卜样式。比如说,埃及人和巴比伦人,他们居住在广袤平坦的平原上,周围没有山脉阻断天空的视野,他们就完全致力于占星术。然而,对于伊特鲁里亚人,他们骨子里有种炽热的宗教气质,并习惯于经常性的祭祀牺牲,所以他们最关注的是动物内脏的研究。① 并且,因为大气中的迹象发生得比较频繁,他们的生活环境中时常出现闪电雷鸣,同时也因同样的大气条件,引起了大地和天空的诸多现象,② 以及人和野兽中生殖的异常现象,③ 所以,伊特鲁里亚人对于解读预兆最为精通。确实,你也观察到,从我们先辈们用来描述占卜的词语,也能清晰地显示出这些占卜方法所固有的效用和力量。④ 因为它们能"展现"(make manifest,*ostendunt*)、"预示"(portend,*portendunt*)、"暗示"(intimate,*monstrant*)、"预测"(predict,*praedicunt*),所以它们被称为"异象"(manifestations)、"前兆"(portents)、"暗示"(intimations)和"预测"(prodigies)。

注释:

① Livy 5.1.6:"一个民族比其他民族更多投入宗教典仪中,因为他们非常擅长观察宗

教典仪。"伊特鲁里亚人和祭祀牺牲之间的关系可见于各种古代词源中，这些词源将 *Tusci* 和希腊动词相关联，用来表示牺牲 *thuo*（例见 Serv. *Aen.* 2. 781；Isid. *Etym.* 14. 4. 22），或者检查牺牲祭物 *thuoskopia*，参见 John Lyd. *Mens.* 1. 37；Dion. *Hal.* 1. 30. 3。

② 闪电的物理学解释可追溯至前苏格拉底的思想。塞涅卡（Seneca）（*NQ* 2. 30. 3—4）最接近西塞罗的解释，而普林尼（*HN* 2. 136；John Lyd. *Ost.* 96 W）将闪电归因于意大利大气环境的变化无常。除了在 1. 97 中描述的事物外，还有铁雨（普林尼 *HN* 2. 147）、石灰雨（Obseq. 48）、血雨（Livy 39. 46. 5）和奶雨（Obseq. 39）。除了地震和其他异响外（1. 35，39），还有流淌着鲜血的河流（1. 98），不正常生长的植物（1. 75），这些现象都得到了证实，例见 SHA *Alex. Sev.* 13. 7；普林尼 *HN* 17. 244。

③ 除了频繁的杂交（1. 36）、双性人（1. 98）、双头婴（1. 121），所有不正常的分娩都被认为是不祥的：多胞胎（例见 Obseq. 14；Livy 35. 21. 3；普林尼，*HN* 7. 33；SHA *Ant. Pius* 9. 3）；连体婴（Obseq. 12，14，25，51）；诞下不同物种孩子的女人（Obseq. 57；普林尼，*HN* 7. 34；App. *B Civ.* 1. 83）；生下来就肢体畸形的动物（Livy 30. 2. 11，31. 12. 7，32. 1. 11，9. 3，29. 2，40. 2. 4，45. 4，42. 20. 5）；幼崽和母亲的物种不同（Livy 23. 31. 15；Ael. *VH* 1. 29；Jos. *BJ* 6. 5. 3）；半人半兽（Livy 27. 11. 5，31. 12. 7，32. 9. 3）。(p. 329)

④ 昆图斯再次具体援引 Lucilus 在 *ND* 2. 7 中所说的："事物的预言和预感不是很清晰地显示了它们向人类所展示、表露、预示、预报的那样吗？结果，这些被称作 *ostenta，monstra，portents* 和 *prodigies*。"他认为，这些由占卜现象的众多术语对其相应的功能是至关重要的，反映了斯多葛在探溯词源时的原则，其中看得出，事物和其名字之间的关系是自然而然的、可靠的，并可以理解。"我们"反映出一种隐约的爱国心，虽然所有表示征兆的关键拉丁术语在词源上意义重大，但对于希腊人来说却不是这样。

94

然而,关于阿拉伯人、佛里吉亚人和西里西亚人,他们主要从事畜牧,一直以来在冬天穿越平原,在夏日翻越山川,也因此很容易就注意到鸟儿的鸣唱和飞行。这个道理对于彼西底人、我们的同胞翁布里亚人也一样。卡里亚人(Carians),尤其是前面提及的特尔墨索斯人(Telmessian),因为他们居住在有着肥沃多产之土地的国度里,这样肥沃的土壤产出了许多异常的作物,他们就把注意力转移到了奇事异兆(prodigies)的研究上,因而精于观察预兆。

95

　　确实，有谁看不到，在所有最为治理得当的国家中，预兆和所有其他样式的占卜都发挥着最大的影响力？[①] 而且，有什么王或普通人，从没运用过占卜的技艺？我不只是说在和平时期，而且在战争时期尤甚，毕竟在这种时候，生存的竞争最为激烈和困难。除了我们自己的同胞，有谁在战事中不问脏卜，有谁在和平时期没有经过问兆，[②] 让我们再来看看外国的占卜实践吧。比如说，雅典人在每次公众聚会时，往往会雇用一定的祭司卜者，这些人被称为"预言者(*manteis*)"。[③] 斯巴达人则会给他们的王指定一位卜者，来作为司法顾问(judicial adviser)，[④] 并且他们也规定了，在他们的长老会——也就是他们的议会——过程中要有卜者在场。[⑤] 在大事要事上面，他们总会问询请教德尔斐、朱庇特·哈蒙或多多那的神谕。[⑥]

注释：

① 昆图斯运用共识观念进行论述，以避免受到批评，占卜只能说服头脑简单的人：在"最强盛的国家"，也就是说，最为文明和发达的国家中，他关注的是斯巴达，这个国家的构成与罗马类似，并且因其稳定而享誉，还有罗马，而在这些国家内部，他专注于研究那些掌控国家的个人。

② 参见 1.3。昆图斯所说的在战争环境下引入脏卜反映了当时的实践活动。

③ 亚里士多德(*Ath. Pol.* 54.6)证实了预见者(*manteis*)的存在,他们通常有着公共角色:"会有人根据预言者的命令准备祭祀牺牲,如果需要好的预兆,他们会和预言者一同留意相关情况。"*manteis* 曾在雅典公元前 5 世纪的帝国远征中起着作用,但援引 Hierocles 和 Lampon 的作品给确认这些人的身份增加了困难,我们并不知道他们是独立的卜者,还是在官方任职。

④ 这些评估人被称作"皮同",并且享有俸禄(Hdt. 6.57.2;Xen. *Resp. Lac.* 15.5)。每位国王会有两个皮同伴随,他们与国王的联系非常紧密,以至于被称作"帐中幕僚"(tent-comrades,*suskenoi*)。他们作为德尔斐的使者,虽然是由王来委派,却并不是单方面地进行神谕咨询(Parker 1989:154—155)。

⑤ 这里指的是普通的卜者(*mantis*;参见 Xen. *Resp. Lac.* 13.7),而非执政官(*ephor*)(Richer 1998:139 n.30)。

⑥ Nep. *Lys.* 3.1:"斯巴达人习惯凡事问询神谕";Paus. 3.4.4:"斯巴达人问询德尔斐的神谕,在遇到其他任何事情时都这样"。"斯巴达人热爱神谕,其程度可能比希腊其他城邦都要甚,并将神谕视为在政治辩论中有着非同寻常的重要性"(Parker 1989:154)。

　　哈蒙:参见 1.3.;Paus 3.18.3:"从一开始,人们就知道斯巴达人问询利比亚的神谕,多过其他任何希腊人。"虽然这个证据极好地表明了,在传说和历史中,斯巴达、北非的多利安殖民地和锡瓦的哈蒙神谕之间有着密切的联系(Malkin 1994:esp.158—168),然而,关于问询或神谕应答的例子却少之又少。在一次假名柏拉图的对话中,苏格拉底记述了雅典和斯巴达之间一次时间不详的冲突。为了解决冲突,雅典人派人前往哈蒙神谕,并得到如此答复:"我宁愿获得斯巴达人有限的尊敬,也不稀罕希腊人所有的祭品。"(*Alc.* 149b)虽然这故事和给斯巴达人的应答无关,却也反映了斯巴达人和哈蒙神谕的极好关系。在公元前 403/402 年,吕桑德去往锡瓦,想要收买神谕以支持他的法制改革,最后却遭到拒绝,参见 Diod. 14.13.4;I. Malkin,*CQ* 40,1990,pp.541—545。从这一片段来看,根据埃福罗斯的记载(*FGrH* 70 F 206＝Plut. *Lys.* 25.3),哈蒙神谕的祭司知晓更早前的一个神谕,其中说到斯巴达人会在利比亚建立据点。这个神谕可能是给公元前 6 世纪后期多里欧司(Dorieus)的,或者只是为他所用,考证来源不清楚。埃福罗斯所用的模糊说法 *chresmou tinos ··· palaiou*(一些古代神谕)并非暗指德尔斐,似乎也把哈蒙神谕排除在外了,因为祭司们并没有挪用这个神谕,说其是哈蒙的,然而,既然在公元前 5 世纪末期斯巴达干预利比亚的事件中,锡瓦无从获益,可能就可以理解后来挪用神谕的失败了——100 年前人们想要得到的并不同于公元前 403/402 年。

　　多多那:文献上有关斯巴达人问问多多那神谕的记载,始于吕桑德,据称他曾试图贿赂,参见 Ephorus *FGrH* 70 F 206 ＝ Plut. *Lys.* 20;Diod. 14.3.4;Nep. *Lys.* 3.1。斯巴达在公元前 389 年远征阿卡纳尼亚(Acarnania),可能促使官方更多地和神谕接触,可见于公元前 371 年一次中断的问询(Plut. *Mor.* 191b);公元前 367 年,神谕给斯巴达人预言了一次"无泪的战争"(Diod. 15.72.3)——这是现存最后一份对斯巴达人官方问询的文献记载。在公开发表的铅条记载对神谕的问询中,没有一条是由斯巴达人发起的。

96

　　吕库古(Lycurgus)曾统治斯巴达城邦,他也以德尔斐阿波罗神谕的权威来确立他颁布的法律。[①]当吕桑德想要废除这些法律时,人们出于宗教的顾虑,阻止他这样做。[②]再者,斯巴达的统治者,不满足于清醒时安稳无梦的睡眠,曾去到城郊田地里的帕西法厄神殿(Pasiphae)睡觉,[③]以图进入梦境,因为他们相信,在睡眠时得到的神谕和预言是应验的。

注释:

① 昆图斯在此处的表述不像科塔那般怀疑(*ND* 3.91):虽然当中可以在理性上进行解释,然而,西塞罗可能认可德尔斐真的进行了介入。德尔斐对混合政体建立(一般认为是吕库古的功劳)的介入,有着牢固的传统;然而,关于检察官会议(*Ephorate*),西塞罗认为是西奥庞普斯王(King Theompompus)的功劳。在最为极端的版本中记到,吕库古从阿波罗处接收法律,就像米诺斯从宙斯那做的一样(*Ephorus*, *FGrH* 70 F 149)。和德尔斐的这种关系可能被反对吕桑德所提倡之改革的斯巴达保守派利用,用以维护当时存在的政体不受破坏;然而,希罗多德在记录此谕时,将其当作公元前 5 世纪更早期的非斯巴达人的观点(1.65.5)。再一次,任何政体讨论的核心古代文件"大公约"(great Rhetra),被认为是神谕,或者至少是神谕的化身,参见 D. Ogden, *J HS* 114,1994,pp. 85—102。

② 据说,吕库古让斯巴达人发誓不干预他的法律(Plut. *Lyc.* 29.1—3)。亚里士多德(*Pol.* 1301b19—21)记述了吕桑德想要废除王权,这未经证实,但此事超出了他想成为王权候选人、贿赂、遭到神谕拒绝等事的一般说法(例见 Diod. 14.13.2—4;普鲁塔克 *Lys.* 24.2—26.4)。公元前 403/402 年,斯巴达在伯罗奔尼撒战争中得胜的

缔造者,为自己的斯巴达生活找寻一处安全并高威望的位置,而当时斯巴达王并没有适龄的嫡子继承,于是他开始倡导赫拉克勒斯的所有后代都能继承王权(普鲁塔克,*Lys*. 24.4)。如果赋予那个小男孩西勒诺斯(Silenus)的角色属史实,那么经过数年酝酿的计划就显得可疑了,参见 P. Cartledge, *Agesilaos*, London, 1987, pp. 94—96;C. D. Hamilton, *Sparta's Bitter Victories*, Ithaca, NY, 1979, pp. 92—96;U. Bernini, *SIFC* 3, 1985, pp. 211—236。

③ 斯巴达诸王利用德尔斐,五长官团长官利用帕西法尔,都反映出争取互相独立和潜在竞争的神性支持的需要,然而,说诸王也能接收到关于国家民族的梦,这并非是不可能的(Richer 1998;208—212)。召梦术/等待梦兆(incubation)严格来说,是"在(城)外睡觉"之义,然而,在进行各种典仪后躺在圣所地面上睡觉,从而通过梦境来接收神性启示,这种做法的广泛实践通常也被称作"召梦术"。孵育一般是为了寻求治疗痊愈,而非政治性的指引。关于召梦术,参见 L. Deubner, *De Incubatione* (Leipzig, 1900);Graf 1992;186—193。

97

　　现在让我们回到罗马的例子吧。元老院曾多少次下令十大执政官委员会①查阅女预言家的典籍！②在大事要事上面，元老院频繁遵从了预言家的回应来行事。举个例子，有一次，人们看到天上有两个太阳，还有一次，同时看到 3 个月亮；③天边出现流星；太阳在夜间发光；诸天响起轰隆声；天空似乎要开裂了，④在裂缝处出现火球。⑤普里乌努姆（Privernum）境内出现了山体塌方，相关情况也上报给了元老院；还有，阿普利亚（Apulia）遭遇了一次极其强烈的地震，土地沉降成惊人的深渊——罗马人从所有这些预兆中得到了预警，知道将发生多次宏大的战争和致命的叛乱⑥，预言者的回应和女预言家的诗歌（Sibylline verses）也相吻合。⑦

注释：

① decemvirs, the Board of Ten. ——译注

② 元老院对涉及国教的所有事情负有最高责任（Beard 1990：esp. 31—34）。昆图斯用了与当时不合的术语"十大执政官"（在他的时代已改为 15 人），主要是因为大多数为人所知的问询发生在公元前 367 至前 80 年代末期之间（公元前 509 至前 87 年间的 53 次问询有文献记载，其中有 48 次问询始于十人执政官的时代［Orlin 1997：203—207］），也因为从苏拉的改革开始，十人班子已遭到操纵，用以达到各种政治目的——公元前 56 年阻止庞培在埃及的野心（Dio 39. 15. 1—16. 2），公元前 44 年合理化凯撒的王权（例见 Div. 2. 112）——所以这类有争议的问询并不能佐证昆图

斯的论证。

③ 前苏格拉底哲学家以降都讨论过"幻日"（parhelion）的现象：恩培多克勒（Empe-
docles，Stob. 1. 25. 12W）；阿那克萨戈拉（Anaxagoras）（普鲁塔克，*Mor.* 894f）；亚里
士多德（*Met* 372a10—18）。罗马共和国史料文献中记录了同时出现两个太阳的现
象，公元前206年的阿尔巴（Livy 18. 11. 3），公元前204年的罗马（Livy 29. 14. 3），
公元前163年的福米埃（Obseq. 14），公元前129年的罗马（西塞罗，*ND* 2. 14；*Rep.*
1. 31）；3个太阳现象：公元前174年的罗马（Livy 41. 21. 2），公元前122年的高卢
（Obseq. 32），公元前104年、公元前44年、公元前42年的皮西努姆（Obseq. 43，68，
70），参见塞涅卡（Sneca）的 *NQ* 1. 11. 2："历史学家们将它们称为'太阳们'，并且记
录了其成双或成三地出现。"

　　　　3个月亮：相关现象被称作"幻月"（paraselene）。公元前223年的阿里米努姆
（普鲁塔克，*Marc.* 4. 1）、公元前122年的高卢（Obseq. 32；普林尼，*HN* 2. 99）、公元
前39年的高卢（John Lyd. *Ost.* 4 W）都曾出现过幻月现象。

④ 可能为一次极光现象："离地平线不远的同质或放射线的极光弧呈拱形横跨天空。
下面边缘成锐角，上面边缘较模糊。因为下面边缘极其灿烂，极光和地平线之间的
天空显得特别暗淡，就像深坑或沟槽的裂口，从中喷泄出火焰（P. J. Bicknell，*Lato-
mus* 31，1972，525）。"这种现象被希腊人称作"裂缝"（chasm）（Arist. *Met.* 342a34ff. ；
John Lyd. *Ost.* 34 W），这个术语也见于拉丁语作者（Sen. *NQ* 1. 14. 1；普林尼，*HN*
2. 97）。

⑤ 参见91："在日出时分，一个火球从北方的天空亮起，并发出巨大的声响"（Obseq.
54；Oros. 5. 18. 3）。火一般的球体是一种罕见的极光现象。

⑥ 如果 MacBain（1982：22）将昆图斯的例子联系到公元前117年和公元前91年是正
确的，那么此处多次战争和叛变分别是指辛布里人（Cimbri）和条顿人（Teutones）的
入侵，还有同盟战争（Social War）。

⑦ 这是重复卜和十人执政官在公元前117年和公元前91年就这些征兆问询的唯一
证据，不过，这很可信。十人班子在第二次布匿战争初期没能给出应答，这使得脏
卜师变得更加赫赫有名（Mazurek 2004：149—154），十人班子的相形见绌只是暂时
的和不全面的（MacBain 1982：58—71）。比如说，有阴阳人出生，两边都会对此进行
解释。虽然预言家/脏卜师并不从属于十人班子，但脏卜所产生的预兆材料似乎会
增加到由十人班子所监督的汇集中（North 2000：95—98），这样就能促成互相协议。

98

那么,其他例子又如何呢? 比如说,库美(Cumae)的阿波罗神像和卡布亚(Capua)的胜利女神像①变得汗水淋漓,②有一些不祥的异人(prodigy)、双性人出生;③阿德拉塔斯河(River Atratus)上流淌着鲜血;④天上不时下起了石雨、血雨⑤,有时下着泥雨,甚至奶雨;最后还有,霹雳击中卡皮托利欧山(Capitol)上的半人马雕像(Centaur)⑥、阿文丁山(Aventine)的门和人⑦、图斯库路姆的卡斯托尔和波吕克斯神庙⑧、罗马的虔敬神庙(the temple of Piety)⑨——所有这些迹象,预言者不都一一给出了应验的预言吗?这些预言不都能在女预言家的典籍中找得到吗?

注释:

① 卡布亚作为萨谟奈人的中心而具有重要意义,萨谟奈人在同盟战争中是罗马人的最顽强对手。胜利女神在萨谟奈战争中受罗马人的公开崇敬,参见 Salmon 1967:152—153。虽然这个联系遭到驳斥,对于特别关注战争的罗马而言,和胜利女神相关的独特现象具有特别重要的意义,例见公元前 295 年(Zon. 8. 1),前 88 年(普鲁塔克,*Sull.* 11. 1)和前 42 年(App. B Civ. 2. 135)。

② 在公元前 91 年,"库美的要塞上,阿波罗神像流汗"(Obseq. 54)。这尊雕像经常会对罗马在东方的胜利作出预兆,通常是透过流泪的现象(169, Livy 43. 13. 4;前 146 年或前 130 年? 8 月, De civ. D 3. 11)。流汗不同于流泪,并有着更加阴郁的意义,参见 Posidippus 30. 1—2 AB:"如果一尊雕像流汗,那么对于人来说会带来何等大麻烦,还有何种大风雪";John Lyd. Ost. 16 W:"每当雕像流汗或哭泣时……就会发

生国内骚乱";AP 9.534,14.92;普鲁塔克,Alex. 14.5)。此处所预示的同盟战争，严格来说是一场叛乱，而非外部战争。关于对神像的神奇特性的信仰，参见 Faraone 1992。

　　公元前 4 世纪对于这种现象的物理学解释是空气冷凝（Arist. Plant. 822a31；Theophr. Hist. Plant. 5.9.8），但其被赋予了宗教意义，例见公元前 216 年（Livy 22.36.7），前 206 年（Livy 28.11.4），前 54 年（Dio 40.17.1）和前 49 年（App. B Civ. 2.36）。

③ 昆图斯用了更早的术语"*androgynus*"，这个词到了公元 1 世纪后期变成了"*hermaphroditus*"（普林尼，*HN* 7.34；参见 7.15）。李维、欧卜色克维恩斯（Obsequens）和伏勒贡（Phlegon of Tralles）记录到，在公元前 209 至前 92 年间的 16 例双性人出生被当作征兆。其中有 11 例，占卜师们将这些孩子放在开着的箱子中，投入水中，并使他们沉没，十人行政官班子在罗马主持了多种净化仪式。并非所有 16 例都能和灾难相挂钩，但如果说适时采取一些措施，能够扭转或延缓灾难的到来，这是没问题的。然而，很多还是和灾难相联系起来：公元前 207 年的哈斯德鲁巴（Hasdrubal）进犯，公元前 133 年的阿里斯托尼库斯（Aristonicus）反叛，公元前 125 年的拉丁叛乱，公元前 104 年的辛布里人入侵，还有公元前 92/91 年的同盟战争（Obseq. 53；Diod. 32.12.2，"马尔西战争发生之际"）。这类征兆及其赎罪（expiation）意在通过排除和消除的仪式，来表达紧张时期的公众焦虑，参见 MacBain 1982；127—135；R. Garland, *The Eye of the Beholder*, London, 1995, pp. 67—72；L. Brisson, *Sexual Ambivalence：Androgyny and Hermaphroditism in Graeco-Roman Antiquity*, Berkeley, Calif. , 2002, pp. 25—32。

④ 并没有人知道这条河坐落何处，只有西塞罗提及过（2.58）。"Atratus"这个词明显和形容词"黑的"相关（ater；参见 Andre 1949；57—59），其本身可能是个名词。公元前 4 世纪有对这个现象的物理学解释（Arist. *Met.* 356a13—14；参见西塞罗，*Div.* 2.58），罗马记事录经常将其当作一种征兆，例如，公元前 167 年在加拉提亚（Calatia, Obseq. 11），公元前 166 年在奎里纳尔山（Quirinal, Obseq. 12，罗马七丘之一——译注），公元前 147 年在卡勒（Caere, Obseq. 20），公元前 137 年的集会广场（Obseq. 24），公元前 136 年在颇提约里（Puteoli, Obseq. 25），公元前 96 年在 Faesuli（Obseq. 49），公元前 94、前 93 年在卡西奥利（Carseoli, Obseq. 51,52），公元前 92 年在沃莱特拉（Volaterrae, Obseq. 53）。

⑤ 石雨、血雨：李维、欧卜色克维恩斯书中都有多次记录。亚历山大学者们讨论过，可能是那些死于战争的人的血因对流而被吸到云层中，最后下降为雨（Schol. Hom. *Il.* 11.53—54）。

　　奶雨：李维和欧卜色克维恩斯都有多次记录。

⑥ 并没有其他文献提及过这尊雕像的存在。半人马的神话意义和艺术再现多种多样，以至于不可能将其雕像和某个罗马政治家或具体建筑物相联系。半人马只有两次出现在共和国金币上：一次是公元前 217 至前 215 年的无名币，上面刻着赫拉克勒斯对战一个半人马，还有 M. 奥勒留·科塔在公元前 139 年保留的一枚币，上面刻着赫拉克勒斯的战车，是由人头马来牵拉的（*RRC*, nos. 39,229）。

⑦ 阿文丁山在征兆上有着重要作用(例见 Livy 35. 9. 4),但这次事件的发生时间不详。
有人被闪电击中,也会被当作征兆(例见 Obseq. 1. 28, 37, 41, 56a, 56b, 61);城门
或城墙被击中,就更具有征兆意义了,因为这些地方被认为是神圣的(*sanctus*,例见
Gaius *Inst.* 2. 8;Just. *Inst.* 2. 1. 10),这象征着城市的安全遭到了威胁(John Lyd.
Ost. 47 W)。如果时间是在公元前 91 年,那么就可以从同盟战争中找到些联系。
阿文丁山充当了某种阈界空间,和罗马的同盟之间有着特殊的联系,是拉丁人的联
盟庇护场所。闪电击打可能意味着罗马与其联盟国间的协议破裂。

⑧ 图斯库路姆是取得罗马公民权的第一座拉丁城市,并非经常出现征兆之地(Obseq.
1),但是如果考虑到对狄奥斯库里的崇拜,那么这件事则意义非凡。狄奥斯库里是
图斯库路姆的保护神(Festus 410 L),对其的崇拜长期以来受到诸如来自图斯库路
姆的 Fonteii 的多个家族的推崇。在公元前 496 年雷吉路斯湖战役(battle of Lake
Regillus)爆发前,通过一种类似召唤的方式(quasi evocatio),狄奥斯库里从那里被
引介到罗马(F. Castagnoli,*Studi Romani* 31,1983,pp. 3—12)。也许这个征兆可以
解读为拉丁族效忠的结束,或者狄奥斯库里护佑的结束。

⑨ 参见 Obseq. 54:公元前 91 年,"弗拉米尼乌斯竞技场的虔敬神庙遭到雷击,从而关
闭了"。这座神庙是由阿奇里乌斯·格拉布利奥(M'. Acilius Glabrio)在公元前 191
年立誓(Orlin 1997:146—147),建于弗拉米尼乌斯竞技场最东边(*LTUR* iv. 86)。
它在公元前 44 年被凯撒毁坏,这可能解释了它为什么会出现在昆图斯的例子中,
但主要指向的是同盟发动同盟战争时践踏了对罗马的义务。

99

　　在最近的时期①,在马尔西战争(Marsian War)期间,因为昆图斯·凯西留斯·梅特鲁斯(Quintus Caecilius Metellus)之女凯齐利亚(Caecilia)的梦,元老院下令修复守护者朱诺(Juno Sospita)神庙。虽然西塞纳(Sisenna)认为此梦不可思议,因为其中的预言最后不折不扣地应验了;然而,到了后来——无疑是受到某个小气的享乐主义者的影响,他前后不一致地说,梦并不值得相信。②不过,他并不反对观察这种迹象;实际上,他写到,在马尔西战争爆发之初,诸神的神像变得汗水淋漓,河流上流淌鲜血,天空中出现裂缝,不知来自何处的声音预言着危难的战争,最后——被预言者认为是最为不祥的迹象——拉努维乌姆的盾牌悉数遭老鼠啃咬坏了。③

注释:

① 指公元前 91 至前 89 年。昆图斯用"最近"通常也指在他的生活和记忆中。

② 可能是伊特鲁里亚后代的 L. 科尼利乌斯·西塞纳(L. Cornelius Sisenna)死于公元前 67 年,生前写了一本关于同盟战争的历史书(Rawson 1979:327—346)。虽然此书有其不足,西塞罗却对其极为推崇,特别是其中对希腊"悲剧史学家"科里塔库斯(Clitarchus)的模仿,参见 *Brut.* 228;*Leg.* 1. 7;Fleck 1993:154—161。从西塞罗有选择性的描述中,我们已不大可能重建西塞纳对超自然现象和能力的态度。

③ 普林尼,*HN* 8. 221:"在拉努维乌姆的银盾被啃咬,这预示着马尔西战争的到来。"

这些可能是守护者朱诺神庙上的盾牌（*scutulum*，Cic. *ND* 1. 82；*CIL* 14. 100）。这个迹象意味着，朱诺对拉丁联盟的保护力量受到了威胁，又或者，这是在警告罗马和拉丁族之间的关系遭到削弱。占卜师们视老鼠在神圣之地的行为有一定预兆意义（Ael. *VH* 1. 11；Auson. 25. 13. 2 Green），老鼠啃咬圣物这种事情也出现在记事录中（Livy 27. 23. 2；Plut. *Sull.* 7. 3；Obseq. 20）。据说，这种齿咬行为摧毁了克里特岛人（Schol. Clem. *Protr.* 30）和亚述军队（Hdt. 2. 141. 5）。

100

　　还有，我们在编年史中发现，在维爱战争（Veientian War）①期间，阿尔巴努斯湖（Lake Albanus）的湖水溢出河堤，一个维爱贵族逃向我们并说，②根据维爱典籍记载的预言，他们的城市在湖水上涨时并不会沦陷，但如果任由湖水继续上涨直至满溢而出③、自行寻找去往大海之路时，那么罗马人就将面临灾难性的后果；④另外，如果湖水在抵达大海之前就将被抽干，那么结果还是会对我们有利。听到这个预警后，我们的先祖们就下令开凿了那条伟大的运河，将满溢而出的阿尔巴努斯湖湖水用之灌溉。⑤随后，维爱人对战争倍感疲乏，他们派出使者去元老院议和。据其中一个使者说，那个逃亡的贵族并没敢说出维爱典籍中预言的全部。⑥他接着说，因为这些典籍也预言了高卢人不久将占领罗马。正如我们所知，在维爱陷落的 6 年后，这个预言应验了。

注释：

① 和维爱之间的战争占据了早期罗马史很大篇幅，这可见于李维（Livy 5. 1. 1—23.12）、哈利卡纳索斯的狄奥尼修斯（Dionysius of Halicarnassus）（12.10—15）和普鲁塔克（*Cam.* 2. 3—6.4）等人的描述。这场冲突的最后阶段持续了 10 年时间，根据李维的记述，是从公元前 406 至前 396 年，也就是在此阶段发生了这里的事情。李维考证到这些事件发生于公元前 398 年（5.14.5）。西塞罗的版本是现存最早的版

本，对战争中这一幕展开了描述，但如今已无法考证他援引了哪些早期编年史作者。西塞罗版本中最让人惊讶的是，他的描述仅仅集中在这个故事的占卜方面，却省略了罗马派往德尔斐的使者、十人行政官的角色和元老院最初对脏卜解释的拒斥。

② 在另一个版本中，他是被俘获的，参见 Livy 5. 15. 4—12；Val. Max. 1. 6，3；Dion. Hal. 12. 11. 1—4；普鲁塔克，*Cam.* 4，1—3。占卜师的史实性受到质疑，由于其角色是以《奥德赛》4 中的普罗托斯或者赫兰涅乌斯为原型的文学创造（Apollod. *Epit.* 5. 9），为了使真实发生过但并不关联的维爱陷落和地下排水渠（*emissarium*）的建造联系起来，例见 D'Arco 1997：139—141。

③ Dion. Hal. 12. 10. 1：“大概在天狼星升起之时，大多数湖在此季度处于枯水期……距离罗马约莫 120 个赛马场、位于所谓阿尔巴山脉的一座湖泊……在一段既不下雨也不落雪的时期，也没有其他为人所知会让湖水上涨的原因，湖水就满溢而出，并淹没了山地附近的大部分地区，毁坏了许多农庄，最后在山脉间切割开裂缝，形成一条巨大河流，往地势更低的平原流去”；参见普鲁塔克，*Cam.* 3. 1—3；Livy 5. 15. 2；Zonaras 7. 20。阿尔巴湖，位于罗马西南部 24 公里处，是一处火山口，并没有泉水或河流为之提供水源。阿尔巴湖水另一次大幅度上涨吞没了传奇的阿穆留斯（Amulius）/阿罗迪乌斯（Allodius）的宫殿（Diod. 7. 5. 11；Dion. Hal. 1. 71；Zon. 7. 1）。

④ Dion. Hal. 12. 11. 2：“命中注定，只有在阿尔巴山旁边的湖泊不再和海水相连时，这座城市会被攻陷。”Livy 5. 15. 11—12：“当阿尔巴罗斯湖的湖水满溢时，如果罗马能适时泄洪，那他们将战胜维爱人；在那之前，诸神不会抛弃维爱人的城墙。”李维省略了这段预言的负面意思（Ogilvie 1965：661—662），他的整个版本都深受罗马思想腐蚀，而他对预言的描写则以一个德尔斐神谕应答来作为原型（Guittard 1989：1243—1244）。

　　这里的根本问题是，如何解释阿尔巴努斯湖能够和发生在维爱的事件有所关联，从地理学上说，两者之间相距许多公里之远。如果从基本的字面意思去看，就地理学和水文学方面而言，这个故事是荒谬的；然而，它的出现，还有在所有谈论到此事的文献中（姑且不论各自强调重点不同），这些都证明了，这个故事最初的受众并非是荒唐可笑的。其中一个方法基于语言学，其结论错综复杂：维爱预见者运用了一个伊特鲁里亚词“alpanu”，相当于希腊神涅墨西斯（Nemesis，复仇女神），用在了像 *al panum solvendum*（报应／惩罚必然实现——译注）这样的短语中；或许还有某种跨文化误解、甚至更加迂回的语言操纵，涉及到希腊语中的“*lachos*（命运）”和拉丁语中的“*lacus*（湖泊）”，从而在阿尔巴努斯湖和维爱之间建立了联系（J. Gage，*MEFRA* 66，1954，pp. 47—54）。然而，如果 *alpanu* 的真正意义是“礼物”或“愿望”，而 Gage 所用伊特鲁里亚镜子照出来的形象对应的是协和女神（Concordia），那这种方法就没意义了。再有一个更加理想的方法，是在维爱和阿尔巴努斯湖之间假定一种不同的联系。基于奈维乌斯（Naevius）的片段，当中有个维爱王感谢阿尔巴隆加的阿穆留斯（Festus 334 L），这表明，在阿尔巴山圣所和维爱之间有宗教崇拜上的关系，参见 A. Pasqualini, *Alba Longa：Mito，storia，archeologia*, Rome, 1996, p.

247。然而,还可以看看李维的描述,他分别从内部和外部的维度来对这个故事进行政治解读:这个征兆和罗马国内贵族-平民纷争有着密切联系(Livy 5.17.5),特别与平民领袖和拉丁人结盟对抗贵族阶层相关,当时贵族阶层正通过对维爱的战争来推进国家霸权;*lucus Ferentinae* 的崇拜场所,即拉丁联盟所在地,受到当时水平面上升的威胁,这自然被解读为和拉丁联盟相关的神性迹象。所以,征兆和神谕涉及到卡西乌斯协议(Treaty of Spurius Cassius)的重申,在此协议中,罗马和拉丁人的伙伴关系得到恢复。所以,地下排水渠的修复等同于重新肯定该协议,参见 Coarelli 1991:37—38。

⑤ 昆图斯的"灌溉"是另一个术语,字面意思是"开导"(leading off,参见 Serv. *Georg.* 1.270;Varro *RR* 1.36.1;普林尼,*HN* 3.119),并且指地道、沟渠和渠道的整个工程,通过这个工程,可以引水灌溉阿尔巴山下的地区。最为非凡的一点,到今天也最为显著,是在湖底穿越火山岩石而挖成的超过 1400 米长的地道,最后汇入台伯河的支流,参见 Castellani and Dragoni 1991:45—52。虽然有人将此归于公元前 4 世纪早期,和维爱战争同时,这表明该地道是在公元前 6 世纪晚期建成的,用以保护拉丁联盟所在地;而到了公元前 4 世纪时,该地道陷入失修状态,最后致使湖水平面上涨,参见 Coarelli 1991:36—37。

⑥ 只有 Dion. Hal. 的版本有类似的说法(12.13.1—3):"他们当中最杰出且最具有占卜技艺声望的人……说过……在洗劫了维爱人的国家之后,你不久将会失去自己的国家。"也许我们能由此推出,在西塞罗所依据的版本中,原本的占卜师并非全然诚实,这在伊特鲁里亚预见者中也属常见(参见 the attempted treachery of Olenus:普林尼,*HN* 28.15)。这个版本有个更加精确的预言,精确地预见了罗马在 390 年的陷落。

101

还有,据说人们时常在战斗中听到农牧神(fauns)的声音,[①]而在混乱时期,就会听到不知来源何处的预言之声。[②]这类事情还有很多,我在这里只举两个非常突出的例子。在高卢人占领这座城市之前不久,[③]有人听到维斯塔的神圣树丛(Vesta's sacred grove)那发出一个声音,[④]树丛从帕拉丁山一直延伸到新路,那声音说:"城墙和城门都须修复,否则罗马将沦陷。"然而,在还来得及作补救措施时,人们却忽视了这个预警,最后在最大的灾难来临时付出了相应的代价;有个祭坛毗连着树丛,现在看到已用树篱围住了,它用来纪念演说家阿尤斯(Aius the Speaker)。很多作者也记录过另一则例子。在一次地震期间,有人听到堡垒上的朱诺神庙里发出一个声音,命令人们必须用一头怀孕的母猪来进行一次抵罪祭祀(expiatory sacrifice)。从此,女神被称为"劝告者朱诺(Juno the Adviser)"。那么,我们还能轻易漠视这些诸神所给予、我们祖先所认可的迹象和预警吗?

注释:

① 西塞罗,*ND* 2.6。农牧神的性别经常不定,这表明作为神谕的农牧神并非严格界定,参见西塞罗,*ND* 3.15:"我并不知道农牧神[*Faunus*]是什么。"古代的词源学家

认为"*Faunus*"一词源自 *fari*［说话］或者 *apotes phones*［来自声音］,又或源自 *favere*［喜欢/支持/偏爱］。农牧神和森林有关,带着希腊神潘神的属性。虽然他的占卜功用经常有所提及,但在历史时期只和公元前 509 年阿西安丛林(Arsian Wood)相关联时才得到证实,参见 Livy 2.7.2;Dion. Hal. 5.16.2。

② 记事录中记录了不少例子,例如公元前 377 年(Livy 6.33.5),公元前 168 年(Plut. *Aem.* 24—25),公元前 137 年(Obseq. 24;Val. Max. 1.6.7)和公元前 43 年(Obseq. 69)。这些声音通常来自森林或树丛(Virg. *Georg.* 1.476;Dion. Hal. 1.56.3;Livy. 1.31.3),这些地方对罗马人来说是强大的神性存在的地方。然而,这种神谕式交流对于罗马人来说,很难纳入到国教范围内的神性交流模式,在后者中,诸神一般不说话,因此这种现象极其罕见,参见 Briquel 1993;78—90。

③ 这是在公元前 391 年。Livy 5.32.6:"平民 M. Caedicius 向保民官报告,在夜深人静时,他听到比人声更大的声音,这声音命令要向行政官告知,高卢人要来了";普鲁塔克,*Cam.* 14.5:"去吧,Marcus Caedicius,破晓时告诉行政官,高卢人马上来了。"

④ 地震会被当作征兆,并且要通过向特勒斯(Tellus,大地女神)献祭来抵消,参见 Ov. *Fast.* 1.671—672;*CIL* 6.32323;Arnob. *Nat.* 7.22;Festus 274 L。虽然要由占卜师来指导这种抵消仪式,同样的描述也见于西布林圣书,参见 Zos. 2.6。西塞罗所知的庙宇落成于公元前 344 年(*LTUR* iii. 123—125),而李维对此的关注则意味着其崇拜头衔是新的,这就是此次事件的历史环境。在堡垒上对朱诺的崇拜在之前就存在了,这可以从卡皮托林努斯(M. Manlius Capitolinus)的传奇中推导出。*Aen.* 4.45:"卜者之书中说到,朱诺掌管着占卜者。"塞尔维乌斯被用作占卜庙(*auguraculum*),作为其庙宇的延伸。

102

　　毕达哥拉斯派所关注的,不仅有诸神的声音,还有人的言辞,[①]他们称作为"言兆(omens)"。[②]我们的先辈也将这类"征兆"看作是可敬的,因此,在开启任何正事之前,他们都会念念有词:"祈愿此事利好、好兆、幸运并且成功。"在所有宗教仪式的公众庆典上,他们会下令:"守好你们的舌头。"[③]而在给拉丁节日发布命令时,[④]他们习惯性的命令是:"让人们保持克制,避免冲突和争吵。"所以,当一个人即将远征去建立殖民地而举行神圣的净化仪式时,[⑤]或者当总指挥官在检阅他的军队时,[⑥]或者监察官[⑦]要进行公民普查时,都会以那些名字里带着吉兆的人来引领祭祀的生物。[⑧]此外,执政官在进行军队招募时也是如此,他会下工夫去挑一个有着吉兆名字的人,作为第一个征募入伍的士兵。

注释:

① Diog. Laert. 8. 20:"[毕达哥拉斯]既通过随机占卜法(cledonism)也通过鸟来进行占卜";Iambl. VP 149:"他关注声音、占卜和神谕,以及所有自发的事件"。回顾起罗马材料中的希腊实践法,这个简短句子使得占卜从神的声音向更广范畴的征兆转变。虽然这是两种互不相关的随机占卜形式(Pease 这样认为),但昆图斯所做的联系并非勉强为之。一般说来,罗马人似乎比希腊人更看重偶然说出的话,即便这种占卜的例子在两种文化中均有出现,参见 Bouche-Leclercq 1879:155—160 和 1882:135—144。虽然罗马人似乎将其作为占卜的分支,昆图斯在此处更多地将其和自

　　然占卜联系在一起。

② "他们"可能是不定的,比如说"人们"。omen 的词源并不确定:Varro(*LL* 6. 76,
7. 97)将其和说话联系起来,还有和 *os*(嘴巴)联系起来。现代语文学家则更偏向于
增长(*augsmen*;参见 Ermout-Meillet 1959),思想(*ovismen*;参见 Walde-Hofmann
1938),赫梯语的 *ha*——真相的表达(E. Benveniste, *Hittite et indo-europeen*, Paris,
1962, pp. 10—11),甚至是包含着肠的膜(*omentum*;Bettini 1991:273 n. 57)。

③ Favete Linguis:Serv. Aen. 5. 71:"在祭祀期间要求静默,因为正是在行政官献祭时,
使者开始说话,'*favete linguis*, *favete vocibus*',即'接收吉兆'或'保持安静'"
(Non. Marc 693 L);Festus 78 L:"*faventia* 指的是吉兆。因为使者在献祭时会叫喊
和对人发号施令,'*favere*'。因为 *favere* 就是要说好话;古时的诗人会用 *favere*,
而不是 *silere*(安静)";Sen. *Vit. Beat.* 26. 7:"*favere linguis*:这个词不像大部分人所
想的那样源自恩惠/有利,但它同样要求静默,来让献祭在没有不祥之兆的声音干
预下适时地进行下去。"这个指示是为了避免不祥之声,因为这可能会被当时正在
主持的行政官或祭司听到,最后导致不得不终止或重复进行该项宗教活动。

④ "指定节日(imperative festivals)是指那些由执政官或地方执政官行使其行政权力
来宣布的节日。"(Macrob. *Sat.* 1. 6. 16)这些节日并非定期节日,通常发生在紧急时
刻或为了庆祝胜利的时候。

⑤ 此处昆图斯以重要性先后的顺序恰当列举了罗马社会的几种基本仪式。净化(*lus-
tratio*)仪式的核心是由祭司或行政官主导的过程,以一个或多个牺牲围绕所要净化
的东西;祭物献祭给战神,肉类要烧掉或埋葬。这个仪式在内部世界和外部混乱危
险的世界之间划分了界限,形成了一个神奇的圈子,并且界定受保护的地域和人,
参见 Versnel 1975:101—103。虽然围绕着定居点划一条沟壑的仪式在殖民地建立
过程中很重要(Varro, LL 5. 143),并有可能会被认定为殖民者抵达该地时的成立
仪式,真正的净化必须与此相区别开。根据蒙森(Mommsen)的说法,净化仪式还包
括第一次大祓(*lustrum*),这本身也是紧接着殖民者在该地区真正定居后进行,但更
可取的是,构想出殖民者去建立定居点 *sub vexillo* 之前,受到召集时所进行的仪式
部分,参见 Eckstein 1981:85—97。

⑥ 参见 1. 77。通常是在一场战斗前,或召集了一支新军,或新指挥官上任时;除了以
上提及的导泻和避邪方面,这种仪式还有一种连接和构成的功能(Versnel 1975:
101—102;Rupke 1990:144—146),有能使凝聚军心听令于其指挥官的功能(Baudy
1998:219—221)。*Lustratio* 最初是指"照亮/照明",但在仪式情况下意为"净化",
古文物研究者将其和"围绕着火来走路或搬扛"联系起来,参见 Non. Marc. 399, 528
L;Serv. *Aen.* 4. 5;H. Petersmann, *WJA* 9, 1983, pp. 209—230。

⑦ 在共和国时期,每 4 到 5 年,监察官会审查公民名册,并在最后以一场净化仪式来结
束。

⑧ 普林尼,*HN* 28. 22:"为什么在公共净化仪式上,我们要选择那些听起来有着吉兆
的名字的人来引领祭祀的动物?"在梦中也一样,吉兆的名字一般都具有正面的意
义(Artem. 3. 38)。

103

    你担任过国内的执政官和后来战场上的指挥官,当然也知道要一丝不苟地采取同样的做法来以防万一。①我们的先祖就曾决定,特权部落或百人团②应当是确保选举合法的"征兆"。③

    我现在举一些关于征兆的著名例子。当卢修斯·保罗斯(Lucius Paulus)再次担任执政官时,他被抽签挑选出来发动对珀耳塞斯王(King Perses)的战争。④在任命当晚回家后,他在亲吻小女儿特尔奇娅(Tertia)——当时年纪还非常小——时,⑤发现她相当伤心。"我亲爱的特尔奇娅,这是怎么了? 你为何如此伤心?""噢! 父亲,佩尔萨(Persa)死了。"保罗斯更加紧地抱住孩子,说:"女儿,我收到这个征兆了。"⑥在这里,"佩尔萨"是刚刚死去的小狗的名字。⑦

注释:

① 公元前 63 年,在出现很多有关喀提林的征兆后,作为执政官的西塞罗可能对城市进行过净化,虽然欧卜色克维恩斯对此并没记录。当然,作为西里西亚总督、负责军事行动的西塞罗在公元前 51 年 12 月抵达行营后,立即对军队进行了净化仪式(西塞罗,*Att*. 5. 20. 2)。

② prerogative tribe or century. ——译注

③ 在公元前 241 至前 219 年间的公民大会(centuriate assembly)改革后,从第一阶层中抽签选出百人团,来代表部族首先宣布投票。有时行政官们会表现得好像特权

百人团的投票中并没什么是神圣不容更改的(参见 N. Rosenstein,*AJP* 116,1995,pp. 58—62),但西塞罗本人在公共演讲时一向体现出,百人团的投票是一个重要迹象,去体现选举如何得以进行(参见 *Mur.* 38:"在这些选举中有如此强烈的宗教感[religio],到今天特权的征兆[prerogative omen]总能得到实现";*Planc.* 49),这很可能暗示着,诸神从抽签中选出百人团,这些人会按照诸神的意志来投票。在一次私下的哲学对话中,马库斯认为,这种观念不过是一种迷信,而不是能归入国家宗教的某种迹象(*Div.* 2.83)。然而,对于投票主体本身的选择,也可以被当作一种征兆,就像在公元前 310 年时那样(Livy 9.38.15)。如果诸神并没以凶兆的名字来选择百人团或族区(curia),这就是选举的占卜规矩(auspicial propriety)的迹象,参见 Stewart 1998:41—46。

④ 卢修斯·埃米利乌斯·保罗斯(L. Aemilius Paullus,*RE* i. 576—580)。普鲁塔克(*Aem.* 10.3;参见 Just. *Epit.* 33.1.6)记录到,并没进行过什么抽签,因为保罗斯的当选就是为了对抗珀耳塞斯,而李维(Livy 44.17.7)则详尽明确地记录了为战争作准备而进行的这次抽签。

　　珀耳塞斯(*RE* xix. 996—1021)从公元前 181 年始为马其顿国王。罗马于公元前 171 年对其宣战,但并没取得什么实质成果,直到两位经验丰富的指挥官当选,在公元前 168 年结束了战争,参见 E. S. Gruen,*The Hellenistic World and the Coming of Rome*,Berkeley,Calif.,1984,pp. 408—419。

⑤ 特尔奇娅是保罗斯第三个女儿,可能在公元前 168 至前 161 年间某个时候嫁给了监察官加图的儿子(普鲁塔克,*Cat. Maj.* 20.12;*RE* i. 592—593)。西塞罗用了表示"小"的两个词(*filiola,tristicula*)表明,特尔奇娅在公元前 168 年还没到婚姻年龄,不过,这里主要是为了强调特尔奇娅还是个孩子,照此,她是诸神信息的媒介,能不受影响并忠实地传递诸神的信息,例见 S. I. Johnston,*Arethusa* 34,2001,pp. 106—108,关于作为媒介的孩子。此处并没有人为操纵来造成偶得征兆(oblative sign),参见 Stewart 1998:47。

⑥ 保罗斯是个卜者(*CIL* 11.1829),并且对偶然之事的及时转变特别敏感,罗马人明显对偶然之事有着独特的征兆感,参见 Val. Max. 1.5 中汇集的例子。人类的自由意志在其中起着非常大的作用,首先在于决定是否要接受征兆,其次在于以快速行动来避免坏事,参见 Bloch 1964:89—100。此处对征兆的正式接受"给予其不可撤销的效力"(Lateiner 2005:47)。

⑦ 古罗马人经常给宠物取希腊名,例如 Muia 和 Lydia(参见 J. M. C. Toynbee,*Animals in Roman Life and Art*,London,1973,pp. 108—122)。此处的"佩尔萨"是对珀尔修斯(Perseus)或珀耳塞斯(Perses)的过时或流行同化到第一变格形式,通常见于奴隶或卑微之人的名字,还有这里是宠物的名字,尽管珀耳塞斯/佩尔萨也可作为狗的一个品种。

104

　　我听战神马尔斯(Mars)的高级祭司卢修斯·弗拉库斯(Lucius Flaccus)[①]说过以下的故事:凯齐利亚·梅特鲁斯(Caecilia Metelli)想为外甥女安排婚姻,于是依照习俗,[②]她去到一个神殿[③]接收征兆。小姑娘站着,凯齐利亚坐在椅子上,时间就这样过去了很久,却没有听到任何征兆之声。最后,小姑娘感到疲惫,于是就对她的姨妈说:"请让我在你的椅子上坐一会吧。"凯齐利亚便说:"当然可以啊,我的孩子。你可以坐我的位置。"[④]于是,这成了未来之事的征兆——因为不久后,凯齐利亚就死了,她的外甥女嫁给了姨丈。[⑤]我很能理解,先前提到的征兆可能遭到轻视,甚至遭到嘲笑,然而,轻视诸神提供的迹象,这无异于不相信诸神的存在。

注释:

① 弗拉库斯可能是 L. Valerius Flaccus,公元前 100 年执政官,西塞罗曾提到他担任神职(*Rab. Perd.* 27);他在公元前 82 至前 79 年间担任骑士统领,于公元前 63 年前去世,参见 Szemler 1972:170。

　　战神祭司在专门侍奉主神的祭司等级中排行第二(Vanggaard 1988),并且拥有很高的社会地位。

　　另有注释:也可能是 L. Valerius Flaccus,公元前 63 年任地方执政官,在公元前 60 年遭到挪用公款的指控,受到西塞罗的辩护(William Armistead Falconer 注)。

② 虽然观察鸟类的做法通常已被献祭所取代(Val. Max. 2. 2. 1),众友人又担起了专业

卜者的角色(Treggiari 1991:164),还是有大量文字证据证实婚礼占卜的存在,即便在早期帝国时代,当时仍然继续使用着同样的占卜术语。然而,此处可能是指更加早的时期,人们接受征兆来推测"婚事的良机或预期,而不是为即将的婚礼而占卜"(Bettini 1991:88)。

③ *sacellum* 是一块开阔区域,通常在公共神庙前方(Fridh 1990:esp. 185—187)。西塞罗模糊化"一个/某个"(*quodam*)并不像是在指 *cubiculum Fortunae*(就如 Gage 1963:227 中所说的那样)。保持静默是为了能够听见所有重要的声响(Valeton 1889:444),即便是在家庭占卜的过程中也如此(Festus 464 L)。

④ 凯齐利亚当时正坐着,就像卜者在占卜时那样。事后证明,她的话中包含了原意之外的含义。这个征兆包含了"位置"(*sedes*)的双重意义:一方面是凯齐利亚当时所坐的地方,另一方面是她作为梅特鲁斯之妻的"位置"。

⑤ 让出座位是个不祥之兆(Front *Strat.* 1. 12. 7)。非统治者坐在王位上,可能预示着统治者即将死亡(Arr. *Anab.* 7. 24. 2—3;Diod. 17. 116. 2—4),或者更加肯定的是,预示着那个人将出乎意料地崛起掌权(例见 Dio 74. 3. 3;SHA *Max.* 30. 6—7;*Aurel.* 5. 4;Amm. Marc. 25. 10. 11)。在任何情况下,这种行为的意义只有在之后才得到显现。

105

那么,关于卜者我还需要说些什么呢? 那是你的角色,我坚持认为,你得负起为预兆占卜辩护的责任。因为当你担任执政官时,正是阿庇乌斯·克劳狄乌斯(Appius Claudius)向你报告说,关于安全的占卜结果是不吉利的,①一场痛苦且暴虐的战争即将降临。②这场战争在几个月后爆发,而你在短短几天内就平息了它。③阿庇乌斯是我由衷赞许的卜者之一,④因为他自己不仅满足于单调的占卜仪式,而且根据多年的记录,他一直坚持着占卜真正的原则和体系(a real system of divination)。我知道,你的同僚们曾嘲笑过他,⑤并把他叫作"彼西底人"、"索兰人"(Soran)⑥。他们不承认占卜有着预知的能力和关于未来的真实知识,甚至还说,占卜只是机巧地编造出来去蒙骗愚昧之人的迷信行为。⑦然而,事实却远非如此,因为无论是罗慕路斯曾统治过的那些牧人,还是罗慕路斯本人,都本可以足够巧妙地编造出一些奇迹和迹象来误导人们,但他们却没有这么做。⑧正因需要通过重重考验和勤奋努力才能习得这项技艺,它才招致了这种看似雄辩的无端蔑视;因为人们都更倾向于轻易说占卜一无是处,而不是去认真研究预兆意味着什么。

注释：

① 和克劳狄乌斯的官方交流(1.29)可能是整个占卜学院向作为国家执政官的西塞罗作出的报告,而西塞罗作为最高长官,应该会读过 *precatio maxima*（至伟的祷告; Linderski 1986a:2180 n. 117),去询问诸神是否同意举行"祈愿安康吉祥的占卜/安康卜"(*augurium salutis*),也被称作"为了寻求罗马人民的安康而进行的最伟大的占卜"(*CIL* 6.36841:*augurium maximum quo salus p. R. Petitur*)。Dio 37.24.1—2 中对这种习俗进行过清晰的解释:"这种占卜涉及去询问,诸神是否赋予他们为人们谋求繁盛的权力,看上去就好像,甚至在没有得到允诺情况下如此行事也是不虔诚的。每年的某一天会进行这项活动,这一天选在没有军队出征或者为战斗做准备的时候。"如果现存的证据反映了这种模式,那么这里就有一个非常规的仪式:公元前 63 年前,唯一确切举行的庆典是在公元前 160 年,虽然前 235 年那一次可以被假定(参见 J. Liegle, Hermes 77, 1942, esp. 261—297)。在米德拉底特斯(Mithradates)死亡和耶路撒冷于公元前 63 年陷落后,可以说,罗马当时正处于和平时期,所以能达到举行安康卜的基本条件:"某种程度上可能会进行占卜,但因为一些鸟从不吉利的区域(*exhedroi*)飞起,所以这一点不甚清楚(*ou…katharon egeneto*),故而重复进行了占卜"(Dio 37.25.1)。Dio 接下来立刻说到,"还有其他不祥迹象发生在他们身上",这可能预示着,诸神拒绝允许庆祝 *augurium* 这件事本身被看作奇事征兆,又或者,在重复占卜时得到的明显允许,遭到了后来出现的确定无疑之征兆的抵消(Catalano 1960:342—344)。

② 在正常的占卜程序中,典仪(*litatio*)第二次得到成功,意味着从诸神那得到了确定回应,而阿庇乌斯的正统解释坚持重视鸟类和增加异于罗马实践的预言方面,将负面的迹象当作预兆,参见 Valeton 1891:418:"*tamquam prodigium Ciceroni esse nuntiatum ab augure*"。

③ 喀提林阴谋,虽然发酵了些许时日,到了公元前 63 年 10 月才为人发觉;元老院最终决议(*senatus consultum ultimum*)的通过确认了 10 月 21 日所遭遇的危机状况,还有随后的快速行动平息了意大利潜在的叛乱。*augurium salutis* 似乎是在秋季举行(Rupke 1990:143),这很难和"数月后"相符。也许西塞罗在听到庞培领导的运动结束后要求早一点进行庆典,又或者,这种时间表述是为了粗略理解或强调诸神事先知道的程度。如果昆图斯所说的"短短几天"主要是指在 12 月 2 至 3 日伏击阴谋者,那么这明显是个夸张的说法。

④ 昆图斯作为斯多葛派而非罗马传统占卜从业者,所辩护的是占卜的预言功能,而非声明陈述功能。

⑤ 这并非是指公元前 63 年的卜者,然而,人们听见西塞罗在公元前 53/52 年和前 48 年间说过针对阿庇乌斯的话,当时西塞罗还是占卜学院的成员。在 De Legibus (2.32)中,西塞罗说到阿庇乌斯的一个对手:"在你的学院中,马塞勒斯(Marcellus)和阿庇乌斯之间有很大的分歧,他们都是优秀卜者,前者认为你们的迹象是为了国家利益而被创造出来,而后者则认为你的训练可以说能够预言未来。"

⑥ 索兰人:索兰,距罗马东南方向 96 公里远的沃尔斯奇城镇,邻近马尔西人的领土,而马尔西人因擅长占卜而著名(1.131)。

⑦ 参见 *ND* 1. 117:"那些人说,不朽诸神的整个观念都是明智之人为了国家而编造出来的,以此让不能理智思考之人顺服。"

⑧ 参见 1. 107。Timpanaro 怀疑这个说法来自波希多尼,但没有证据证明波希多尼在关于占卜的著作中用到了罗马的例证。克里希普斯似乎反对"虔诚欺诈"的教义(普鲁塔克,*Mor.* 1040a-b),然而,即使一些斯多葛人坚持说波希多尼可能将明智之人的创造限于创造人格化的诸神上(Dyck 2003:157)。昆图斯的观点有点道理,因为马库斯自己在 *Rep.* 2. 12 中谈到罗慕路斯最初创建的元老院,而编年史作者也将罗慕路斯及其人民刻画成牧人的形象(Livy 1. 6. 3;Dion. Hal. 1. 79. 11)。

106①

现在——我尽可能多援引你来作为这方面的权威——关于占卜迹象的例子,还有什么清晰得过你在《马略》(*Marius*)中所描述过的?

看啊,②迅猛的飞鹰,张开翅膀从树丛飞出,
飞向高如雷霆的朱庇特,③
却为一条钻进体内的毒蛇所伤、毒牙所害;
她从树干间俯冲,以凶残的利爪完全刺穿了
蛇的身躯。那条蛇虽临近死亡,
那布满斑纹的头却一直到处乱撞,翻滚扭曲着,
鹰用那血污的鸟喙撕裂着
蛇那扭曲蜷缩的身躯。最后,心满意足地发泄完愤怒,
也报复了痛苦的伤口,飞鹰弃下这捕食之物,
那已是碎裂的死躯,坠入了大海;
鹰自西边日落的方向飞出,转向寻找华丽闪烁的东方
日出。④
神意的卜者马略看见了,⑤鸟正以吉兆、流畅的轨迹
飞行。

　　他辨认出此乃吉祥之迹象,预示着

　　他将荣耀回归罗马;

　　随之,在左边的天空,雷鸣响彻天际,

　　朱庇特也亲自宣示,飞鹰的征兆是应验的。⑥

　　（这首诗写于西塞罗年轻时,诗中赞颂马略,他和西塞罗一样都生于阿尔皮努姆[Arpinum]）

注释:

① 就像在 1.17—22 和 1.59 中,昆图斯进行针对个人偏好的论述,这些论述明显基于马库斯自己的话语,但可能和《论法律》(De Legibus)(1.4)之间有具体的参考意义:"阿提库斯:在《马略》中质疑了很多事物,无论这些都是编造的还是真实的;而一些人说真相源自于你,因为你正在处理最近的事和一个来自阿尔皮努姆的人。马库斯:苍天在上,我并不欲被当作说谎之人,然而,你提到的一些人,我亲爱的泰特斯,如此胡来,在如此困境中向见证人而非诗人来要求真相。昆图斯:兄长,我理解,你认为一套法律应当从历史中观察,另一套则应在诗歌中观察。"一方面,昆图斯针对个人的论述是有力的——西塞罗并不能否认他自己的诗歌写作——然而,西塞罗故意给读者削减了作品,因为他的《马略》作为精确历史描述有多大的可靠性,这受到了广泛怀疑。虽然 De Legibus 在公元前 44 年还没出现在公众领域,而西塞罗的计划也不确定,可能并没给读者预留互相参考的想法,以上所引的段落意味着,人们对《马略》持有怀疑态度。Dyck 强调(per litt.),这场对话是虚构的,当时并没有其他文献涉及到这首诗的批评,阿提库斯的评论是西塞罗讲述的(Dyck 2004:65)。Krostenko(2000:338)认为,西塞罗在《论占卜》中用到《马略》是"构建宗教文学方法的负面例证",借昆图斯之口来将西塞罗自己和诸神-人之间特殊关系说法分开,而凯撒的专制统治败坏了诸神-人的关系。然而,这没有抓住要点,因为对昆图斯论述的削减才是更加根本的。

　　西塞罗写就《马略》的时间并不确定(Dyck 2004:57—58)。最有可能的时间是公元前 57 年的最后几个月,紧接在西塞罗流放回归后,在这段时期,他承认过自己经常想起马略(Div.2.140);他在那几个月中进行的公共演讲尽是提到马略(例见 Red. pop. 20;Sest. 50),参见 Courtney 1993:178。

　　前兆迹象之所以是"神性的",就在于它明显是朱庇特所传递的(由引文的前几行和雷鸣可看出);就像他所预示的那样,马略回归罗马,这在最后也得到了证实。

② 西塞罗的描述基于《荷马史诗》Il. 12.200—207:"一只鸟……哀鸣着在风中飞走。"在《马略》中,这个片段有关马略在公元前 88 年流放在北非时或在同年早些时候逃避苏拉军队时所接收到的迹象。因为这个迹象并没出现在普鲁塔克的《马略》中,所以被当作是虚构之事(RE Suppl. 6.1364;Soubiran 1972:261)。

③ 参见 2.73；*Tusc.* 2.24，西塞罗强调迹象的占卜有效性：朱庇特掌控着罗马的预兆占卜，鸟类是他所选择的信使。这段话中有许多细节可以进行寓言式的解读：鹰可看作马略；遭到蛇咬则是指在苏拉手下遭致流亡，却非致命（Courtney 1993：175）；蛇也可能是苏拉，"布满斑纹的头颈"是指其明显毁容的红脸（普鲁塔克，*Sull.* 2.1）。然而，有些方面比较模糊：蛇逃向海洋，象征的是航向东部对战米特拉达特斯的苏拉呢，还是象征在马略第七次担任执政官期间苏拉的人遭致的死亡（Courtney 1993：176）？实际上，寓言式的解读对于此篇章中的严格占卜元素来说并非是必需的。

④ 从西边飞往东边的鹰，从北边朱庇特的角度来看是从右边飞往左边，是个吉祥之兆。这个迹象并非预示马略将迎来像东方日出般的荣耀（Soubiran 1972），或者个人运气的转变（Timparano），西塞罗精确地呈现了当时的占卜环境。他的占卜知识可以体现在对 *praepes*（吉兆）的运用上，这占卜世系中的术语是无懈可击的，虽然它在技术层面的精确意义有所争议（Aul. Gell. 7.6.3；Serv. [Auct]. *Aen.* 3.246，361，6.15；Festus 224 L）。*Praepetes* 飞在卜者视野的上空，并且非常显眼（Valeton 1890：246—248）。

⑤ 马略从公元前 97 年开始是占卜学院成员（*Il* 13.3，no.17.83）。虽然 Valerius Maximus 一句干巴巴的话（1.5.5："大体上对解读宗教事情非常熟练"）可能是指马略在操纵公众宗教情绪上的技巧，而非某项具体的占卜技艺（普鲁塔克，*Mar.* 36.4—5，40.6），西塞罗在此处举出了一条具体的占卜例证（如果这属史实），里面他用了更具占卜意味的语言：*notavit* 这个专门术语指的是"注意到重要迹象"；还有 *fausta*（吉兆的）；参见 Arnob. Nat. 1.65。

⑥ 发生在左边的雷鸣是吉兆的（参见 Ov. *Fast.* 4.833；普林尼，*HN* 2.142；Serv. *Aen.* 2.54；Serv. [Auct.] *Aen.* 2.693）。用一记雷鸣来对吉兆进行确认给马略凸显了其回归的必然性。根据 Servius（*Aen* 2.691），按照罗马习俗，要从第二次迹象中得到确认，但是除非我们可以从并列使用占卜师、十大行政官（例见 1.97）和恩尼乌斯的一句话（*Ann.* 146 Sk）中对此进行确认才行，当中的语境和解释并非牢靠，也不存在历史之例。鹰和闪电的结合这个征兆，对于阿吉德王朝的王（Argead Kings）来说，意味着将取得战争的胜利（Posidippus 31.1—2 AB）。

107

罗慕路斯的占卜技艺是田园式的,而不是城市式的,它并非
"编造出来蒙骗愚昧之人",而是受到可信之人的认可,这些人把这
项技艺流传给了后人。①还有,我们在恩尼乌斯的书中读到了以下
的故事,罗慕路斯是一名卜者,他的兄弟雷穆斯(Remus)也是一名
卜者:

> 他们都非常谨慎,均欲走上统治高位,并且满心热切地诉
> 诸占卜。②那时雷穆斯独自进行占卜,等待幸运之鸟降临;而
> 公正的罗慕路斯却身处阿文丁高地,③他所找寻的,是高处翱
> 翔的部落。④他们之间的竞争将决定城市的名字是叫作罗马,
> 抑或雷莫拉(Remora)。⑤民众焦急地等待着,想知道谁将成为
> 他们的王。随之,执政官准备给出指示,比赛即将开始,所有
> 人坐定,眼睛专注热切地看着闸门,

注释:

① *Auguratus* 是"augurate"(*TLL* i. 1368—1369),而不是"augury",且对后面的卜者
"学院"没有任何暗示作用,虽然有人认为学院创立归功于罗马建城之后的罗慕路
斯(例见西塞罗,*Rep.* 2.16)。根据 Jocelyn(1971:45),提到牧人式和城市式之间的
对比,因为阿文丁山坐落于罗马城界(*pomerium*),所以在超出边界的地方,行政官

们可以正当进行占卜,但这并非是强制的,在于(1)城界当时还没确定,还有(2)昆图斯重复 1.105 中提出的观点,而在 1.105 中这样一条关于占卜精确性的过时片段显得无关。昆图斯给之前的观点补充,仅仅是为了借用罗马后世对这种占卜实践的普遍接受,以此保证其历史真实性。照此,在论述这一部分,它其实充当了占卜的最重要之例——最强盛之文明国家的最崇高之政治家运用过占卜。

② 重复和复制模仿了庄严的法律或仪式语言(例见 Haffter 1934;33 n.7),然而,这里的术语选择得小心翼翼,考虑到其对占卜语境的适用性。"给予征兆"(*Operam dare auspicio*)是固定词组(Festus 276 L;西塞罗,*Leg.* 2.20;Livy 34.14.1)。恩尼乌斯将"*auspicium*"和"*augurium*"结合起来,形成了一种庄严的效果(Livy 5.52.2:"我们有一座由占卜和典仪创建起来的城市"),但我们也应当在诗歌语境之外,在这些术语中找到某些占卜精确性。Wissowa(*RE* ii.2580—1)找到在这对孪生子实行权威和占卜功能中的区别,而两个占卜术语分别对这两者最为适用。这在 Timpanaro 处(xxxviii n.27)得到了支持,但却受到 Skutsch(1985;224 n.40)的驳斥,认为其为人为。也许此处的关键在于,"*auspicium*"和"*augurium*"的不同结果是:通过前者,诸神在当日就对问询之事给出准许,而通过后者,谋求的是对计划本身给予永久性的认可。两种结果对于将要统治世界的城市而言都极其重要。

③ 形容词的"公正"(pulcer;参见 38 Sk),通常用来形容诸神(1.40),这表明罗慕路斯处于更加有利的状态。

④ *servat*,重复了雷穆斯所用的占卜术语。虽然 Skutsch(1985;226)所说的"于高处翱翔的部落"(*genus altivolantium*)是诗意的而非占卜的表达法,这一说法有道理,"关于短脚鹌属鸟的借译"(*a calque on hypsipetes*)再加上对此段中占卜语言在更广意义上的运用,这可能在诗意层面等同于一个占卜术语,来具体化那些卜者在天空圣域(*celestial templum*)中所见到的鸟类(参见 106 中的"吉兆的翅膀"和 108)。

⑤ 城市将以其创建者来命名。参见 Festus 327 L:"罗慕路斯以自己的名字命名城市为罗马,而不是罗慕拉(Romula),从而以这个词的更丰富之涵义给其国家带来繁盛的吉兆";345 L:"阿文丁山顶,雷穆斯之前在此处为城市的建立进行过占卜,这个地方被叫作雷莫里亚(Remoria)。"孪生子的名字体现了一种基本的两极分化:罗慕路斯和活力、力量、速度有关(例见普鲁塔克,*Rom.* 1.1;参见 Erskine 1995;368—383),而雷穆斯则暗指缓慢和延迟(*OGR* 21.4—5;参见 Festus 345 L:"在占卜过程中,鸟类被称作 *remores*,会迫使即将要做某事的人延迟")。

108

经过装饰的狭口处,战车即将呼啸而出;[①] 现在,人们也一样,面容忧虑,找寻每个迹象,想知道何人将赢得胜利和这块强大的国土。这期间,燃烧的太阳隐退到暗夜的阴影之中。[②] 随后,一道耀眼的光芒显现,[③] 就在那一刻,高空中一只迄今最华美的鸟飞掠而过,带着吉祥之意,飞翔在左边的天空;[④] 此刻,金色的太阳升起,12 只神圣之鸟从天空俯冲而下,[⑤] 最后下落到那些象征着吉兆的位置上。罗慕路斯据此而知,[⑥] 他获得了天意的偏爱,得到了王位和王国,而这些都以占卜为源头和支持。

注释:

① 这个意象来自战车比赛,在此过程中,负责主持的行政官在阳台上扔下一块白色的布,给出比赛开始信号(J. H. Humphrey, *Roman Circuses: Arenas for Chariot Racing*, London, 1986, pp. 153—154)。麦西穆斯竞技场出发栅栏口(carceres of the Circus Maximus)建于公元前 329 年,直到帝国早期还保留着木质结构(ibid., 133),并且很容易上漆(L. Valmaggi, *RF* 22, 1898, p. 116)。

② Jocelyn(1971: 70—72)认为, *sol albus* 是晨星(Enn. *Ann.* 571—572), Skutsch(1985: 231)认为是竞赛前的日落时分,当时孪生子于凌晨就位其占卜位置(Festus 470 L, 474 L,"在午夜之后";Aul. *Gell.* 3. 2. 10),而现在 Albis(2001: 25—32)回到 Merula 的观点,即指的是月亮。

③ 此处的"光芒"(*lux*)并非太阳光,实际上,这道光于太阳升起之前出现在地平线。

这是重要征兆出现的最早时刻(Vahlen 1894:1154 n. 2)。

④ 此处并置了 3 个占卜术语:(1)"吉兆的"(*praepes*),参见 1. 106;(2)"左边的"(*laeva*),参见 1. 12;还有(3)"最华美的"(*pulcherrima*)。"迄今/最"(*Longe*)用来修饰美丽/华美,以此强调了征兆的非同凡响。对于 Skutsch 而言(1985:234),恩尼乌斯描述了罗慕路斯收到的迹象,鸟/鸟类(*avis*)是个集体单数名词,在占卜公式中较常见(例见 Varro LL 6. 82),从段落结构上看,雷穆斯占有优势(Timpanaro;Wiseman 1995:172 n. 40)。在大多数版本中,雷穆斯见到了 6 种鸟类(例见 Dion. Hal. 1. 86. 3;Livy 1. 7. 1;Ov. *Fast.* 4. 817)。

⑤ 恩尼乌斯说明到,这发生在雷穆斯看到他的鸟类之后,参见 Wiseman 1995:7。罗慕路斯声称看到 12 只秃鹰(例见 Dion. Hal. 1. 86. 4),一种和伊特鲁里亚火神 Vel 有关的鸟(J. Heurgon,*REL* 14,1936,pp. 109—118)。虽然对于普鲁塔克(*Rom.* 9. 6—7;*Mor.* 286a)和 Festus(214 L)而言,这有着占卜意义,但他们的报告可能是受到了奥古斯都在公元前 43 年对同样征兆的描述的影响(Suet. *Aug.* 95)。

⑥ 据此而知(*conspicit*)在占卜的意义上是指汇集并解读他所看到的。

109

　　然而,让我们讨论回之前断开的话题吧。如果我不能解释以上所有的占卜例子,或者我能做的顶多是说明它们确实发生过,这还不足以回答伊壁鸠鲁和卡涅阿德斯吗？在人为占卜和自然占卜之间,前者(人为占卜)的解释比较直接易懂,后者(神启)的解释有点晦涩模糊,这又有什么关系呢?①通过内脏、闪电、迹象和占星等人为占卜方式来预知未来,已经受到过去很长一段时间的记录和检验。②然而,在有关问询的所有这些领域里,长久的持续观察产生了庞大的知识储库。这些可能存在,甚至用不着诸神的介入和激启,③既然持续重复的观察已足够清晰并能透露出什么原因会导致什么后果、何种迹象之后会出现何种事件。

注释:

① 虽然作为最后论述的引言部分,必须在理论上至少要包含两种类型的占卜,但是"人为"和"神性"之间的区分(亦可参见 1.111;Iambl. *Myst.* 289—290),而不是人为和"自然",暗示了后者的优越性,也就是柏拉图式和逍遥学派的立场。昆图斯对人为占卜和自然占卜的解释(ratio)的界定方法看上去是有问题的,问题就在于,自然占卜,鉴于其和灵魂理论之间有着长期确立并存在的关系,确实有对如何占卜/占卜方式(how)的问题给出了相对简单的解释,但波希多尼有关人为占卜的论述并没有认真处理如何/方式的问题。因此,他允诺了一些没能兑现的东西,即对人为占卜进行解释(参见 Schaublin 和 Timpanaro),随后又好像发表了自相矛盾的观点,即

认为自然占卜的论述很难转移到人为占卜之上,所以后者更加难以解释。然而,虽然有人可能会怀疑这里有两极化的错误,但其中并没有根本矛盾(1.130)。如果昆图斯所说的"解释"意味着(或者按我们的期待)某些有关因果的东西,那么我们在人为占卜的问题上可能会感到失望了,相比之下,如果"解释"只是限制在"接下来的逻辑顺序"的意义上,这就没什么问题了,不过这对论述本身没什么益处。在下一句话中,"直接易懂的解释"最为明显的指涉,仅仅是观察和记录人为占卜方式的过程,这些在波希多尼的论述中都没提及。

② 昆图斯论述的倾向是将人为占卜降为一种科学(science),是脱离诸神直接介入的真正占卜,这种倾向和克拉提普斯是完全兼容的。在斯多葛派思想中,随机性的技术(他们将占卜归类于此),不同于科学研究(Repici 1996:50—1),因为随机技术会产生有缺陷的结果。

③ 在克拉提普斯看来,逻辑步骤如下:人为占卜不过是人类理性的运用,压根并非占卜;医生的诊断或优秀政治家的决策具有可比性。此段前面的讨论中,"能/可能(potest)"这个词引起了一些争论。在一方看来,它和有关人为占卜的哲学论述关系极小,只是简单地对迹象、结果等理性记录作出常识性的观点(参见 1.112—113 的内容)。在另一方看来,"能/可能"给哲学论述带来关键改变,并且对西塞罗资料来源的鉴定有所影响。如果此段中的"能",像 1.118 中所做的那样涉及人为占卜,那么这里就通过"相对化"这些可能并不相容的立场来达到表面上的一致。

110

　　我之前已说过,占卜的第二分支是自然占卜;根据物理学的精准学说,自然占卜必定归因于神性的自然,连最明智的哲学家①也坚称,我们的灵魂从神性的自然中抽离而出,再聚集起来。②再者,既然宇宙中到处充满着永恒的智慧和神的灵慧,③人的灵魂通过接触神的灵魂,必定受其影响。④然而,一般来说,当人在清醒时,人的灵魂受到日常生活所需的限制,并受到肉身枷锁的阻碍,因而脱离了神性的联系。⑤

注释:

① 可能是指毕达哥拉斯和柏拉图,而不是希腊化时期的哲学家(Tarrant 2000a:67)。

② 这两个比喻描述了人类灵魂和神之间的关系:"抽离"(*haurire*)出现于 1.70 中克拉提普斯的观点。虽然 Finger(1929:373)吹毛求疵地说过,不加区别的整个灵魂是神性的,这和克拉提普斯的观点相左,后者认为只有灵魂中的理性部分受到神性影响,但这仍然是对占卜方式更加具体的阐述,简单公式并没什么问题。"聚集"译自 *delibare*,最初的意思是"倾泻"或"排出"。更加自然的形象是"拔、扯"(例见西塞罗,*Sest*. 119),见于"摘、捡、拾"(*carpere*)及其混合物,相当于希腊《旁证》(*testimonia*)中关于这种说法的摘录(Powell 1988:254)。参见西塞罗,*Sen*. 78;*ND* 1. 27;"[毕达哥拉斯]认为,心灵智慧遍及整个宇宙……我们的灵魂从中拔出(carperentur)";*Tusc*. 5. 38:"人的灵魂摘自(*decerptus*)神性心灵(divine mind)"(*Leg*. 1. 24;*Rep*. 6. 16,24;*Tim*. 4)。从毕达哥拉斯派起源上看(Diog. Laert. 8. 28:"灵魂是以太的碎片[*apospasma*]……脱离[*apespastai*]于斯,永恒不灭"),这是由斯多葛派提出

来的(例见 Diog. Laert. 7. 143:"宇宙是个生物……并被赋予了灵魂,这一点可从我们的灵魂是源自其中的碎片[*apospasmatos*]中清楚看出",Kidd 将此观点归于波希多尼[Fr. 99a])。

③ 永恒的智慧:the Eternal Intelligence。神性的灵慧:the Divine Mind。——译注

④ 关于遍布的神性灵魂,参见 Sext. Emp. *Math.* 9. 127:"存在着一种精神,像灵魂一般遍布整个宇宙。"Finger 认为(1929:386),这个说法排除了波希多尼的来源,因为肉体和灵魂的分离,比起波希多尼学说中认为的遍及一切之神性直接影响人类,显得更加敏锐,但 Theiler 理所当然地认为"*commoveri*"和"*cognatio*"是波希多尼的术语。"关系/关联"(*cognatione*)是对 MSS 中的认知(*cognitione*)的更正,比起污染(*contagione*)更为可取。

⑤ 参见 1. 62—63 中对约束和限制的描述,字面意思为"枷锁/锁链"(*vincula*),让人想起柏拉图《斐多篇》中的观点(62b;参见 *Cra.* 400c;*Phdr.* 250c),将身体视为牢狱或坟墓;也可见于西塞罗的对话(*Rep.* 6. 14;*Sen.* 81;*Tusc.* 1. 75)和后来人的作品中,例见 Iambl. *Myst.* 3. 3:"我们从我们身上的某些链条中解脱而出……"。虽然这最初可追溯到柏拉图,因而对克里提普斯和西塞罗在此处的引用很重要,但是这个表达法和斯多葛派思想十分匹配,参见 Sen. *Cons. Pol.* 9. 3;*Cons. Helv.* 11. 7。

111

然而,有某个阶层的人,虽然人数较少,但他们将自己从肉体影响中抽离而出,热切地专注于对神性事物的冥想,可以说完全着了魔。①这些人所作出的预言,并不源自神性激启,而是来自他们自己的理性。通过自然规律,他们预言了某些未来之事,比如洪水,或者日后天地遭到烈火毁灭。②还有其他人,他们致力于公共生活,就像我们所知的雅典的梭伦,③历史描述到,他提前很久就意识到了暴政的崛起。我们可以把这些人称为"有远见的"——即"能够预见未来的";然而,我们不能像描述米利都的泰勒斯④那样,也将他们称为"具有神性的"。⑤泰勒斯为了挫败他的批评者,而证明给他们看,如果哲学家愿意的话,他们也是能赚钱的。据说,在橄榄树开始开花之前,他就买下了米利都地区所有的橄榄田。⑥

注释:

① 对这些哲学家的描述有意对应了神性激启的接收者(Repici 1996:51),但他们的禁欲主义并不引起神性激启。根据 Diog. Laert(3.63),柏拉图定义哲学为"对神性智慧的渴望"。希腊文献通常将哲学定义为"关于神性和人类的事物的认知"(Aet. *Plac.* 1. proem. 2;Philo *Congr.* 79;Sext. Emp. *Math.* 9. 13),这些都可见于西塞罗的著作(*Tusc.* 4. 57, 5. 7;*Off.* 1. 153, 2. 5)和 Seneca 的著作(*Ep.* 89. 5)。

② 此处"洪水"用了复数形式和"日后"可能暗示着昆图斯在此并不是指有关宇宙洪水的任何学说(Sen. *NQ* 3. 27. 1—15),虽然柏拉图和亚里士多德曾想象过烈火和大水交替进行毁灭的景象(*Tim.* 22c;Cens. *DN* 18. 11),后来的文献也将这种观点归于斯多葛派(Comm. Bern. Luc. 7. 813;Orig. *C. Cels.* 4. 64)。两种预测的对象都是宇宙"燃烧"(*ekpyrosis*)的学说,也是早期斯多葛派的特点。

③ 作为调停人和执政官的梭伦曾在公元前 6 世纪早期将阿提卡从战火中带回到稳定状态,当时庇西特拉图(Pisistratus)成为僭主,他从公元前 566 年开始断断续续掌权,到公元前 546 年开始不间断掌权,直至去世。梭伦反对给庇西特拉图派遣卫士(Diog. Laert. 1. 49;普鲁塔克,*Sol.* 30. 2;Ael. *VH* 8. 16)。Diod. (9. 20. 2, 19. 1. 4)谨慎地援引了梭伦的诗句,后来雅典人将这些诗当作"某种神谕/预言":"风雪和冰雹从云层而出,雷霆万钧出自熠熠闪电,城之毁灭皆因权势之人,万民因其无知而沦为暴君之奴。如果他们将一人捧得太高,随后要对其约束则困难重重;我们应当审思一切的时刻到了。"(fr. 9W)梭伦在自然现象和人间暴君之间进行的类比,很好说明了昆图斯所指的理性预测。

　　　　雅典的梭伦:Solon of Athens。——译注

④ Thales of Miletus。——译注

⑤ 具有神性的:divine。——译注

⑥ 这个故事的最早版本出现于亚里斯多德(*Pol.* 1259ᵃ6—17;参见 Diog. Laert. 1. 26):"例如,米利都人泰勒斯和他赚钱的主意,就涉及了普遍应用的原理,但人们往往归因于他的智慧。当他因贫穷而备受'哲学无用'的责难,当时还是冬季,他通过对星辰的认识而知道橄榄将迎来大丰收;于是,他怀揣着不多的钱财,以低价租下希俄斯(Chios)和米利都所有的橄榄榨机,因为当时没人出高价和他竞买。到了丰收季,许多人同时寻找机器,一时间,他趁机随自己的意愿来抬高价格,狠赚了一笔,说明哲学家要想变得富有是轻而易举的,但这不是哲学家主要关心的事。"西塞罗似乎认为泰勒斯买断的是橄榄而非榨机,这在经济上说不通:人要在需求之物短缺时,而不是过剩时,才能垄断市场。

　　　　泰勒斯位列古希腊七贤,他在公元前 6 世纪早期是米利都的显赫公民之一。在希罗多德著述中,泰勒斯是政治顾问,而到了普鲁塔克的著作中又成了商人(*Sol.* 2. 1)。虽然能看出,他作为哲学家的身份比起政治家和精明商人稍有逊色(D. W. Roller,*LCM* 3,1978,249—253),但他在自然哲学上的成就,尤其是对日食的预测,对于其位列七贤都起到重要作用(O'Grady 2002:268—276)。

112

可能他根据自己研究领域中的一些专业知识，早已洞察到当年的橄榄树将会丰收。还要顺便说一下，据说他是第一个成功预言了日食的人，那次日食发生在阿斯提阿哥斯统治期间。①

医生、舵手和农民都能提前感知许多事情，但我不会把这些称作占卜。②自然哲学家阿那克西曼德③曾警告斯巴达人要离开城市和房屋，要整装待发地睡在田地里，因为一场地震即将到来，④它会把整座城市夷为废墟，而泰哥图斯山⑤的顶端将被削掉，就像船尾栽进暴风雨中那样。⑥我甚至不把这样的事情看作是占卜。即便是毕达哥拉斯的著名老师菲瑞希德斯，⑦也不能被看作是预言家，而只能是一个自然哲学家，因为他看到一口永不枯竭之井打上来的水后，便预言一场地震即将发生。⑧

注释：

① 希罗多德 1.74.2："当〔阿律阿特斯和希拉克拉里斯之间的〕〔Alyattes and Cyaxares〕）竞选打响时，白天突然变成黑夜。米利都的泰勒斯之前向爱奥尼亚人提到过白天会发生这种变化，并且提前给出了确切的时间，到了那时，这事的确发生了"（Diog. Laert. 1.23）。泰勒斯能够事先解释日食，受到欧多克索斯（Eudoxus）的天文学史认可，随后便进入共同的历史记述中（例见普林尼 HN 2.53）。自从 1853 年始，共同意见（*communis opinio*）考证认定泰勒斯预测的日食发生于公元前 585 年 5 月 28 日，基于以下理由：(1)这是在一般竞选季期间小亚细亚地区可见的唯一一次日全

食；(2)普林尼(*HN* 2.53)给出了确切日期，又得到了阿波罗多罗斯(Apollodorus)
的确定。有很好的证据证明巴比伦人有能力较准确地预测日食(J. Steele,*JHA* 28，
1997,pp. 133—139)，然而，泰勒斯有否接触过他们的智慧，这不得而知。

　　　阿斯提阿哥斯：Astyages。——译注

② 在 1.24 中，昆图斯将医生、舵手当作不完善之科学的从业者，尽管这样他们还是被
　　看作掌握了一门学科，昆图斯会在他们的专业训练和占卜之间作比较。

③ 阿那克西曼德：Anaximander。——译注

④ 米利都的阿那克西曼德，通常被认为生于公元前 611 年，卒于前 547 年，他认为地震
　　活动的起因是，空气进入了因过热或下雨而造成的大地裂缝(Amm. *Marc.*
　　17.7.12；参见 Arist. *Meteor.* 2.7)，这个理论可能形成于斯巴达，斯巴达正是以地震
　　而著名(Strabo 367c)。阿那克西曼德确实在斯巴达待过(Diog. Laert. 2.1)，可能是
　　在公元前 550 年代，这从他构想用来代表地表的斯巴达杯(a Spartan cup)可推算出
　　(M. Conche,*Anaximandre*：*Fragments et temoignages*，Paris,1991,pp. 38—41)，但
　　是他借以预测地震的方法就鲜为人知了。

⑤ 泰哥图斯山：Mount Taygetus。——译注

⑥ Strabo 367c："有人记录到，泰哥图斯山之巅被削掉了"，参见普鲁塔克，*Cim.* 16.4。
　　有地理证据显示，那里还发生过大型的山体滑坡，不过距离此山 4 公里处的斯巴达
　　中心可能并没有遭到坠石压平，就像普林尼(*HN* 2.191)所说的那样。

⑦ 人们说起叙鲁斯的菲瑞希德斯(Pherecydes from Syrus)，通常将他和 4 个不同的预
　　测故事、一个有谬误的科学发明联系起来。据称，他是首个希腊散文写作者，写过
　　一部大概名为 *Peri tes physeos ton theon*(关于诸神的本质)(Schibli 1990：1—6)或
　　Theologia/*Theogonia*(D. L. Toye,*Mnem.* 50,1997,pp. 530—560)的著作。他和毕
　　达哥拉斯的关系受到广泛证实，虽然他们未必是直接的师生关系(Schibli 1990：
　　11—13)。

　　　菲瑞希德斯：Pherecydes。——译注

⑧ 参见 Diog. Laert. 1.116："他喝了井里的水后，预言 3 天后将发生地震，最后真的地
　　震了"；Apollonius Paradoxographus, *Hist. Mir.* 5："他 30 岁在叙鲁斯岛上时，曾向
　　某个认识的人要了一点水；喝完水后，他便预言 3 天后会发生地震。预言最后成真
　　了，他也因此赢得盛名"；*Paradox. Vat.* 30："叙鲁斯的菲瑞希德斯喝了某口井中的
　　水，变得有预言能力起来，随后预言了将要发生一些地震和其他事情"；Max. *Tyr.*
　　Dial. 13.5："菲瑞希德斯还预言了将会发生在萨姆斯人身上的地震。"

　　　虽然地震可能会改变水井中的水平面(例见 Arist. *Plant.* 822b34—37；Paus.
　　7.24.8)，但一些传闻表明，菲瑞希德斯是从喝水，而非抽起水，来作出预测，所以最
　　有可能的情况是，水的颜色或味道受到了影响，参见普林尼，*HN* 2.197："井中之水
　　变得浑浊，并且有股难闻的气味。"

113

实际上，人的灵魂从不会天然地进行占卜，除非灵魂无拘无束、无比自由，到了摆脱一切肉身联系的程度，就像在狂乱和梦中那样。只有基于这两种情况的占卜，才为狄西阿库斯和——我之前说过——我的朋友克里提普斯①所认可。那就让我们承认，这两种方法——因为都源自自然——在占卜中是最重要的；然而，我们不会说它们是唯一的方法。②另外，如果狄西阿库斯和克里提普斯认为观察一无是处，那他们的观点就消除了日常生活中很多事情所依赖的基础。③然而，既然这些人为我们作出了让步——不小的让步——他们向我们承认了通过狂乱和梦所作的占卜，我看不出还有什么理由要和他们展开大战，特别是考虑到这么一个事实，即一些哲学家无论如何都不会接受任何样式的占卜。

注释：

① 克里提普斯：Cratippus；狄西阿库斯：Dicaearchus。——译注
② 昆图斯需要和克拉提普斯、狄西阿库斯的意见不一致，从而将自然和人为占卜都包含进内，但出于和克拉提普斯的友情，也因为共同站在逍遥学派的立场（2.100），他承认了自然占卜的优越性。然而，这些在接下来的论述中并不明显。
③ 虽然昆图斯在此处是作为一个罗马人在说话，说剥离了卜者和脏卜师的技艺，就会将公共生活所赖以运转的规则悉数剔除，但 *vitae ratio* 的意义应该更加接近此处的论述。

114

那么,那些灵魂摒弃了肉身而振翅高飞在外的人,受到某种激情的燃烧和激发,①确确实实看到了其在预言中宣称看到的东西。②那些不依附肉身的灵魂,可以受到很多不同影响的激发。例如,一些受到某种口头声调(vocal tones)的激发,或者被佛里吉亚曲调所感染,③还有树丛森林能产生激启,河流和海洋也能产生影响。④我也相信,某些地表之下的蒸汽,也有着激发人们去口述神谕的影响力。在所有这些例子中,这些力量让狂乱的灵魂提前很久就能预见未来。以下例子中,卡珊德拉所做的就属于这种占卜:

唉!看啊!⑤一些凡人将在 3 位女神间对一个著名的案件进行判决;基于这个判决,一个斯巴达女人将走来,她乃复仇女神之一。

很多预言就是在这样的狂乱状态下作出的,它们不仅出现在文字中,⑥也出现在

农牧神和吟游诗人所吟唱的诗歌中。⑦

注释：

① 此处第一组自然占卜是狂乱式预言。用了生动的语言来描述灵魂的活动，暗示了一种萨满教现象，萨满的灵魂从肉身解脱而出，"开始了占卜之旅或'通灵游走'"（Dodds 1951：88 n. 43）。柏拉图本人可能曾着迷于有关灵魂移位的现象，并在《斐德若篇》中使用了受萨满教影响的语言，来对激启进行最具影响力的描述，参见 L. Shenfield，*Pegasus* 41，1998，pp. 15—24。克拉提普斯和其他人强调过灵肉分离的物理学层面，但这并非柏拉图所构想的一部分，参见 1.114 中"附于身体"和 1.129 中"与肉身混合"。

　　　灵魂飞行的意象可追溯到荷马（*Il.* 22. 362），毕达哥拉斯也有提及（Max. Tyr. 10.2），最具影响力的是柏拉图，例见 *Phdr.* 246c；*Phd.* 70a；西塞罗，*Rep.* 6. 14，29。据说，阿里斯提阿斯（Aristeas）和其他人曾让自己的灵魂飞离肉身去到其他国家并和人们相遇（普鲁塔克，*Mor.* 592c；Iambl. *VP* 136；Apoll. Paradox. *Hist. Mir.* 3）。然而，对于要"看见"尚未发生之事的预言者来说，所需要的又是另一些东西。"燃烧……激情"，虽然表面上看是一个比喻，但是也反映出斯多葛派对以太本质的构想，灵魂像火一般在以太中移动，例见西塞罗，*ND* 1. 37。

② 这句表示强调的话被解释为一种哲学论争，呈现了波希多尼的观点，对他来说，诸神确实直接通过梦和预言来显现，相比之下，二元论者认为看到的只有幻象（*imagines*）（Finger 1929：387—394）；*cernunt*[看见]似乎是叙实（*factive*）。

③ 前者参见 1.80，亚里士多德，*Pol.* 1342b1："在风格上，佛里吉亚人有着和乐器中奥洛斯管（*aulos*）一样的潜能：他们都让人激动并富有感染力。在弹奏时更显而易见，所有的酒神庆典和那种舞蹈……和佛里吉亚风格的曲调最为适宜"（Sen. *Ep.* 108.7）。佛里吉亚风格，适于表达从愉快到疯狂的情绪，并被认为是受到激启的（Lucian *Harmon.* 1；Apul. *Flor.* 4）和具有激发力量的（Plat. *Symp.* 215c；Arist. *Pol.* 1340ᵃ9），虽然有时候也会造成负面的效果（西塞罗，*De consiliis suis* fr. 3）。

④ 据认为树丛和森林通常能提升人对神性的感知力（Sen. *Ep.* 41. 3），可能是因为神经常出没于这些地方（1. 101）。

⑤ 引自恩尼乌斯的 *Alexander*，参见 1. 42，66；Jocelyn 1967：fr. 17. 47—49。卡珊德拉对帕里斯（Paris）审判的预言有利于阿芙洛狄特（Aphrodite），结果，帕里斯引诱海伦到特洛伊，并最后带来了毁灭。Jocelyn 推测，恩尼乌斯介绍的"海伦挥手之下特洛伊陷落那一夜的景象，就像悲剧中的复仇女神，给希腊进攻者发出信号的火炬"（1967：219）。显然，恩尼乌斯的话并不在西塞罗的哲学引用中，但是西塞罗在早前构建卡珊德拉的形象时，是将其当作了典型的狂乱型预言者。

⑥ 虽然神启预言在罗马宗教中的地位受到贬低，但现在越来越多人接受其在公元前 3 世纪的显著地位，这并不仅仅限于在第二次布匿战争高度紧张的时期（North 2000：92—107）。散文（prose）的预言例子并没留存下来，但这是昆图斯口中"文字"（*verbis*）所清楚指代的东西。

⑦ 引自恩尼乌斯，*Annales*（207 Sk）第 7 卷开场白，结合语境，解释了恩尼乌斯拒绝以长篇幅叙述第一次布匿战争的原因，即使其他人，特别是 Naevius，以农神韵文来对其长篇叙述。Varro（LL 7. 36）对此句评论道："祖祖辈辈流传下来的以所谓农神韵

的农牧神,习惯于在林木茂密之处讲述(*fari*)即将来临之事。*vates*——过去的写
作者用此词来指代编织(*viere*)诗韵的诗人",参见 Festus 432 L; Auct. *Orig.* 4. 4—
5。关于农牧神,参见 1. 101。

115

  据说,马修斯和帕布琉斯也同样在诗歌中作出预言;还有阿波罗的隐秘言辞①也通过同样的形式表达出来。②我相信,还有地里的某些蒸汽,也能激启人们的灵魂,去说出神谕。

  这就是通过狂乱而作出预言的缘由,而通过梦来作出预言并没有什么不同。预言家在清醒时所看见的事情,我们在睡梦时也会看见。当人处于睡眠时,躯体就像死了一般躺着,而灵魂却处于最好的状态,因为此时它脱离了身体感官的影响和世俗的忧虑。因为灵魂永恒存在,并且和其他无数的灵魂互相交谈,它便能看见存在于自然中的万物,③假如人对于饮食有所节制和约束,灵魂在身体熟睡之时就能处于警觉和观察的状态。这就能解释通过梦来进行的占卜了。

注释:

① the cryptic utterances。——译注

② 德尔斐神谕的历史证据显得复杂:诸如希罗多德的文献用诗歌来记述神谕应答,而一直到公元前4世纪中期的石板上保存的大多数神谕都是散文式。在古代,德尔斐在用诗歌来给出皮同应答上可能有其独特之处,并且可能受到公元前6世纪的早期女先知预言形式的启发。在公元前100年至公元100年间德尔斐的衰落时期,诗文神谕几乎销声匿迹(Parke and Wormell 1956:33—34)。迪迪马(Didyma)的回应从古代始就是散文式,但在公元前334年重建后,米利都人参考了德尔斐的做

法,在之后的时期,迪迪马作出的应答都是六音步格式(H. W. Parke, *Hermathena*, 130—131,1981,pp. 99—112)。更晚建造的克拉罗斯(Claros)也是以诗文来作出应答,但采用了多种不同的格律,可能是为了和迪迪马相区分。

谜一般的特点对于许多神谕来说至关重要(参见 Tac. *Ann*. 2. 54. 4:"说出含糊不清的语句,这是神谕的惯有做法"),这也受到后来的基督教写作者时常讥讽。虽然德尔斐很多应答显得简单,其他一些应答却有意让人不得其解(参见赫拉克利特的讽刺:"德尔斐神谕的大人既不说话,也不隐瞒,就只是暗示[*semainei*,指神的语言方式,通过神谕而给予人类暗示——译注]"),阿波罗也得到"*loxias*[含糊不清/歪曲]"的绰号,参见 Parke and Wormell 1956:ii, pp. xxiii—xxviii; Maurizio 2001: 38—46。

③ 此处的核心问题在于,这些话是柏拉图式的,还是斯多葛派的。对于斯多葛人来说,"灵魂有其生灭"(*he psyche gennete kai phtharte*, Euseb. Praep. *evang*. 15. 20),这与此段显得不一致。如果波希多尼相信周期性的焚毁(*ekpyrosis*)(看上去很有可能,参见 1. 111),他可能就不会认为,个体的人类灵魂活在永恒之中,参见 Glucker 1999:39—41。毋宁说,他倾向于认为,"作为一个整体的灵魂是不死的,灵魂的整体可以获得其记忆中包含的全部信息"(Tarrant 2000a:70)。然而,这很难和昆图斯所说的能够控制身体食欲的灵魂相联系起来,后者的看法更符合个体的人类灵魂。如果波希多尼是此处的来源,我们就得看到,他将个体灵魂和宇宙灵魂之间的亲缘关系解释为,每个个体灵魂在一段时间内就认知来说虚化(insubstantiate)了宇宙灵魂。关于这种观点并没有其他的证据存在。

关于个体不死灵魂的观点最适合柏拉图的学说。此处的公式要么作为西塞罗的改编版本,用作介绍一种更具柏拉图或毕达哥拉斯风格的特点,抑或作为将柏拉图著作中两段话(Meno 81c—d;Rep. 614d—615a)联系起来的产物,通过柏拉图关于梦的教诲来分别介绍不死和脱离了身体的灵魂之间的交流。

116

在这点上,^①还要提到安提丰(Antiphon)著名的释梦理论。他认为,梦的解释依赖于技艺,而非激启。^②在神谕和狂乱言语的解释上,他也持有相同的看法;因为这些都有各自的解释者,就好像诗人有其注释评论者一样。现在可以非常清晰地看到,如果神性自然(Divine Nature)只是创造了金银铜铁,而不教会我们如何抵达这些金属所在的岩脉,那神性自然所做的就纯属徒劳;^③同理,如果不教会人们如何去培植保育农作物和果园,那么所结出的果实和馈赠可能对人类来说也毫无意义;如果没有木匠的技艺去把建材转化成木料,那么建材本身也会毫无用处。所以,诸神在赐予人类每个好处时,也加入了相应的技艺,使得这些东西成为人类的优势,为人类所用。^④在梦、预言和神谕的问题上,道理也一样:既然其中有很多的不解和疑惑,就得交给专业解释家的技艺了。

注释:

① 昆图斯在论述中遭遇了明显的矛盾,其论述绘制出自然和人为占卜之间的截然不同,强调了前者当中灵魂和神性之间的直接交流。照此,反过来看,为什么所有形式的自然占卜也需要用到人类的解释(在很多方面和人为占卜并无二致)?这样不会败坏这种占卜的名声吗?即便是柏拉图,先不论他拒斥人为占卜,他也承认梦是需要解释者的,虽然他拒绝将其称作占卜者(*Tim.* 72b:"通常会委任预言部族来对

激启占卜进行判断。有些人称他们为'卜者',其实这些人完全不知道自己并非卜者,而只是神秘之声和幻影的解释者")。然而,昆图斯的回答带着些许斯多葛风格,因为他诉诸天意。这意味着,他对克拉提普斯的援引告一段落,并且开始依靠波希多尼的论述。

② 参见 1.39:"透过运用安提丰的解梦方法来加以解释,印证了占卜翻译者的智慧。"昆图斯清楚知道受到广泛应用的释梦技艺,这些技艺基于对梦之结果的多年经验记录,参见 Artem. 1. *prf.*:"我已耐心倾听了多个古老的梦及其结果。"昆图斯本人的神性激启之梦的例子包含了必须要有解释者的案例(1.39——预兆翻译家;1.45——塔克文的卜者;1.46——占星师)。可能的情况是,克里希普斯接受了安提丰用解经法来解释模糊之梦或神谕(C. Levy 1997:335)。西塞罗于此处并不是在说一种特殊的释梦形式(Pendrick 2002:424)。

③ 昆图斯的论述依赖了斯多葛对天意的看法(1.82—3)——如果诸神为人类创造了好的东西,那么他们也能教会人类用以享受其好处的方法或技巧。

④ 一般在斯多葛派看来,技艺是诸神赐予的礼物(Tert. *An.* 46:"斯多葛派认为,神以伟大的天意来引导人类,在赐予占卜的所有学问和技艺的帮助中,也将梦赐予了我们";参见西塞罗,*ND* 2.132)。看来像是西塞罗在拒斥技艺的神性创设的地方,其实是在反对人格化/人神同性化介入这种粗糙而通俗的观念,并且可能跟随了帕那尔提斯的观点(Dyck 1996:382)。然而,并不清楚的是,帕那尔提斯和早期斯多葛人在这点上是否有根本性的分歧。

117

预言者和做梦人是如何看到当时实际上并不存在的事物,这是个很大的问题。① 然而,如果我们研究了需要首先考虑的问题,那么就可以很容易解决这个问题。② 因为这个问题就是关于诸神本质的讨论的一部分,而你在第二本著述中也清晰地论述了诸神的本质。如果我们坚持这个理论,那么这个论点就可以站得稳了,③ 这也是我正想提出的:诸神是存在的;他们以自己的远见统治着世界;他们关切和指引着人类的事务——不只是作为整体的人类,也牵涉到每个个体。④ 如果我们成功地坚持了这个立场——就我而言,我认为它是无懈可击的——由此必然得出,诸神会给人类显示未来之事的迹象。⑤

注释:

① 斯多葛派似乎认为,未来已经存在(Stob. 1. 105 W),就像我们正在进入的另一个国度一样,而诸神(或者圣人)能够看见这个国度。在 2. 120,马库斯会提及德谟克利特的理论,该理论认为灵魂会受到幻象(*eidola*)的攻击,克拉提普斯提出了这个观点,但不为波希多尼接受,对于波氏而言,进行自然占卜的灵魂要和其他灵魂直接接触(1. 127—128)。

② 昆图斯显然是在说,占卜的存在和诸神的性质、存在完整联结在一起。西塞罗在引言部分(1. 9)曾提出过这个观点,这也重复贯穿于昆图斯的论述中(例见 1. 10,82)。

③ 再一次,从昆图斯的角度看,将两个话题一而再地联系起来,以此作为其论证的基

础是合理的。*De Natura Deorum* 第 2 卷中讲到，斯多葛论点中有 4 个要点：诸神存在(4—44)、诸神的本质(45—72)、诸神支配着世界(73—153)、诸神关注人类事务(154—167)。此处只是省略了第二点。

④ 参见 *ND* 2.164：“永生的诸神惯于表现对人的关心和预见，不仅是对整个人类，也针对每个个体。”

⑤ 带着某种个人断言的意味，再次强调斯多葛派的“堡垒”(1.10)。参见 Diog. Laert. 7.149：“斯多葛派说，占卜存在于所有的样式中，如果这是真的，天意是存在的……芝诺、克里希普斯在 *On Divination* 第 2 卷、雅典诺多罗斯(Athenodorus)和波希多尼在《自然哲学》(*Natural Philosophy*)第 2 卷中对此均有提及。”虽然这种观点可以与西塞罗的作品相联系，但更多是出自波希多尼，他的贡献对于人为占卜的辩护和解释起到了关键作用。

118

    然而，似乎还是有必要去断定这些迹象发生的原理。因为，根据斯多葛学说，诸神并不是造成动物肝脏裂痕或鸟每次鸣叫的直接原因；因为，很显然，这对于神来说是不合宜或不合适的，并且是不可能的。[①]然而，从一开始，世界就是如此创造出来的：特定的事件发生之前有着特定的迹象，[②]这些迹象时而表现为动物内脏的裂痕、鸟的飞行轨迹，时而是闪电雷鸣、前兆异象、星星轨迹，有时是人在梦中所看到的，也有时是人在狂乱时的言语。还有，这些迹象并不会经常欺骗那些懂得正确观察它们的人。如果有一些基于错误的推导和解释的预言最后被发现是错误的，那么责任并不会记在迹象之上，而是会归咎于解释家的技艺不娴熟。[③]

    假定这个命题是成立的：存在着一种遍布人之生活的神性力量。[④]那么，就不难理解那些我们所见的前兆迹象之所以发生的原理了。因为有可能是，对于祭祀牺牲的选择，受到了感知力量的指引，而这种力量又遍布整个世界；或者也有可能是，在献祭牺牲的那一刻，内脏中出现了变化，某些东西多了出来，或者少了；因为很多东西在片刻间被添加、改变或减损。[⑤]

注释:

① 认为诸神并不关心细节的观点至少可追溯至公元前 5 世纪(Eurip. fr. 974:"因为神掌控大局,他将细枝末节交给命运之神[Fate]。");克里希普斯在深思熟虑之后,认为这可能解释了为什么坏事会发生在好人身上(普鲁塔克,*Mor.* 1051c);对于 Galen 而言(19. 241 K),这个观点是斯多葛的,西塞罗则借巴尔布斯(Balbus)之口说出此观点(*ND* 2. 167:"诸神关心大事,而忽略小事";参见 *ND* 3. 86,90,93)。然而,在斯多葛关于天意和占卜的观点中,并没有简单地运用这种观点。克里希普斯和安提帕特(*Div.* 2. 35)认为,存在着一种特别的神性干预力量,它产生每一个需要解读的占卜迹象,这种观点遭到卡涅阿德斯的嘲笑,随后也遭到帕那尔提斯摒弃(1. 12)。然而,波希多尼认为,迹象和事件在诸神所管理的全部因果关系中是互相关联的。所以,虽然诸神并不亲自直接产生诸如乌鸦出现在左边的这一类迹象,但天意系统确实会产生迹象,进而间接地证明以下看法是正确的,即诸神关心细节,参见 Timpanaro;Schaublin 1985:164—165。

② 特定的译自 *certus*,此处强调的是,迹象受到了精确的安排,并且确定会发生。波希多尼理解的世界似乎并不要求神性力量介入持续存在,因为对于所有样式的占卜,无论是自然的,还是人为的,合适的迹象已经被创造出来了。将人为占卜包含在内,说明此处的观点并非出自克拉提普斯。

③ 易错性会影响到占卜作为技艺(*techne*)的地位,这个问题之前也有提及(1. 24),然而反对将占卜失败归咎于诸神,则追溯至柏拉图(*Rep.* 382e,617e)。昆图斯并不需要说任何卜者都不会犯错,但在精心构建的天意系统这个语境中,他就需要解释为何会发生这些会构成对占卜的质疑的失败。如果错误并不是神造成的,那就得归咎于人类,进而就和迹象本身无关,而是和对迹象的理性解释有关了,当然,主要是在历史记录中没有类似参照的偶得迹象(oblative sign),参见 Linderski 1986a:2239。昆图斯的话,例证了为何个人失误并不会破坏对占卜技艺的信仰,而是会强化这门学科的可信度,因为当中的知识极其复杂,需要更好的训练学习才能掌握,参见 T. Barton,*Power and Knowledge*,Ann Arbor,1994,pp. 82—86,92—94。

④ 参见 2. 35:"某种力量确实在牺牲祭品的选择上进行指导。"波希多尼确实相信有一种神性、感知的力量,参见 Diog. Laert. 7. 138:"斯多葛派认为宇宙的运转依照了智慧和天意,就像克里希普斯在《论天意》第 5 卷、波希多尼在《论诸神》第 3 卷中说过的那样,因为智慧遍布宇宙的每个角落[就像我们的灵魂一样]。"从逻辑上看,神性力量应该引导每个实体,那么昆图斯公式中的"能"力是什么呢? 对于 Finger 而言(1929:373—374),西塞罗加上"能",是为了相对化原话中的绝对性,从而和波希多尼在 1. 125 中的教诲形成冲突。然而,Pease 认为 2. 35 中并没有加上"能",这一点更加重要,换句话说,西塞罗或其来源克里托马库斯当时在强化波希多尼的立场,从而对其进行讽刺,不过 Timparano 认为这种区别并不重要。如果我们将"能"理解为"有能力去做",比如说,逻辑和分析意义上的"能"源自无孔不入之力量的概念,而不是"可能(或可能不)",那么就不必对波希多尼的立场进行根本性的篡改了。实际上,昆图斯是在强调神性感知力在获得以下例子所描述的实质改变中的有效力量。

⑤ 普林尼,*HN* 28.11:"在祭物站立的时候,突然间会有头或心脏增加到体内,或出现双头或双心等情况。"这里特别指的是肝尾叶上的变化:出现复制物或增大,预示着成功(Thulin 1906:24—26;参见 Livy 27. 26. 23;Obseq. 69;普林尼,*HN* 11. 190, 28. 11;Suet. *Aug*. 95;普林尼,*Ep*. 2. 20. 13)。Seneca 在辩护神性感知精神之存在的同时,质问即时替换(instant substitution)的观点(*NQ* 2. 32. 4:"这些事情是由神的代理人完成的,即使神并没有引导鸟类的翅膀,动物的内脏没有在斧头之下成型")。在某些方面上,这可能和预定事件之前发生预定迹象的说法不一致,确实,这是神性力量在最后时刻铤而走险的一种做法。虽然斯多葛人对此很可能会说,天意能够给祭祀动物造成特殊形状或大小的肝脏,完全摘除对生命来说至关重要的器官,这种极端的情况更加有问题:并不能说动物能够在没心的状态活下来,所以在祭祀时对其进行的突然摘除的看法是有必要的。

119

有个决定性的证据，足以排除所有的疑虑，即发生在凯撒临死前的事件。当时，他第一次坐上金王座并首次穿着紫袍出现在公众面前。①在献祭牺牲时，在用来献祭的公牛体内，却怎么也找不到其心脏。②你看，动物有血液却没有心脏，你觉得这可能吗？③凯撒对此不为所动，④即使是斯普林纳（Spurinna）⑤告诫他要小心提防，唯恐头脑和生命会遭遇不测——他说，二者皆始于心脏。次日，在祭祀动物的肝脏中找不到"头部"。⑥这些都是永恒的诸神传达给凯撒的先兆，从而让他预见自己将死，而不是为了让他避免自己的死亡。⑦所以，当祭品赖以生存的器官出现缺失时，我们就应该明白到，那些不见的器官正是在献祭时消失的。

注释：

① 凯撒于公元前 45 年开始被准许在所有场合下穿凯旋服，但此处的"紫"是在公元前 44 年准许的王袍（Dio 44.16.1），而非专制者常用的 *toga praetexta*；"座位"是官员所坐的金制 *sella curulis*（T. Schafer, *Imperii Insignia*：*Sella curulis und fasces*，Mainz, 1989, 114—115）。

② 且不论祭品动物外部健康与否，却缺少对生命最为重要的器官。"他们曾说，在体内没有心脏或肝脏中无头部，这种征兆是致命的（*pestifera*）。"（Festus 286 L）同样的征兆出现在凯撒公元前 46 年的独裁统治期间（Polyaen. 8.23.33；App. *B Civ.* 2.488），并在其他文献中得到证实（普林尼，*HN* 28.11；*HA Pert.* 11.2—3），甚至可

以视作一种常见的事情(Iambl. *Myst.* 3. 16)。

③ 从亚里士多德开始,血液、心脏和生命之间的联系受到普遍接受:"有血的生物中都有着心脏……不存在无心的有血生物(sanguinaceous creature)。因为血液的主要来源必定存在于身体内。"(Part. *An.* 665b9—10, 666a22—24)然而,在民间传说中,乌龟(Arist. *Iuv.* 468b15)、山羊和鳄鱼(Chalcid. *In Tim.* 214)以及一般的祭祀动物(Galen 18 B. 238 K)能够在摘除了心脏的情况下一度存活,例见 von Staden 1989: esp. 169—172。

④ 据文献,凯撒一向对脏卜不屑一顾,尤其是从内战开始直至遭到刺杀期间:凯撒在出征非洲前就忽视主要脏卜师(可能是斯普林纳)的建议(*Div.* 2. 52),在公元前 46/45 年对缺失心脏的祭物一笑置之,说"无理性之动物无心有何奇怪"(Polyaen. 8. 23. 33;参见 App. *BCiv.* 488)。凯撒的态度通常被归因于其理性主义或不敬神(Suet. *Iul.* 59),但主要脏卜师和伊特鲁里亚精英(特别是来自伊特鲁里亚南部),可能更支持其对手,而作为回应,凯撒可能对非罗马的宗教采取了一种习惯性不信任的做法,参见 Zecchni 2001: 65—76 和 L. Aigner-Foresti, "Gli Etruschi e la politica di cesare",在 G. Urso, ed. , *L'ultimo Cesare*, Rome, 2000, pp. 11—33。

⑤ 参见 Val. Max. 8. 11. 2。存在于伊特鲁里亚世系中(Schulze 1904: 94—95),也为西塞罗所知(*Fam.* 9. 24. 2)。此人可能和来自塔克文尼城(Tarquinii)的贵族有关,他至少从公元前 46 年起就担任首席脏卜师(2. 53),并受到凯撒撮携,升任至元老院(西塞罗,*Fam.* 6. 18. 1),虽然他早期对其有过反对,参见 Rawson 1978: 143—145 和 Zecchni 2001: 68—69。

⑥ 肝脏中最大的自然突起物, *processus caudatus*(Leiderer 1991: 182—185),脏卜师会特别关注此部位(*Div.* 2. 32)。在巴比伦脏卜中,这个地方被称作"指部"(ubānu),其发生异常通常预示着邪恶(Koch-Westenholz 2000: 69—70)。在皮亚琴察(Piacenza)地区, *processus caudatus* 的位置,据 Van den Meer 的可靠分析,是"最为危急的区域"(1987: 147—152)。而在拉丁语中,这部分叶片被称作"头部"(*caput*; Thulin 1906: 30—37),这一术语被用作预示具有重大意义之事。"头部"的缺失通常被当作一种征兆(Livy 27. 26. 13, 30. 2. 13, 41. 14. 7, 15. 3; Obseq. 17, 35, 47, 52, 55;普林尼,*HN* 11. 189, 28. 11; *SHAPert.* 14. 3),并被视为一种 *auspicium pestiferum*,即预示着死亡或流放(Festus 286 L)。

⑦ 第二分句中的"为了"(ut)是用以引出最后分句,就像所有注释者和翻译者所说的那样,这些词说明了一个问题,昆图斯和之前的论述不一致,"迹象……宣示了将要发生之事,除非采取措施"(1. 29)和"我们知道将要发生之事,这并非了无益处(因为如果我们提前知晓,就可以更加小心)"(1. 82);之前的论述并不包括此处的绝对宿命论。如果接受这种说法,那么西塞罗就给罗马的语境引入了一部分斯多葛派的宿命论,这是昆图斯在论述中所小心避免的(例见 1. 29)。然而,在昆图斯在一向的论述中,将 ut 理解为连续词也是可能的,所以这些话成了对凯撒死亡几近伤感的反思,或者,往坏里说,是在批评凯撒不听从神性的预警,这种批评来自一个在职业上得益于凯撒之友情的人。这些并非是极端的反凯撒言论(Timpanaro),即说诸神希望凯撒死亡,鉴于马库斯在 2. 20—25 中展开的论述,这也非西塞罗基于自己对占

卜的反对而作出的不恰当干扰(Pease)。Pease 援引了多个恰当的希腊宿命论的相似观点,参见 Ach. *Tat.* 1. 3. 2:"神喜欢时常在夜间向人们预告未来;这并不是为了让他们采取措施避免伤害(因为要击败命运是不可能的),而是为了让他们更加坦然地承受伤害";Heliod. *Aeth.* 2. 24;Amm. *Marc.* 23. 5. 5。不过,这些都不符合罗马的情况。

120

　　神性意志的体现，正如鸟的飞行那样。①飞鸟以其飞行来给出前兆，②它们到处飞行，时而在这里，时而在远方，时而在一个地方消失，时而又在另一地方没了踪影。③还有那些鸣禽，它们以鸣叫来给出前兆，时而在左边的天空歌唱，时而在右边。④这是因为，如果每种动物都能随意地向前、向边上或往后移动身躯，还能随意弯曲、扭曲、伸展身体和联系同类，然而并且不经过思考就能做出各种不同的动作，那么，对于万物皆服从于其意志的神来说，要达成这样的结果是何等容易。⑤

注释：

① 参见 Xen. *Mem.* 1. 1. 3：“那些进行占卜和运用鸟类……认为鸟类……并没有意识到它们给予卜者的帮助，然而，诸神却是通过它们来传达迹象的”；Orig. *C. Cels.* 4. 88：“有些人说，某些魔鬼或占卜神灵给动物赋予了活动，给鸟类不同的飞行和鸣叫方式，给其他所有动物这样那样的行为”；还有，参考了西塞罗的说法，Amm. *Marc.* 21. 1. 9：“占卜和鸟卜并不受到不知未来的鸟的冲动所影响和理解……然而，神指导着鸟类，所以发声的鸟喙和飞行的翅膀无论是扰乱断续的，还是平顺流畅的，都预示着未来之事。”

② 飞鸟（alites），诸如鹰、隼和鹗等通过飞行轨迹来给出征兆的鸟类；鸣禽（oscine），诸如渡鸦、乌鸦和猫头鹰等通过啼鸣来给出征兆的鸟类。——译注

③ “阿庇乌斯·克劳狄乌斯说鸟能给出征兆……通过它们的翅膀或飞行，例如υ(*buzzards*)，胡秃鹫(*sangualis*)，老鹰(*eagles*)，小海雕(*inmusulus*)，秃鹫(*vultures*)”

(Festus 214 L;参见 Serv. [Auct.]*Aen.* 1. 394,3. 246,3. 361)。普林尼(*HN* 10. 6—28)描述了多种不同的鹰、鹭、隼、布谷鸟和鸢,援引了 Umbricius Melior 和 Masurius Sabinus,但援引的是脏卜而非占卜的文献,参见 F. Capponi, *Le fonti del X libro della Naturalis Historia di Plinio*,Genoa,1985,pp. 281—283。

④ "阿庇乌斯·克劳狄乌斯说,oscines[鸣禽]是指能通过嘴巴鸣唱来给出征兆的鸟类,例如乌鸦、渡鸦、猫头鹰"(Festus 214 L;参见 Serv. [Auct.]*Aen.* 3. 361);也包括两种啄木鸟和山雀。Varro 从"*os*"和"*cano*"(嘴巴＋歌唱)这两个词缀上追溯该术语的词源(*LL* 6. 76;Festus 214 L)。

⑤ 这种比喻在于,斯多葛派将宇宙构想为由神性意志遍布渗透的生物体,这个观点被归于波希多尼(Diog. Laert. 7. 142)。在其有关气象学的理论化模型上,他可能也发展了有关占卜的一套理论,此理论解释了有关迹象和结果之事件的两个独立顺序(Kany-Turpin 2003:esp. 70—71),但这并不符合罗马的占卜实践。如果(尤其是)人类和鸟类的"自由意志"能起到真正的作用,那么神性无处不在的说法就是有问题的。然而,昆图斯此处所面对的,并非罗马宗教活动中所体现的大量"自由意志"和斯多葛派宿命论之间的根本矛盾。

121

　　同样的神力向我们发出了迹象,历史对此保留了无数的例证。
我们在记录中发现了如下描述:日出前不久,出现了狮子座月
蚀,①这预示着大流士和波斯人会被亚历山大率领的马其顿人打
败,大流士本人也会死亡。②还有,当有一个双头女婴出生,这就预
示着人群中将发生暴乱,而家里有人受到诱惑犯了奸淫。③而当一
个女人梦见自己诞下一头狮子,这就意味着她做梦时所在的国家
将被他国征服。④

　　希罗多德⑤还讲述过另一个类似的例子:克罗伊斯⑥的儿子尚
在襁褓时就开嘴说话了,⑦这个奇人预言了他父亲的家族和国家
将被彻底推翻。⑧历史没记录的是,塞维斯·图留斯⑨在熟睡时,头
上突然着火了。⑩所以,如果一个人平静地入睡,头脑中有着高尚
的思想,而且处于有助平静入睡的环境中,他就会做些清晰且可信
的梦;同样,他在清醒时,其纯洁无污的灵魂就能更好地解读内脏、
星轨、鸟迹和所有其他迹象的信息。

注释:

① 参见 John Lyd. *Ost.* 9 W:"出现狮子座月蚀,意味着某些王将遭遇失败。"这种预测
　　得到了希腊化时期埃及的一个例子(*CCAG* 7. 131)和巴比伦的一个例子证实,这对

于阐述希腊占星术的确源自巴比伦来说非常重要（BM 36746；F. Rochberg-Halton,
JNES 43,1984,pp. 115—140）:"如果月亮于狮子座时期发生月蚀,那么阿卡德
(Akkad)的国王将会遭遇困难。"这个预测的意思非常清楚:月蚀对波斯人来说,尤
其意味着灾难（Curt. Ruf. 4. 10. 6),而狮子很容易指向国王（John Lyd. *Ost.* 9 W:"如
果月蚀出现在王家三位一体[royal trine]时,即白羊座、狮子座和人马座,那么一些
灾祸注定要降临在和王室有关之人身上"),根据时间来看,这暗示着新的统治者亚
历山大即将崛起（Boll 1910:169）。

② 大流士:Darius。亚历山大:Alexander。——译注

③ 小的身体畸形可能会被忽略,而小孩出生时有着多个头颅则会被当作奇事征兆
（Festus 147 L;参见 A. Allely,*REA* 105,2005,esp. 139—141）。有记载的其他例子
包括公元前 174 年（Livy 41. 21. 12）和公元 64 年（Tac. *Ann.* 15. 47. 1）,公元 112 年
（Phlegon of Tralles *FGrH* 257 F 36 xxv）,在公元 138 至 160 年间（SHA *Ant. Pius*
9. 3）,公元 359 年（Amm. Marc. 19. 12. 19—20）。关于双头女婴的唯一类似例子是
在公元前 94 年（Obseq. 51）。对此事的解释反映出伊特鲁里亚人对于公众意义和
私人意义的区别看法（Thulin 1909:116 n. 1）。

④ 伯里克利(Pericles)的母亲阿伽丽斯特(Agariste)做过此梦（希罗多德 6. 131. 2;普
鲁塔克,*Per.* 3. 3）。受到强调的是这个梦可能存在的歧义,即狮子可能代表着伟大
的勇气,或王者气质,或其他一些具野性和破坏性的东西,例见 C. W. Fornara, *He-
rodotus: An Interpretative Essay*,Oxford,1971,pp. 53—54。在原来的背景下有个
正面解释占主导地位,参见 Aristoph. *Thesm.* 514;G. W. Dyson,*CQ* 23,1929,pp.
186—194;F. D. Harvey,*Historia* 15,1966,255;Artem 2. 12。负面解释则着眼于雅
典在伯罗奔尼撒战争中的战败,因为人们认为伯里克利应对此负责。

⑤ 希罗多德:Herodotus。——译注

⑥ 克罗伊斯:Croesus。——译注

⑦ 希罗多德 1. 85:"他有个儿子……身体健全,就是不会说话……克罗伊斯派人去德
尔斐问询神谕。皮同回答:'吕底亚的子弟,众人之王,克罗伊斯,你这个十足的蠢
人,别想听你儿子在你家中说话的声音,虽然你对此多有乞求。这事远着呢:他
在贫困之时才会张嘴说话。'城墙陷落时,有个波斯人并不清楚克罗伊斯的身份,进
来就想杀死他,他的哑巴儿子看到波斯人攻击时,受到恐惧和哀伤的刺激,突然张
嘴说道:'人啊,别杀死克罗伊斯'",参见 Nic. Dam. *FGrH* 90 F 68;Val. Max. 5. 4
ext. 6;普林尼,*HN* 11. 270;Aul. Gell. 5. 9。普林尼版本有点混乱不清,可能是误解
了西塞罗所说的 *infans*,以至于所描述的征兆变成是一个 6 个月大的婴儿张嘴说
话,而西塞罗和其他作者所设想的则是一个大得多的孩子。

　　另有版本说克罗伊斯的儿子本是个哑巴,却张嘴说话了。此处依然存
疑。——译注

⑧ 吕底亚于公元前 547/546 年陷入波斯人之手。这个征兆明显和罗马宗教中所记录
的不一致,因其并没有发生在预先警告的灾难之前——在希罗多德的记述中,萨狄
斯(Sardis,吕底亚首都)在其子说话之时已经陷落,就像德尔斐神谕所说的那样。

⑨ 塞维斯·图留斯:Servius Tullius。——译注

⑩ 参见 John. Lyd. *Ost.* 5 W。此处所说的头上着火，像是由火（*flamines*）编织而成的帽子（*apex*）（Serv. *Aen.* 2. 683），而不是像放射状的皇冠，后者具有希腊化的特征。王家之火（Ogilvie 1965：157—158；T. Koves-Zulauf, *Reden und Schiweigen*, Munich, 1972, pp. 248—250）标志着超凡的领导力，通常被当作是个人（*genius*）的守护神的表现。类似现象于公元前 44 年出现在屋大维（Octavian）身边（例见 Vell. *Pat.* 2. 59. 6），但需要具体的操作，不过这也反映了当时人们对奇事征兆的广泛相信。

122

　　无疑,正是灵魂的这种纯洁,解释了史称出自苏格拉底的那句话,这句话也经常重复出现在其弟子的著作中①:"存在着某种神性的影响力"②——他称之为"*δαιμόνιον*"——"我总是服从它,虽然它从不鞭策我,但却常常抑制着我"。还有,同样是苏格拉底——我们还能列举比他更权威的例子吗——色诺芬曾问他,是否应该投奔居鲁士。③苏格拉底在说完似乎对他来说最该做的事后,说道:"然而,我的观点只是一己之见。在遇到怀疑和困惑时,我建议去问问阿波罗的神谕。"雅典人在处理较为重大的公共问题时,总是会问询阿波罗的神谕。④

注释:

① 昆图斯将拥有纯洁未遭玷污之灵魂和苏格拉底的占卜技巧联系起来,然而,苏格拉底的守护灵(*daimonion*)并不能等同于人为占卜。西塞罗知道,苏格拉底本人并没有留下任何著作,其哲学的所有观点主要依赖于柏拉图和色诺芬(*Off*. 1. 90)。这段话被当作是对柏拉图的转译(例见 Muller Goldingen 1992:176 n. 15),或者是色诺芬(M. Puelma, *MH* 37, 1980, 148 n. 22),但如果是这样的话,也是间接通过了波希多尼的阐释,波希多尼本人可能也参照了安提帕特的话(1. 123)。

② 参见柏拉图, *Apol*. 31c-d; *Phdr*. 242c。

③ 色诺芬, *Anab*. 3. 1. 5:"色诺芬与雅典人苏格拉底商讨旅程……提议色诺芬去德尔斐,向神问询有关旅程之事",参见色诺芬, *Mem*. 1. 1. 6—8。公元前401年,色诺芬争论是否要加入效力吕底亚总督居鲁士的雇佣军(S. Ruzicka, *CJ* 80, 1985, 209),来

对抗其兄弟波斯王阿塔塞克西斯(Artaxerxes)。西塞罗此处的援引来源和现存的色诺芬记述不一致,在于将苏格拉底呈现为给出理性建议("这是我的建议,也就一己之见"),但苏格拉底明显将此建议源自神谕;他的 *daimonion* 并不能给予色诺芬积极鼓励,参见 Parker 1985:302—303。

④ 庇西斯特拉图时期(the Peisistratid period)并没有任何问询记录,但是克利斯提尼(Cleisthenes)确保了在民主政体中新部落之名得到德尔斐神谕的认可(Arist. *Ath. Pol.* 21.6)。"很难证明在波斯战争之后,雅典人在公共政策的任何重大问题上问询了神谕"(Parker 1985:320),不过,尽管如此,在广泛的宗教和行政问题上,他们都会进行神谕问询:例如,对特修斯(Theseus)的遣返(普鲁塔克,*Thes.* 36.1—4),公元前 421 年提洛联盟的恢复(Thuc.5.32.1),公共维修拨款(*IG* i². 77),神圣仪式的步骤(*IG* i².80),食物短缺(*IG* i².76,78),厄琉息斯(Eleusis)附近土地的租借(*IG* ii². 204),阿斯克勒庇俄斯(Asclepius)的神职(*IG* ii². 4969)……

123

下面要说的也和苏格拉底有关。有一天,他看到朋友克力同的眼睛缠着绷带。"这是怎么了,克力同?"他问道。"我当时在村子里走着,一棵树上有根折过的树枝掉了下来,正好戳到我的眼睛。""这是当然了",苏格拉底说,"因为之前我就收到占卜警告,就像平时那样,我想把你叫回来,但你却没注意到"。苏格拉底还说过,拉凯斯在代里昂指挥的那场不幸之战后,[1]苏格拉底和拉凯斯一同逃走,[2]接着来到一个三岔路口。他拒绝走那条众人都选择的路,当被问及原因时,他回答道:"神阻止了我。"随后,选择了那条路的人和敌方骑兵碰个正着。[3]安提帕特也汇集了大量苏格拉底曾有过的著名预感,[4]既然你也熟知这些,我在这里就略过不谈了,再复述一次也没什么意思。[5]

注释:

[1] 公元前 424 年,雅典人袭击了彼奥提亚,然而,同盟并没有如计划那般在彼奥提亚成功煽动内乱,最后导致雅典人从代里昂——彼奥提亚的阿波罗圣所——撤兵(Thuc. 4. 90. 4),撤到阿提卡境内的帕里欧卡尼(Paliokhani)高地,战役在此处打响(W. K. Pritchett, *Studies in Ancient Greek Topography*, vol. 2, Berkeley, Calif., 1969, pp. 24—36)。彼奥提亚人彻底击败希腊雅典装甲步兵队(Thuc. 4. 96—97. 1)。梅兰诺佩斯(Melanopus)之子拉凯斯至少从公元前 427 年开始担任雅典指挥官(Thuc. 3. 86. 1),并在代里昂指挥雅典军队左翼,参见 Patzer 1999: esp.

10—26。

② "当苏格拉底、阿尔喀比亚德(Alcibiades)和拉凯斯抵达雷吉斯特斯(Registes)海边并踏上归程⋯⋯他经常叫出那些死去的朋友和同袍们的名字⋯⋯因为他们从战场上逃亡时,没有听从苏格拉底守护灵的指示,而选取了另一条不同的路"(普鲁塔克,*Mor*. 581d-e;Epistologr. Gr. 610—611)。苏格拉底领导的一队装甲步兵曾团结战斗抗击底比斯骑兵的进攻(普鲁塔克,*Alc*. 7. 3),并且有效掩护了撤退行动,参见 V. D. Hanson,*The Western Way of War*,New York,1989,pp. 180—181。

③ Patzer(1999:21)考证定位了这个地方,此路西南方向通往斐勒(Phyle),这也符合了在托名苏格拉底的信件中所描述的更具体的地形信息。守护灵,此处称为"神"(柏拉图,*Apol*. 40a;色诺芬,*Mem*. 4. 8. 6),再一次阻止苏格拉底选择另外的路。

④ 昆图斯的话意味着,安提帕特的汇集(1. 6)超出了柏拉图、色诺芬和其他有关苏格拉底著述的范围。也许西塞罗并不是直接援引了安提帕特的例子,而是援引了波希多尼。这个故事一般被归于安提斯西尼斯(Antisthenes),但对守护灵的强调更加符合早期有关苏格拉底的著述,参见 Alesse 2000:165—169。

⑤ 克力同:Crito;拉凯斯:Laches;代里昂:Delium;安提帕特:Antipater。——译注

124

　　然而，这位哲学家在遭到构陷而被判死刑之后，以下他所说的话①是高尚的——我几乎可以称其为"神性的"②——"我会非常满足地死去"，他说，"在我离家之时和登台为自己的事业辩护时，神都没有给过任何迹象；而之前每当我受到一些罪恶威胁时，他总是提前给过我征兆和提醒"。

　　所以，我的看法是，占卜的力量是存在的，尽管那些通过技艺和推测来预言的人时常出错。③我认为，就像人们在其他职业上可能会犯错一样，他们在这项技艺上也一样会出现误差。说不定，不确定意义的迹象被认为是确定的，④也有可能是，一个迹象本身没被观察到，或一个被观察到的迹象却没受到重视。⑤然而，为了证实我所坚持的观点，于我而言，只要能找到不多、甚至只有少许的神性激启的预见和预言的例子，这就已经足够了。

注释：

① 柏拉图，*Apol. ch.* 31。——译注
② 西塞罗著作中，经常用"神性的"这个形容词来赞扬人（Leschhorn 1985：387—397）和口才（例见 *Am.* 32），一般和"受到启发的"这个词的非神学意义相联系起来。这里指的并非带有神学意义。
③ 参见 1.118。"技艺"、"推测"分别和积累的学问、逻辑的推断与主要关注人为占卜

的技术有关,除非自然占卜因为其迹象需要解释而包含在内(1.116)。此处存疑的是 *videantur* 的含义:如果翻译成"似乎",甚至是"据认为",那么对于全然将人为占卜包含在内的论述来说非常无力;如果像在 1.71 中那样意为"显然"或者"被视为",那么问题就解决了。或者这个提法是波希多尼的,那么首先看上去就像是虽然人为占卜被包含在内,但他更重视自然占卜。

④ Pease 认为指的是含糊不清的神谕(2.115—116),但这同样也能用在占卜迹象上。这里主要有两组对比:其一是"不确定的"(*dubie*)和"明确的"(*certus*;2.104),其二是"给予/给出"(*datum*)和"接收"(*acceptum*)。后者较容易解释:卜者通过推测或解释将某种意义赋予到迹象上(这恰巧是错的)。更加麻烦的是"不确定地给予/给出"(*dubie datum*),有点像在说诸神给出了并无确定意义的迹象,这个迹象无法正确解读,而斯多葛人不会接受这个观点。从公元前 4 世纪史书一章中找到的占卜术语(*dubia/incerta auspicia*;Livy 8.30.1,32.4,34.4)也许可以推断一组大致意为"等待"的迹象,从而在人类解释家没能恰当行动时,为诸神的含糊不清找到解释。然而,帕披里乌斯(Papirius)在进行对萨谟奈人的战役前接收征兆的方式,被评判为是"不明确的"(*incerta*),全然模糊的,参见 J. Linderski,"Roman Religion in Livy",in W. Schuller,ed.,*Livius:Aspekte seines Werkes*,Konstanz,1993,62;"重点在于,征兆是模糊的——并非是不利的。与敌人交战有风险并且显得莽撞,但结果是开放的";Konrad 2004b;202—203。

⑤ 第一种理解很直接——因为卜者不称职,而忽略了诸神给予的迹象。第二种稍显复杂,虽然公元前 4 世纪以来的占卜理论说过:"很多梦没有成真并不奇怪,因为如果将来发生了更加强大的活动,盖过了迹象所预示的事件,那么所梦之事就不会发生了。许多事情,虽然经过那些想要其发生之人的精心策划,但在其他更加强大的作用力影响下,最终并不能发生。"(Arist. *Div. somn.* 463b22—28)从占卜中可知,我们对不同级别的迹象有着具体明确的根据(Serv.[Auct.]*Aen.* 3.374);"较小的征兆让位于更大的征兆,即便发生在前,到最后却没形成影响"(Serv. *Ecl.* 9.13),例如,鹰作为朱庇特的信使鸟可以抵消掉其他所有鸟类迹象,一记雷鸣或闪电是最为强大的迹象(Serv.[Auct.]*Aen.* 2.693;Dion. Hal. 2.5.5);再次,后来发生的迹象,即使和先发生的迹象同等级别,也能抵消先发生的迹象(Serv. *Aen.* 2.691;"只是看到一个征兆是不够的,除非它得到了另一个类似迹象的确认。因为如果第二个迹象与之前的不同,那么第一个迹象就无用了")。最后,在罗马行政官中,迹象观察者的地位具有决定性的作用,参见 Aul. Gell. 13.15.4。关于闪电预兆的类似操纵,参见 Festus 263 L。他所援引的伊特鲁里亚人 Seneca 认为,闪电是最为要紧之迹象(*NQ* 2.34.2;"如果闪电的介入抵消了动物内脏或征兆所预示的内容,那么之前对内脏的检查就是不恰当的,而迹象征兆的观察方式也不对";参见 Hine 1981;364—365)。

125

　　不仅如此，即使只找到一个这样的例子——预言和所预言之事的一致性足够接近，足以排除其他的可能性和偶然性——我就能毫不犹豫地说，占卜无疑是存在的，并且所有人都应该承认其存在。

　　因此，在我看来，我们必须和波希多尼一样，[①]全面地从三个源头去探索占卜的生命力(vital principle)：第一，神，他和这个话题的关系已经讨论得够多了；第二，命运；最后，是自然。[②]理性让我们不得不承认，所有事情皆是命运使然(happen by Fate)。我在此处所说的"命运(by Fate)"，和希腊人称为"εἱμαρμένη"的东西相同，即一连串互相联系的原因，在此之中，原因联结着原因，每个原因本身都会产生一种后果。[③]那是一种源自永恒的永世真理。[④]所以，必定不发生的事情就不曾发生，同理，在其本质中没有足够起因去发生的事情也将不会发生。[⑤]

注释：

① "如果并不只是依靠观察得来的一个或几个例子，确实，要建立全能的自然法就变得必要了。"(Kidd 1988:426)很有可能的是，波希多尼对占卜的扩展讨论吸收了前辈们在更大范围内的讨论，而且，他回归到早期斯多葛派的包容性立场上，而西塞罗在 1.125—130 这些章节中的所有材料直接引自波希多尼(A. A. Long, *CR* 26,

1976,p. 75)。

② 参见 Aet. *Plac.* 1. 28. 5：“波希多尼说，命运在宙斯之后排第三；因为首先是宙斯，第二是自然，第三才到命运”，这是个混乱的派生法。因为昆图斯迄今为止的论述取自存在、自然和诸神之意（例见 1. 82—83），三分法的后两者清楚说明了余下的观点：命运(1. 125—8)和自然(1. 129—132)。这三个术语并不构成力量的等级，这会让波希多尼成为新柏拉图主义者的先驱，但反映出正统的斯多葛派在自然、命运和神(宙斯)方面的教导是完全相同的，只是用了不同的表达方式(Dragona Monarchou 1976；287：“这些术语有着同样的提及，虽然它们并非同义词，只是基于斯多葛派在理解和参考上的区分”)。昆图斯在列举三者时用到了正确的论述逻辑顺序：天意/神有着逻辑上的先在性(logical priority)，然后是命运，通过其因果链，使对于占卜必要的符号系统得以存在，第三是自然，所有事物同时存在的竞技场，参见 Reydam-Schils 1997；472—473。它们并非分别指向三种占卜类型：命运-人为、神-自然、自然-占卜，就像昆图斯所说，个人的占卜起因并不能为人所知(1. 85,109)。

　　虽然 Dragona Monarchou 将此章节中所用单数的“神”和苏格拉底的“*daimonion*”联系起来，但是用单数神(或宙斯)来表示宇宙的掌控力量，这必然是斯多葛派的做法(例见 Diog. Laert. 7. 135；Alex. Aphrod. *Fat.* 31)，在波希多尼本人的语言里也可看出这点(John Lyd. *Mens.* 4. 48；Kidd 1988；427)。

③ 昆图斯遵循了斯多葛派的定义，此定义词源来自“*heirmos*(一系列、一连串)”：“克里希普斯说，命运是对能完全实现之设计的掌控布局；命运因神的意志或其他原因而串在一起(*heimarmenen eiromenen*)”，Euseb. *Praep. evang.* 6. 8. 8；“命运对于存在之事物而言是一系列/一连串的因果关系/因果链”，Diog. Laert. 7. 149；“斯多葛派将命运描述为连续的/一系列的原因，这是个无法逃脱的安排和相互联系”，Aet. *Plac.* 1. 28. 4；“命运是一连串无法逃脱的因”，Nemes. 37；参见 Sen. *Ep.* 19. 6；*Ben.* 4. 7. 2；Aul. Gell. 7. 2. 3。

④ 西塞罗，*ND* 1. 55：“任何发生之事，都流自永恒的真理和连绵不断的一系列原因”；参见 3. 14 关于原因之链追溯至永恒，亦可参见西塞罗，*Top.* 59；*Tusc.* 5. 70；*Fat.* 20,38；关于“流”的隐喻，强调了过去、现在和未来之间的流畅连贯性，而不是移动意义上的“流”(Pease)。

⑤ 西塞罗，*Fat.* 17, 33。连绵不断的一系列原因的存在，消除了偶然发生的可能(这是卡涅阿德斯用以攻击占卜的中心论点)，也消除了任何直接的神性干预(例如，一个神会暂时搁置自然法则，来拯救其偏爱之人)；那么，受到神性精神完全影响的宇宙，展现出因果的纯然逻辑顺序，而因和果对于任何想要理解其运作或创造预报系统来说是至关重要的，特别是人为占卜中所需要的那种体系。

126

因此，我们知道，命运即被称为"事物的永恒起因，过去、现在和未来的原由(wherefore)"，[1]这种说法并非出于无知，而是合乎科学的。[2]从此，通过观察某种起因在多数情况下所引起的后果，[3]人们可能可以了解命运，即便并不能全然了解它；[4]因为很难说它任何情况下都能得到了解。并且，还有可能是，即将到来之事的这些起因，会被那些处于狂乱或睡眠状态中的人所察觉。[5]

注释：

[1] 这是对斯多葛定义的精准表述，参见克里希普斯："命运是……过去之事已发生、当下之事正发生、未来之事将发生的根本原因(*rationale*)"(Stob. 1.79 W)。

[2] 关于类似的对照，参见 *ND* 2.63,3.92。西塞罗会在命运的通俗人格化概念——比如 Moirai 或 Parcae，即纺纱穿线的老妇人(例见 Hes. *Theog.* 903—906)——和斯多葛宇宙中的非人化特征、理性和过程之间作比较。参见 Greene 1944。

[3] 这个公式谨慎地承认了，并非所有占卜尝试都能成功(1.71,124—125,128)，但在这点上，昆图斯并不需要解释卜者如何失败(主要的方式在 1.124 中已简略道出)。Pease 注意到，斯多葛派并不将占卜失败归结于因果系统的崩溃，而是归因于"其他遭到漠视或没注意到的原因的介入"。当一个没有预见到的结果随着一个明显之起因而来时，有些人会将这种事归因于不合理的偶然性(*tyche*)，斯多葛对此的反应则是将偶然定义为一种合理的"人类理性所难以理解的起因"(例见 Alex. Aphrod. *Fat.* 8)。

[4] 这套系统的逻辑对于人为占卜中的预测至关重要。关于"观察"，参见 1.2,25,34,72,109。

⑤ 如果在"可能"（*possit*）和"近似于真相"（*veri simile*）之间有区别的话，这再次表明了自然占卜的优越性，参见 1.124 中的"似乎"。在于，梦和预言能够对将发生之事作出更详细的预测，通常以叙事的方式给出，相比之下，人为占卜的多种形式（甚至是占星术最为复杂的表述形式）所能给出的，是对诸如灾难、失败、或直接的允许或拒绝这类事情的相对简单的预测，这样看来，前者显然更胜一筹。在梦或预言中，通常被看到的是未来之事的过程、方向和经过，比如，帕里斯的审判导致海伦的到来和特洛伊的毁灭(1.114)，这类事不可能见于人类占卜的迹象中。

　　昆图斯此处似乎在暗示，灵魂能直接接近起因本身（*videant*, *cernit*），也许并不总是可以，但至少有时候是可以的；而在 1.118 中，昆图斯说，从世界之创始，预先决定之迹象先于预先决定之事件发生，无论是在自然占卜中，还是人为占卜中。Schaublin(1985:166—7)认为波希多尼说的是，在自然占卜中，有时候（并不总是，或所有时候），起因自身是可以被看见的，这些实现了占卜实践中迹象的作用。

127

　　还有就是，像在别处说的那样，^①既然万物皆为命中注定，如果有这么一个人，他的灵魂能识别每个起因和其他每个起因之间的联系，^②那么他必然不会在任何预见上有差错。因为，作为能洞悉未来事件之起因的人，他必然也知道未来之事为何。然而，既然此等知识只可为神所有，留待人们的就只有，通过象征着将来之事的特定迹象来预见未来。^③将要发生之事并不会突然发生，然而，时间的演化就像一根绳子的松解过程：它不创造新的事物，而只是以一定次序来展开每个事件。^④这种因果联系，对于两种卜者来说是显而易见的：先天具有自然占卜能力的人，以及通过观察迹象来知晓事件起因的人。他们可能不会辨识那些起因本身，但是他们的确会辨识迹象以及那些起因的表征和标志。对这些迹象进行细致的研究和记录，再加上过去时代留传的记录的帮助，已经逐渐形成一种占卜样式，这被称为"人为占卜"，即通过内脏、闪电、异事和天体现象来进行的占卜。^⑤

注释：

① "就像在别处所说的那样"，这些话的真实性"*id quod... ostendetur*"遭到质疑，基于以下两点：在西塞罗关于命运的现存作品中，所采取的是与此处相反的立场；这些

话表明,马库斯忘记了当时是昆图斯在说话,把自己想象成了说话者。然而,MSS 的版本支持将这句话保留下来。(Falconer 编辑英译版本注释)

② "联系"(*conligatio*)相当于希腊语中的"*episyndesis*"(例见 Alex. Aphrod. *Fat.* 25),这是比"次序(*heirmos*)"更强的术语,在于,它强调了各个起因之间(及其造成的结果)的联系。"抓住/识别"翻译了 *tenere*,似乎需要翻译成比"知道"更进一步的词(参见 Timpanaro);此处意味着像"控制"或"指使"之类的意思,表明铸成未来的力量,除非是神性的意志,在全然命定的系统中是不可能达到的,况且它是物质宇宙的一部分。Dodds 认为(1971:212),因为古代人相信宇宙是有限的,并且相对来说是小的,"未来所依赖的现有条件联结体,对于他们来说是有限的,所以在理论上能够知晓其整体,至少神是可以这样做的"。

③ 如果占卜中的"超级圣人"不存在,那么占卜唯一的方法就是通过波希多尼认为对宇宙不可或缺的符号系统了。在波希多尼的理解中,并不像罗马人那样认为迹象不会引起事件发生(1.29),而是事件不可避免地紧随着迹象发生。因为,既然离开了因果关系就不会存在任何东西,那么自然也就不存在惊奇之事或偶然之事,使得卜者迷惑了。

④ 斯多葛关于命运的学说以一个希腊隐喻为特点,用动词的"*eirein*(捆在一起/串起来)"(例见 Diog. Laert. 7. 149)或同源的名词"*heirmos*(系列/次序)"(例见 Aet. *Plac.* 1. 28. 4)。关于进程/过程的基本持续性的主要观点遭到斯多葛的批评者们曲解,他们用其他东西取代了"起因链条"的概念(例见 Alex. Aphrod. *Fat.* 23;参见 Aul. Gell. 7. 2. 1)。斯多葛派的"*heirmos*"最好理解为"绳子",而不是"链条",参见 R. J. Hankinson,"Cicero's Rope", in K. A. Algra et al. , eds. , *Polyhistor*: *Studies in the History and Historiography of Ancient Philosophy*, Leiden, 1996, pp. 185—205。

　　如果斯多葛派认为时间是环形或封闭的,那么绳子的意象就尤其符合了。即使没有这里的"松解"(*replico*),这个术语用来表示在阅读时解开纸草书卷,和"序列中的每个事件"(*primum quidque*)凸显了序列中的中心意思(西塞罗,*ND* 3. 7)。

⑤ 人为占卜清单上的最后一项,"天体现象"(*signa caelestia*)显得独特。Timpanaro 认为此处指的是占星学或气象学迹象。当然,波希多尼对这两者都感兴趣(August. *De civ. D* 5. 2;Boethius *Diis* 77;西塞罗,*Div.* 2. 47),但是我们尤其会想到这是指预兆占卜(augury),这在昆图斯论述中尤其显著。可能这个更广泛的表达方式是为了在伊特鲁里亚训诫(*disciplina Etrusca*)范围之外囊括所有样式的人为占卜,而该训诫涉及到观察天象。严格来说,我们不需要重新认识"人为"这个术语(1. 72, 116),不过在昆图斯的论述中,这样的重复很常见;这未必反映了写作的仓促,可能只是为了强化关键术语。

128

　　所以，卜者对于物质世界中并不存在的事物有预感，这样的事并不奇怪：因为尽管所有事物"是"来自时间的维度，它们并不在场。①就像种子②中蕴含着所孕育之事物的胚芽一样，在原因中也保藏着将来之事，通过理性或推测皆可预见其来临，而灵魂在受狂乱所激启或因睡眠而超脱时，也可察觉其到来。③那些熟知太阳、月亮及其他天体之起落周转的人，能提前很久作出预言，说出天体在某一特定时间所在的位置。同理，还有那些长时间研究并记录事实经过和事件联系的人，也能作出预见，因为他们总是知道未来为何样；或者保守一点说，他们在大多数情况下是知道的；或者再退一步说，无疑的是，他们总有些时候能知道未来为何样。对于占卜存在与否的这些和其他一些主张源于命运。

注释：

① 在斯多葛学说中，时间是永恒的持续体，其中，过去和将来并不存在于现在（Kidd 1988:398），这个持续体是由神性意志所创造的（Arist. *Phys.* 223ᵃ21—29）。卜者是神的更小化身，斯多葛派和新柏拉图主义者认为，神所看到的所有事情，悉数发生在当下（Sen. *NQ* 2. 36："对于神性而言，万事万物皆存在于当下"；Nemesius 353："于神而言，甚至未来也像是当下"；Procl. *In R.* 329："诸神所看到的未发生之事，就好像其发生在当下一样"；Clem. *Strom.* 7. 35. 7："神知晓未来，就像未来已经存在一样"）。

② 种子的类比深深根植于芝诺以降的斯多葛学说中(Euseb. *Praep. evang.* 15. 20. 1；Diog. Laert. 7. 148)，不过，最为类似的情况是 Sext. Emp. *Math.* 9. 196："他们说，如果存在种子，那么起因也存在，既然种子是生长之物的起因，植物由种子萌芽而起。"

③ 前两项分别涉及通过预言和梦来进行的自然占卜(1. 38，66)。在自然占卜上，昆图斯能用"察觉"这个词，就像景象或梦境表现了将来之事那样。第三、四项则涉及到人为占卜者的两项技术，参见 1. 34，124。因为人为占卜者并不能看见未来之事，只能看见宣示未来的迹象，昆图斯则用了"提前感知"(*praesentit*)这样的措辞，这可能表明没那么清晰的启示(1. 126)。

129

　　此外,占卜在自然中能找到另一种积极的支持力量,[①]而自然教会我们,当灵魂超脱肉体感官时,它的力量能达到何等强大,特别是在睡眠时,也在狂乱或受到激启的时候。这是因为,就像诸神的灵魂,在脱离了眼睛、耳朵或喉舌的妨碍时,就能理解彼此的所思所想(因而,特别是人们在作出默祷和誓约[②]时,他们毫不怀疑诸神是明白他们的),[③]同理,人类的灵魂通过睡眠从肉体枷锁中超脱而出时,或受到激启和任凭冲动左右时,就会看见那些束缚于肉体桎梏时看不见的事物。

注释:

① 通过这个和"自然"相关的例子,西塞罗指的是"事物的自然结构、自然'*hexis*(仪态、习性、素性)',或特性,或构成"(Kidd 1988:435),在此处具体指的是灵魂的性质。

② 常规的做法是大声地祈祷,参见 P. W. van den Horst, *Numen* 41,1994,1—25;H. S. Versnel,"Religious Mentality in Ancient Prayer",in idem, *Faith, Hope and Worship*,Leiden,1981,pp. 25—28。沉默或屏息细语变得与为邪恶而进行的祈祷相关(Mart. 1. 39. 5—6),并且还会特别地用一种黑魔法加以掌控,不过也见于爱情的情况下(Tib. 4. 5. 17—18;Aristaenetus 16)。

③ 与伊壁鸠鲁学派相反,斯多葛派拒斥对诸神作出人格化的构想(Diog. Laert. 7. 147),因为这将诸神想象成有着各种感知器官的样子(Procl. *InCra*. 37:"[诸神]通过思想居住在一起,并且通过思想来彼此了解,而并非通过感觉",参见 Clem. *Strom*. 7. 7);而 Theiler 比较了普鲁塔克笔下通过"*daimones*"来进行无声无息的思想传递(*Mor*. 588c)。

130

　　要运用这套自然法则来解释我们所说的人为占卜,虽然可能比较困难,[①]然而,波希多尼已将问题挖掘到尽可能深的程度,他认为自然中存在着未来事件的特定迹象。[②]就这样,旁托斯的赫拉克利德斯[③]记录到,喀俄斯岛人有个传统,每年花上一段时间来对天狼星的升起作一次细致的观察,[④]以此推测来年是风调雨顺抑或瘟疫肆行。[⑤]这是因为,如果天狼星升起时黯淡无光,就像笼罩在迷雾中那样,这预示了存在着浓密厚重的大气,并会散发出有害的蒸汽;但是,如果天狼星出现时清晰明亮,这个迹象就表明,周围的大气清逸纯净,因此也会对健康有益。

注释:

① Pease 认为这里和 1.109 自相矛盾,"如果对于人为预知的解释很简单,这又怎么样呢",不过,如果这里所用的"这套/这个(*hanc*)",再加上后面"*quidem*"的强化(Kidd 1988:434),是指来自自然的论述,那此处就没有矛盾了;波希多尼对两种占卜有过理性的解释,不过这两者在根本上是不同的——"源自神的"对人为占卜而言可行,而源自自然(或灵魂)的论述则对于自然占卜可行。

② 这些迹象源自事物的本质,"产生于因果的自然持续体中"(Kidd 1988:435)。Pease 认为,以下提到的迹象是一个"我们可以用来预测天气的物理现象"的例子,并非什么真正的占卜预知,而迹象是这么一种现象,它比起 1.14 中的风暴迹象来说,有着大得多的预兆范围,即讨论的可能是整整一年的范围。

③ 彭提乌斯的赫拉克利德斯:Heraclides of Pontus。——译注

④ 这个有根据的传统可追溯至公元前 4 世纪中期。天狼星(Sirius)有着固定位置,发出的光芒极其明亮,肉眼可见,至少从公元前 8 世纪开始就被希腊人认为有着非凡意义(荷马,*Il.* 22. 25—31),因为它的出现时间和至热,通常是酷热的时期重叠,人们通常将这归因于星星在全天时间中和太阳一起出现,参见 Hippocr. *Aer.* 11;Schol. Hom. *Il.* 20. 31;Hyg. *Poet. astr.* 2. 4。对于基克拉迪(Cyclades)岛民来说,炎热和农作物产量尤其相关,参见 Schol. Ap. Rhod 2. 498:"当天狼星闪耀时,干旱和饥荒会长期地折磨基克拉迪群岛……他们会抚慰天狼星,而且喀俄斯人有个传统,他们每年都会全副武装地等待天狼星升起,并且对其进行祭献。随后,地中海季风在夏天会冷却土壤,从而使希腊人从饥荒中得以解脱"(Diod. 4. 82. 2)。

⑤ Hippocr. *Aer* 2:"通过知晓季节之变化、星辰之起落,再结合每个现象所发生的环境、条件等等,人就能提前知晓来年的境况。"和太阳同时升降的天狼星,赫西俄德推测为 7 月 19 日前后(*Op.* 498),在当年出现的时间比较晚,不至于影响主要农作物,故而关系到气候的总体有益性(Manil. 1. 403—404)、炎热是否会发生(或持续),还有很大程度上要看地中海季风是否会兴起等因素。这些据认为都始于天狼星升起之时(Arist. *Meteor.* 361^{b}35)。

　　还有，德谟克利特发表过这么一个观点，认为古代人在检查祭品内脏的准备上做得很明智；[①]他认为，这是因为内脏的色泽和总体情况有时预示了健康，有时预示了病症，有时也透露出土地的贫瘠抑或肥沃。[②]既然如此，如果说通过观察和经验可以得知，这些占卜方法在自然中可找到来源，那么经过长时间的观察，通过留下的记录，就肯定会大大增加我们对这个问题的认识。所以，帕库维乌斯在其戏剧《克律塞斯》中提到的自然哲学家似乎对自然法的理解非常有限，[③]请看以下评述：

　　　　那些能听懂鸟的鸣唱的人
　　　　比起自己的动物，从其他动物的内脏中获知得更多；
　　　　我想，他们最好是去听，而非留心。[④]

我不知道这个诗人为何作出如此论断，而他继续写了几句后，清楚地说道：

　　　　无论这种力量为何，它赋予万物生命、
　　　　创造、给予形状、增加并浇灌养料；

> 它容纳万物,并囊藏于其胸膛,它是万物之父;[5]
>
> 因为,万物起始于它,
>
> 同样,万物终归于它。[6]

既然万物皆有其唯一、同样且共有的居所,[7]既然人类的灵魂总是存在并恒有地存在着,[8]那么为什么就不能这样理解:特定的影响发生在特定的起因之后,而某些事件发生之前,必会有一些征兆显现?

"关于占卜,我想说的就是这些",昆图斯说。[9]

注释:

① 关于德谟克利特对占卜的接受,参见1.5。德谟克利特可能将人为占卜看作是简单的科学推测,并且与他用来解释自然占卜的影像理论无关(2.120;Bouche-Leclercq 1879:41);肝脏的状况与祭物所吃食物的质量直接相关(2.30)。

② 马库斯会强调食物与健康之间的简单联系(2.30)。在维特鲁威(Vitruvius,古罗马建筑师——译注)笔下,先辈们会透过观察牲畜肝脏的健康状况来决定城市的合理选址(1.4.9—10)。罗马脏卜实践中似乎没提到总体状况和色泽(Thulin 1906:24 n.1),不过在希腊文献中得到了证实(Aesch. *PV* 493—495);巴比伦词汇中出现过脏卜的颜色术语(Koch-Westenholz 2000:62,162)。

③ 关于帕库维乌斯,参见1.24。《克律塞斯》是帕库维乌斯最后几部作品之一,上演于公元前129年或更早前(西塞罗,*Am.* 24)。阿伽门农之子克律塞斯,后来知晓了其父的身份,和同父异母兄弟俄瑞斯忒斯(Orestes)一起,杀死了陶里刻人的(Tauris)王托阿斯(Thoas),后者曾试图杀死俄瑞斯忒斯(Hyg. *Fab.* 120—121)。这些句子可能是托阿斯针对俄瑞斯忒斯对占卜的信仰的一部分攻击,这些话是对克律塞斯所说的,克律塞斯需要在听从预兆的指示和屈从托阿斯之命令交出俄瑞斯忒斯之间作出选择(Slater 2000:319),但是野蛮人托阿斯并不能作为此处自然哲学家的指称。如果像西塞罗此处所用的表达方式那样,两个片段都通过同一角色之口说出,那么说话者所给出的,是对见于希腊罗马戏剧其他处的占卜样式的批评(例见 Soph. *Oed.* 387—389;Eur. *IT* 370—371;Plaut. *Amph.* 1132—1134;*Poen.* 463),同时也是对泛神论的辩护,这种辩护受到斯多葛派的影响。这个结合说法可能故意反映出帕那提乌斯的理论。

　　　　帕库维乌斯:Pacuvius;其戏剧《克律塞斯》:*Chryses*。——译注

④ 帕库维乌斯的文字游戏无法复制(*magis audiendum quam auscultandum censeo*),不过这非常符合他的风格。"*audire*"和"*auscultare*"之间的比较也见于 Caecilius Statius(*Symbolos* 196)和加图的著作(111 Malcovati)。

⑤ 参见 23 D'Anna。这三句扬抑格"*septenarii*"所表达出的情绪通常被用来和欧里庇得斯在《克里希普斯》(839 K)中将地球称呼为"万物之母"来作比较,但此处的情义可能并非有所特指,因为欧里庇得斯对同时代阿那克萨戈拉的哲学概念的吸收见于多数戏剧中(例见 fr. 936 K:"你是否看见无边无际的以太,将土地围抱在其水状的臂弯之中? 想想先前的宙斯吧,将他当作神";tr. Cic. at *ND* 2. 65)。"阿那克萨戈拉说,空气包含着万物的种子,当雨水将其带下去时,它们就产出植物"(Theophr. *Hist. Plant.* 3. 1. 4)。还有此处的"万物之父"是指以太,而并非土地(西塞罗,*ND* 2. 91)。阿那克萨戈拉的思想受到了斯多葛派的吸收和接受。

⑥ Lucr. 5. 318—23 和 Vitr. 8 *praef*. 1,在其中,欧里庇得斯很明显是阿那克萨戈拉的学生。斯多葛派的以太,火一般的高层大气,是智慧的神性法则,其观察过生死的永恒进程,而不为之影响,并知晓未来之事(Hippocr. *Carn.* 2. 1:"我们称之为热的东西,在我看来,是永生的,知晓、看见和听闻所有事物,我认为这就是以太";Diog. Laert. 7. 139:"宇宙……有着以太作为其支配原则";参见 1. 17),于是乎,预言成为可能。这段引言在斯多葛学派的语境和昆图斯的论述高度相关。

⑦ *ND* 2. 154:"世界是诸神和人们共有的家园,是两者的城市";*Leg.* 1. 23:"这个世界要被当作是诸神和人们共享的国度"(*Rep* 1. 19;*Leg.* 2. 26;*Fin.* 3. 64;*Parad.* 18)。在这种情况下,西塞罗省略了国家或公民身份的观念,而这种观念可以追溯到公元前 5 世纪后期(柏拉图,*Gorg.* 507e),并被斯多葛派所接受(克里希普斯,*Stob.* 1. 184 W;Sen. *Ben.* 7. 1. 7),并变得普遍起来(例见 Epict. 2. 5. 26;Max. Tyr. 13. 6;Lact. *Inst.* 2. 5. 37)。占卜要起作用,其中至关重要的是,诸神并不脱离于世界,而且诸神会和人类交流。此处昆图斯强调的是,对于诸神和人类来说有一套系统。

⑧ 很明显,这是克拉提普斯的另一个表述,因为个体灵魂的永生性是柏拉图的看法,而非正统的斯多葛理念(Timpanaro)。而灵魂物质整体的连续性(1. 115)意味着,在灵魂对宇宙所给出的迹象进行阐释中,个体灵魂的有限存在中并没有出现障碍,例如,在周期性的焚烧(*ekpyrosis*)后,土地存在的新阶段中出现表意系统的改变。

⑨ 基于哲学对占卜的辩护的结束。

132

然而，最后我会下结论，我并不认可算命人，①或者那些靠预言来赚钱的人，还有巫师或灵媒，这些都是你的朋友阿庇乌斯曾经咨询过的人。②

> 哎，总之，我真的毫不在乎
> 那些马西安卜者、③江湖骗子、④
> 徘徊于马戏场的占星师，⑤
> 也不在乎伊希斯预言家⑥或释梦人⑦等等。

——因为他们既不是依靠知识、也不是依靠技艺的占卜者。而

> 只是一群迷信的吟游诗人和冒充内行的预言者，
> 他们不愿意工作，时而疯疯癫癫，抑或为欲望掌控，⑧
> 他们指挥别人如何走路，
> 自己却不知道该走哪些路；
> 他们对那些人允诺会发财，却向他们收取德拉克马币。⑨
> 而对于那些有钱人，使他们给自己留一枚德拉克马币，
> 却要拱手交出其余所有的财产。

这些是恩尼乌斯说过的话,他在几句话前还说过,认为诸神存在,却又说诸神不关心人类所做之事。⑩然而,对我来说,我确实坚信着,诸神确实关心着人类,并且会给人类提供意见和预警,我认可那种脱离了琐碎、虚假和诡计的占卜。⑪

在昆图斯说完这些话时,我说道:"亲爱的昆图斯,你确实有备而来,准备得可真出色啊!"

注释:

① 以下的区分论述由占卜的辩护者或践行者提出,用以区分真正的占卜和行骗,昆图斯的区分论述可能有三个层面:第一,很显然,他拒斥所有为了个人利益的占卜;第二,他拒斥业余卜者,这些人践行的是人为占卜,却没有受过真正的训练(也许这和所在的社会阶层有关);第三,在罗马的语境下,他排除了并非罗马国教的所有做法:问询除德尔斐以外的神谕、通灵、神启预言、释梦(*Leg.* 2. 20)。

② 历史中对死者灵魂的咨询只是局限于一些大而复杂的情况,比如说,因为地下的气体逸出地表,有人就据此认为阴间和地面之间有着直接联系(例如 Thesprotia,和一些叫作普卢托尼亚[Plutonia]的地方,参见 1. 79)。在意大利的亚维努斯湖(Lake Avernus)有着必然的联系(西塞罗,*Tusc.* 1. 37),不过,文献中并没有证据说明史上的通灵崇拜(Diod. 4. 22. 2;Strabo 244;Ogden 2001:63—71)。

阿庇乌斯:Appius。——译注

阿庇乌斯那些声名狼藉的通灵实践(*Tusc.* 1. 37:"我朋友阿庇乌斯所进行的 *Nekuiomanteia*")和瓦提尼乌斯(Vatinius)一样(西塞罗,*Vat.* 14),可能也和 Nigidius Figulus 一样。他因相信通灵而遭到大众鄙视(Ogden 2001:149—150)。

③ 人们对于"马西安卜者"(1. 105)和佛里吉亚 Marsyas 之间构建了神话上的联系(Serv. *Aen.* 3. 359)……

④ 此处的形容词明显表示出,这些是一群社会底层人员,并非那些经过训练去服务罗马或甚至地方政府脏卜事务的伊特鲁里亚精英(Haack 2002:111—133)。在罗马,这些人会聚集在一些低下场所,比如,维拉布洛区(Velarbum,Plaut. *Curc.* 483)和市场等地(Jer. *Ep.* 127. 9)。

⑤ 再次是那些低下之人,马戏场是他们常去之地(Juv. 6. 582—583;Schol. ad loc:"如果迷信之妇人很穷,那么她就会在马戏场中找人来问询。因为进行这项技艺的人时常在那里招揽生意";Hor. *Sat.* 1. 6. 113—114:"我穿行于骗人的马戏团中……我站在算命人[*divinis*]旁边")。

⑥ Isiac。"预言家(*coniectores*)"在这里并非正面的术语。虽然它和"*coniectura*"有着不可置疑的词源关系,昆图斯承认后者是专业人士在人为占卜实践中至关重要的因素(1. 24),而此处的术语可能意为"那些作出(无根据的)猜测的人"。对伊希斯人员的运用源自伊西斯崇拜中进行召梦术期间所接收到的梦的解释……

对伊西斯的崇拜于公元前 2 世纪到达坎帕尼亚(Campania),因为埃及和提洛岛之间的强势区域经济联系,到了公元前 1 世纪,罗马的卡皮托利欧山上也有了相关的崇拜(CIL 6.2247)。鉴于伊西斯崇拜在恩尼乌斯死时可能还没延至罗马,这些话可能是西塞罗所说的,反映了其时代的一种观点;从公元前 50 年代早期到公元前 48 年,元老院多次尝试将未经允许的崇拜场地移除出罗马,以消除对神之和平(Pax deorum)的威胁,参见 Takacs 1995:27—70。

⑦ 关于大众对这类人的咨询,参见 2.127,这些人,和雅典的情况一样,可能会因误导阐释而遭到指控(Hyp 4.15—16;Aeschin. 3.77)。然而,阿特米多鲁斯(Artemidorus)汇集了(Proem. 12)不少这类公众市场阐释者的作品,虽然这些人被当作江湖骗子。

⑧ 比如,他们的疯狂并非因为神性激启,而只是因为精神失常,或者故意表演来欺骗顾客,参见 Accius 的 Astyanax(265 D):"我从不相信那些用花言巧语来充斥他人之耳的卜者,他们只会给自己带来满屋的金子。"这些类似于柏拉图所拒斥的 egertai(Rep. 364b3;Leg. 909b)。

⑨ 虽然对卜者唯利是图的指控见于阿提卡悲剧中(例如 Soph. OT 388—389;Eur. Bacch. 255—257),但此处并没有具体的相似点,所以恩尼乌斯指的可能是其时代的罗马环境(Jocelyn 1967:398)。这句话的讽刺效果就在于,所预言的财富规模和索取之回报的微薄这两者间的反差(Plaut. Merc. 777;Pseud. 808)。

　　德拉克马币:drachma,古币种。——译注

⑩ 马库斯在 2.104 中一字不差地援引了这些话:"我过去总是说,并且将来也会说,上天的诸神确实是存在的,但是我认为,他们并不关心人类所做之事。"此处,恩尼乌斯的伊壁鸠鲁式的态度附和着伊壁鸠鲁的 kuriai doxai 的第一点,更像是他自己的表述,而非他所借用的公元前 5/4 世纪 Telamon 的原文。

⑪ 昆图斯重申斯多葛主张诸神仁慈的立场,他也是基于这个立场来开始他的辩护(1.10;1.82)。昆图斯认可的占卜包括技术娴熟之践行者(处于最高社会阶层)所开展、包含在罗马官方宗教范围之内的占卜形式。

译 后 记

马库斯・图留斯・西塞罗（Marcus Tullius Cicero，公元前106—前43年），是古罗马著名政治家、演讲家、法学家和哲学家。他出身骑士阶级，青年时期便投身法律和政治事业，曾任职罗马共和国的执政官。其著作颇丰，代表作有《论共和国》《论法律》《论至善和至恶》《论老年》《论义务》《论友谊》《论神性》和《论占卜》等。2000多年来，西塞罗思想深远地影响了拉丁语文学、欧洲哲学思潮和政治学说的发展，古今学界普遍将其视为罗马历史和政治研究的重要探讨对象和援引来源。

中国国内学界对西塞罗的研究，偏向于其政治思想论著，某种程度上较少关注他关于宗教、神学、占卜、预言等方面较为神秘的思想。其中《论神性》和《论占卜》较为系统性地概括了他在该领域的思想，目前国内译介的作品只有《论神性》，后者仍属空白。《论占卜》一书分为两卷，写作始于公元前44年，完成状态未知，采取了对话和阐释的形式。占卜现象本身存在历史悠久，各种样式的占卜在决策过程有着非同小可的影响力，罗慕路斯经占卜而建罗马城，脏卜结果可解读不同的预兆和辟邪，梦兆在现实生活中可能有不同的解释。鉴于此，西塞罗在书中分析了占卜的起源、功能和样式，提出占卜在其时代公共和私人生活皆占据的重要地位，其中既包含了西塞罗弟弟昆图斯对占卜的看法,也详细展示了西塞罗作为学者对占卜的洞见。当然,依照以往西塞罗所喜的对话形式,文中的昆图斯也可能只是充当一个想象的对话者而已。而今天,西塞罗以不同的著作继续和读者进行另一种形式的对话。

本书的翻译工作也是一场与西塞罗和历史之间的持久且极其艰难的对话。在此首先对恩师阮炜教授表示万分感谢,承蒙厚爱,我得以担负该书的翻译工作。阮师在后期对我翻译期间遇到的诸多问题也进行了耐心赐教和悉心修改,这段经历将成为我人生中最难忘的回忆之一。作为一名普通的英语专业毕业研究生,对古罗马历史的了解,仅限于此前读过的几本简史和政治学说,于是从译第一个字开始就战战兢兢,慎之又慎。不得不承认,这是一本给译者带来很多磨难的著作,无论是西塞罗的原文本,还是后世学术注释部分。

由于作者创作年代距今已有 2000 多年,单纯翻译《论占卜》的原文部分,或许不能给读者带来更好的理解和阅读体验,故本书综合翻译了西塞罗著述原文和历代学者注释,力求在厘清一些基本术语和概念性问题的同时,给该对话录添加更详实的语境介绍和不同角度的述评,为读者提供思辨和解读的多个维度。

以下将说明和探讨我在翻译过程中遇到的一些问题。

一、译本的翻译来源文本为 *Marcus Tullius Cicero:De Divinatione(English Translation)*,编著译者为 William Armistead Falconer,由哈佛大学出版社于 1923 年出版。《论占卜》一书的完整拉丁原文版本和英文译本可见于以下网址:http://www.perseus.tufts.edu/hopper/text? doc=Perseus:text:2007.01.0043。在此对前辈学者的辛劳工作成果表示万分感谢。

二、译本中的大量注释来源于《论占卜》另一英文译本的注释部分,为克拉伦登出版社古代史系列(Clarendon Ancient History Series)的《西塞罗:论占卜(上卷)》(*Cicero:On Divination Book*

1)，英文译者、编辑注释者为大卫·沃德尔(David Wardle)，由牛津大学出版社于 2006 年出版。沃德尔先生汇集了古今诸多历史学家、注释者的文本，为《论占卜》一书最新英译本添加了更为详细的解释、对比研究材料和语境。由于援引自该译本的注释颇多，在此对前辈学者们的汇集和注释工作表示敬佩和感激。

三、本书的翻译工作前后持续了 3 年时间，遇到不少挫折，有相关专业术语、历史概念、拉丁语原文和英语翻译版本有异等问题。鉴于本人并非历史学和拉丁语专业出身，阅读阅历极其有限，力求翻译不出大谬误，期间向阮炜教授请益颇多，进行过许多探讨。以下节选一些片段，记录阮老师对初译本提出的问题和修正意见，望读者和学者作出进一步探讨。

1. Foundation oracles 译为"奠基神谕"；

2. *Lex Iulius de civitate* of 90 译为"尤利乌斯公民权法"；

3. *Small Epitome* 译为"(后世)缩略改写的文字"；

4. Argument from design 通常译为"设计论"，即世界万物及秩序由神灵设计而成之学说。

5. locus de ignorantia 在原文中多次出现，阮师解释说 locus 有地方、地点、话题和题目等义，ignorantia 解释为"无知、缺乏了解"，据上下文建议翻译为"知其然，不知其所以然"。

6. 植物名 Convolvulus scammonia L. (Levant scammony)，我起初译为"番薯"，忽略了"番"一词本义。阮师提醒说一般工具书的翻译未必准确，番薯即 Ipomoea batatas (L.) Lam.，别称甘薯、山芋、地瓜、山药、甜薯、红薯、红苕，15 世纪从中美洲引入欧洲，16 至 17 世纪引入中国，因其从域外引入中国，故以"番"名之。古罗马人不可能见到番薯，更不会以"番"称呼当地植物。Convolvulus scammonia L. (Levant scammony)或译为"黎凡特薯"更好。

7. 在治愈圣所进行 incubation。"incubation"一词有"孵育、酝酿期、(传染病)潜伏期、(细菌)繁殖"等义。我根据上下文推断这是一种宗教仪式,提出"孵育"、"招梦术"、"等待梦兆"等可能译法。阮师回复了一个英文解释:Incubation(ritual),a religious practice of sleeping in a sacred area with the intention of experiencing a divinely inspired dream or cure. Dream incubation,practiced technique of learning to "plant a seed" in one's mind for a specific dream topic to occur. 最终确认了"招梦术"的译法,解释为一种宗教仪式,通过在圣地或圣所睡觉,以期获得神启之梦或治愈。

8. 我最初将 Gnaeus Pompeius Magnus,Pompey 译为"格涅乌斯·庞培大帝",阮师提醒我庞培从未称帝,应译为"伟岸者格涅乌斯·庞培"。

9. Tripudia,sinisterum solistimum,oblative,oblative auspice,tripudium solistimum 等术语的译法。"Tripudia"意为喂食圣鸡时,若其激动地跺脚,即为吉兆,建议可据上下文,在不影响理解的情况下,加注释清楚解释,使用"鸡占"和"鸡占吉兆"等术语。"sinisterum solistimum"意为"最最吉利、大吉"。Oblative 作为形容词有"呈示、显示、显现、呈现"之义,故"oblative 占卜"可意译为"迹象占卜";oblative auspice 可译为"迹象显示的好兆头",简称"吉兆"。

10. 帕布琉斯·克劳狄乌斯(P. Claudius Pulcher)译为"英俊者 P. 克劳狄乌斯"更好。阮师提示到,Pulcher 是第三名,与上面"伟岸者格涅乌斯·庞培"中 Magnus 的译法相似。罗马人取名有这种习俗,即在家族姓氏后加第三名。可查 cognomen。

11. "阿泰乌斯在克拉苏的行动上并没有 ius auspicandi,而后者并不知道宣布的 dirae 尤其与其行动相关",阮师解释 ius 意为"法定权利、权力、权威",后一个字意为"占卜",形容词。建议 ius auspicandi 可译为"占卜权","auspicium infaustum 或 malum"可译为"凶兆"或"恶兆"。

12. e vetustate 建议译为"从古时观点来看",或"依古例"。

13. 饱学之士赫拉克利德斯·旁托斯（Heraclides Ponticus）译为"旁托斯的赫拉克利德斯"。

14. 守护灵/代蒙（*daimon*）在多个不同文本中均有出现，最后再三斟酌确定译为"守护灵"。

15. Ordo LX haruspicum 译为"六十人占卜团"。

16. Lysander 一开始译为"吕桑德"，阮师根据该词的希腊语发音，建议译为"吕桑德"。

17. *Operam dare auspicio* 译为"给予征兆"。

四、文本中所出现的专业术语、专有地名、人名和概念，均以中英文对应方式列举于书末"专有名词对照表"中，望读者不吝赐教和斧正。

五、由克拉伦登出版社出版的英文注释本的参考文献列举了诸多历代有关西塞罗和《论占卜》一书的研究书籍和历史文献，为求给中国研究者更好的研究参考和参考视野，本书在最后也以该清单为基础，列举相关的参考文献，望能给后来的研究者提供更好的参考来源。

再次感谢主编阮炜教授。感谢华东师范大学出版社六点分社倪为国社长和本书编辑徐海晴老师。感谢中国人民大学顾枝鹰博士。

最后，感谢我的家人：母亲邓少芳女士、妻子伍绍萍女士和孩子礼儿。

译者　戴连焜

深圳　2019 年 1 月

专有名词对照表

A

A girl was born with two heads 双头女婴

A partial eclipse of the sun 日偏食

A principio 最初的

a quartering of the heavens 诸天的区域

A tablet of stars 一块星板

Abstractus 拖拽

Academicians 学园人,学园派

Academus 阿卡德慕斯

Academy's shade 学园的庇荫

Acarnania 阿卡纳尼亚

Acerrae 阿凯拉

Achilles 阿基琉斯

Acragas 阿克拉加斯

Action 演讲

Ad hominem 针对个人偏好式（的论述）

Ad pulsu 激启

Adyton 密室

Aedui 埃杜维人

Aegean Sea 爱琴海

Aegospotami 羊河

Aenea 埃涅亚

Aeneas 埃涅阿斯

Aeolia 埃俄利亚

Aerial templum 天空圣域

Aesopus 伊索普斯

Aether 以太

Aetius 埃提乌斯

Agamemnon 阿伽门农

Agariste 阿伽丽斯特

Agathocles 阿加托克利斯，可能是 Agathocles of Cyzicus

Agrigentans 阿格里真托人

Aius Locutius 辞令神

Aius Loquens the speaker 演说家阿尤斯

Ajax, son of Oileus 俄琉斯之子埃阿斯

Alba Longa 阿尔巴隆加

Albanus 阿尔巴努斯山

Alcetas 阿尔塞塔斯

Alcibiades 阿尔喀比亚德

Aletes 阿勒忒斯

Alexander the Great 亚历山大, 亚历山大大帝

Alexandria 亚历山大城

Alites 飞鸟

Allobroges 阿洛勃罗革斯人

Allodius 阿罗迪乌斯

Alyattes 阿律阿特斯

Amphiaraus 安菲阿剌俄斯

Amphilochus 安菲罗科斯

Amulius 阿穆留斯

Anaxagoras 阿那克萨戈拉

Anaximander 阿那克西曼德

Ancus Marcius 安古斯·马奇路斯

Androclus 安德罗克勒斯

Andron of Ephesus 以弗所的安德隆

Anio at Antemnae 安登奈的阿尼奥河

Annales《年鉴》

anthropou phronimou eikasmos 深思熟虑之人的猜测

Antiochus of Ascalon 阿什凯隆的安条克

Antiochus 安条克

Antipater, Antipater of Tarsus 安提帕特

Antiphon 安提丰

Antiquity, *locus de vetustate* 述古法

Antisthenes 安提斯西尼斯

Antonius, M. M. 安东尼乌斯

Apelles 阿佩利斯

Apelles's horse 阿佩利斯的马

Aphrodite Anadyomene 阿佛洛狄忒从海中诞生

Aphrodite 阿佛洛狄忒

Apollo of Delphi 德尔斐的阿波罗神庙

Apollo 阿波罗

Apollodorus 阿波罗多罗斯

Appius Caecus 阿庇斯·凯库斯

Appius Claudius 阿庇乌斯·克劳狄乌斯

Appius 阿庇乌斯

Application of rational faculties 运用理性能力

Apulia 阿普利亚

Ara Maxima 大祭坛

Aramean peoples 亚兰人

Aratus, Aratus of Soli 索利的阿拉托斯

Arcadia 阿卡狄亚

Arcesilas 阿塞西劳斯

Archias, A Licinius Archias 阿基亚斯

Areopagus 阿勒奥帕格斯山

Aretaeus 阿雷特乌斯

Argead Kings 阿吉德王朝的王

Argives 阿尔戈斯人

Argonaut 亚尔古英雄

Argos 阿哥斯

Argument from design 设计论

Ariminum 阿里米努姆

Ariobarzanes of Cappadocia 卡巴多西亚的阿瑞欧巴赞斯

Aristeas 阿里斯提阿斯

Aristobulus 亚里斯托布鲁斯

Aristolelian 亚里士多德式的

Aristolochia plant 马兜铃植物

Aristomenes 亚里斯托米尼斯

Aristonicus 阿里斯托尼库斯

Aristotle 亚里士多德

Arpinum 阿尔皮努姆

Arretium 亚雷提恩

Arrian 阿里安

Arsian Wood 阿西安丛林

Art, *ars* 技艺

Artaxerxes 波斯王阿塔塞克西斯

Artemidorus 阿特米多鲁斯

Artificial divination 人为占卜

Asclepius 阿斯克勒庇俄斯

Asia 亚细亚

Asinius Pollio 阿西尼乌斯·波里奥

Assyrians 亚述人

Astral Sciences in Mesopotamia 美索
　不达米亚的星体学

Astrologers 占星师

Astrology 占星术

Astyages 阿斯提阿格斯

Astypalaea on Crete 克里特岛的埃
　斯泰帕拉娥

ataraxia 安宁之地

Athenians 雅典人

Athenodorus 雅典诺多罗斯

Atreus 阿特柔斯

Attica 阿提卡

Atticus 阿提库斯

Attus Navius 阿图斯·纳维乌斯

Auctoritas 权威人物

Auguraculum 占卜庙

augural matrix 征兆基质

augural templum 占卜寺庙

Auguria 预言

augurium salutis 祈愿安康吉祥的占
　卜/安康卜

augurium stativum 植物占卜

Augurs 占卜师

Augury 占卜、预兆、预言

Aulis 奥利斯

Aulos 奥洛斯管（乐器）

Aulus Caecina 席西纳

Aulus Cornelius 奥卢思·凯尔苏斯

Aurora 黎明女神

Auspices 吉兆，预兆

auspicia caduca 坠落预兆

Auspicia ementiri 篡改预兆

Auspicia 占卜

auspicial propriety 占卜规矩

Auspicium in faustum 凶兆

Auxpex 对于鸟的观察

Aventine 艾维林

Avis 鸟

B

Babylon 巴比伦

Bacchic rites 酒神仪式

Bacis of Boeotia 彼奥提亚的巴希斯

Balbus 巴尔布斯

Balearicus 巴里利克斯

battle of Lake Regillus 雷吉路斯湖
　战役

Battle of Leuctra 留克特拉战役

Bazo "巴佐"，说话

Bellerophon 柏勒洛丰

Berosus 贝若苏

black bile 黑胆汁

Blossius 布洛修斯

Boeotia 彼奥提亚

Boethus of Sidon 西顿的波埃修

Boethus 波埃修

Boëthus, Stoic Boëthus 斯多葛派的

波埃修

Bona Dea 玻娜女神

Brennus 布伦努斯

broader phenomenon 更广泛的现象

Bronze tables of laws 法律铜板

Brundisium 布鲁迪辛乌姆

Brutus of Accius 阿修斯的《布鲁托斯》

C

C. Cornelius 科尼利乌斯

C. Aurelius Cotta 盖乌斯・奥勒琉斯・科塔

C. Marcellus C. 马塞勒斯

Cadmea 底比斯卫城格米亚

Caecilia 凯齐利亚

Caelius Rufus 卢夫斯

Caesar 凯撒

Calchas, the son of Thestor 卡尔克斯

Callanus of India 印度的卡兰努斯

Callinus 卡里努斯

Callisthenes 卡利斯提尼斯

Calydonian boar 卡莱敦野猪

Campania 坎帕尼亚

Campus Martius 战神广场

Capitol 卡皮托利欧山

Capitoline Fasti《卡皮托利欧岁时纪》

Capua 卡布亚

carceres of the Circus Maximus 表西穆斯竞技场出发栅栏口

Caria 卡里亚

Carians 卡里亚人

Carneades, Carneades of Cyrene 卡涅阿德斯

Carpere 摘、捡、拾

Carthalo 卡泰罗

Cassandra 卡珊德拉

Cassius 卡西乌斯

Catania 卡塔尼亚

Catiline 喀提林

Cato the Wise，M. Porcius Cato 加图、"睿智的"加图

Causal Mechanism 因果机械论

celestial templum 天空圣域

Celsus 塞尔苏斯

Centaur 半人马

centuriate assembly 百人队大会

Ceos 喀俄斯

Ceramus 塞拉慕斯

Chaldeans 迦勒底人

Chares 卡雷斯

Chief Pontiff 大祭司

Chios 希俄斯

Chronicles 编年史

Chryses《克律塞斯》

Chrysippus，Chrysippus of Soli 克里希普斯

Cilicians 西里西亚人

Cimbri 辛布里人

Citadel of the Stoics 斯多葛派的堡垒

Civil year 日历年

Claros 克拉罗斯

Claudius 克劳狄乌斯

Cleanthes 克里安提斯

Clearchus 克里楚斯

Cledonism 教条主义

Cledonism 随机占卜法

Cleft or thread in the entrails 内脏中的裂缝和纹路

Cleft 龟裂

Cleisthenes 克利斯提尼

Clitarchus 科里塔库斯

Clitomachus 克里托马库斯

Clodius Aesopus 克洛狄乌斯·伊索普斯

Clodius 克劳狄乌斯

Cnopia 科诺皮亚

Codrus 科德鲁斯

Coelius 克里乌斯，L. 克里乌斯·安提帕特

Column 石柱

Comet 彗星

Cometes 科迈忒斯

Comitia curiata 库里亚大会

Comitium 集会场

commentarii 述评

Common conceptions 普通观念

Concitatur 鞭策

Concordia 协和女神

Coniectura 解读推测，猜测

Conjectural divination 推论式的占卜

Conjecture 推断

Consensus omnium 共识观、共识观念、普遍接受的说法

Consul 执政官

Consulatus suuc《他的执政官生涯》

Consulendis 征求建议

Corcyra 科西拉

Corinth 科林斯

Corinthians 科林斯人

Cornelius Culleolus 科尼利乌斯·科里奥勒斯

Cossus 克索斯

Cotta 科塔

Cratippus of Pergamum 帕加马的克里提普斯

Crest 头冠

Creusa 克洛萨

Critippu 克里提普斯

Crito 克力同

Croesus 克罗伊斯

Croton 克罗同人

Ctesias 克特西亚斯

Cumae 库美

curia 族区

Cursus honorum 仕途

Cyaxares 希拉克拉里斯

Cybele 母神

Cynics 犬儒派

Cyrene 昔兰尼

Cyrus，Cyrus the First 居鲁士，阿契美尼德王朝创立者

D

D. Junius Brutus Callaecus D. 朱尼乌斯·布鲁托斯·卡莱库斯

daemonic nature，physis daimonia 类魔性

Daimon，daimonion 守护灵

Darius 大流士

Dark ages 黑暗时期

Dark-hued crow 黑鸦

De Legibus《论法律》

De Signis《论迹象》

decemviri sacri faciundis（The Board of Ten for Ritual Action）实行献祭的十人委员会

Decemvirs，the Board of Ten 十大行政官

decrees and plans 命令和计划

Deiotarus 德奥塔鲁斯

delirium 谵妄

Delium 代里昂

Delos 得洛斯岛

Delphi 德尔斐

Democritus，Democritus of Abdera 德谟克利特

Devotion 献身

Dexippus 德克西普斯

Diana 戴安娜

Dicaearchus of Messene 迈锡尼的狄凯阿克斯

Didyma 迪迪马

Dinon，Dinon of Colophon 狄农

Dinon's *Persian Annals* 狄农的《波斯史》

Diogenes of Apollonia 阿波罗尼亚的戴奥真尼斯

Diogenes，Diogenes of Babylon 巴比伦的戴奥真尼斯

Diogenes 第欧根尼

Dion 狄翁

Dionysius of Halicarnassus 哈利卡纳苏斯的戴奥尼索斯

Dioscurides 狄奥斯库里得斯

Diosemeiai 迹象

Dire 危急的／不利的

disciplina auguralis 占卜原则

Divination 占卜

Divine Nature 神性自然，神性

Divine 神性的，神性

Divinely inspired（divinus）神启，神性激启

Divitiacus the Aeduan 狄维契阿古斯

Dodona 多多那

Dodonian 多多那人

Dreams 梦，梦卜

Drepana 德莱帕那

Druids 德鲁伊

Dumnorix 杜诺列克斯

Dwellers in waters 活水中的栖息者

Dyrrachium 底拉古琴

E

e vetuastate 依古例，依照古时观点

Eagles 老鹰

Ebro 埃布罗河

Egyptians 埃及人

eidola 幻象

Ekpyrosis 焚烧

Eleusis 厄琉息斯

Elis in Peloponnesus 伯罗奔尼撒的厄利斯

Emissarium 地下排水渠

Empedocles 恩培多克勒

Emphytos mantike 天赋占卜

Enargeia 显而易见性

Ennius 恩尼乌斯

Entrails 内脏

Epaminondas 厄帕米农达斯

Ephesus 以弗所

ephor［雅典的］执政官

Ephorate 检察官会议

Ephorus 埃福罗斯

Epicurus 伊壁鸠鲁

Epimenides of Crete 克里特的埃庇米尼得斯

Epirus 伊庇鲁斯，伊庇鲁斯王国

Epistemological base 认识论基础

epoche of the Academy 学园派的"悬

置"方法

Equalized lots，lots 签

Erichthonius 埃里克特翁尼亚斯

Erigone《厄里戈尼》

ethica eudemia《优台漠伦理学》

Etruria 伊特鲁里亚

Etrusca disciplina 伊特鲁里亚学问

Etruscan discipline 伊特鲁里亚知识、学问

Etruscan 伊特鲁里亚的

Euboea 埃维厄岛

Euchenor 欧策诺尔

Eudemus the Cyprian 塞浦路斯人欧德谟斯

Eudoxus 欧多克索斯

Eurydice 欧律狄刻

Eurymenae 欧里蒙那

Eusebius 优西比乌

Euxodus 欧多克斯

Eventa，ekbaseis 结果

Evergreen mastic 常绿的乳香

Excitement 刺激

Expiation by the haruspices，haruspices 脏卜

expiatory sacrifice 抵罪祭祀

Extispicia 脏卜

F

Fabii 法比乌斯

Fabius Pictor 费边乌斯·皮克托

fabula praetexta 历史人物剧

Fabulae 传奇

Faithfulness 忠诚

Familiaris 朋友

Fanum 圣所

Fate from divination 占卜中的命运

Fate 命运

Fauns 农牧神

Faunus 丰收之神福纳斯

Ficus Ruminalis 母狼哺育罗慕路斯兄弟

Firmicus Maternus 弗米库斯·马特努斯

Fissum 裂缝

Foedus cassianum《卡修斯条约》

Forced Auspices 强行预兆

Foreknowledge of What is to Happen is Useful《预知未来是为有益》

Foresight，presentiment，*praesensio* 预测

Forewarnings 预兆

Forum Holitorium 赫利托留姆广场

Forum Romanum 古罗马广场

Foundation oracles 奠基神谕

G

Gaius Ateius, C. Ateius Capito 阿泰乌斯，C. 阿泰乌斯·卡皮托

Gaius Coponius 盖乌斯·科坡纽

Gaius Flaminius 盖乌斯·弗拉米尼乌斯

Gaius Gracchus 盖约·格拉古

Gaius Marius 盖乌斯·马略

Gaius Postumius 盖乌斯·波斯图米乌斯

Galatia 加拉太

Galeoi 狗鱼

Galeotae 加莱奥特

Galeotes 加勒奥提斯

Galetae 预言者的世袭家族

Gauls 高卢人

Gaul 高卢

Gellii 格里

Geminus of Rhodes 罗德岛的戈米纳斯

Genius loci 守护神

Gisgo 吉斯哥

Glaucus, son of Minos 米诺斯之子格劳科斯

Gloria 好的名声

Gnaeus Pompeius Magnus, Pompey 伟岸者格涅乌斯·庞培

Goading 刺激

Gods 诸神

Grammateus 书记官

great Rhetra 大公约

Greeks 希腊人

Gudea 古迪亚

H

Halicarnassus 哈利卡纳苏斯

Hamilcar Barca 哈米尔卡

Hannibal 汉尼拔

Happen by Fate 命运使然

Haruspex 占卜师

haruspices 祭司占卜

Haruspicy 占卜

Hasdrubal 哈斯德鲁巴

Hastate 步兵支队

Haurire 抽离

Hebla Geleatis 叙布拉·格勒阿提斯

Hecatombaeon 百牛大祭月

Hector 赫克托尔

Hecuba 赫库芭

Heirmos 一系列、一连串

Helenus and Cassandra 赫勒诺斯和卡珊德拉

Helenus 赫勒诺斯

Heraclides of Pontus 旁托斯的赫拉克利德斯

Hercules' temple at Thebes 底比斯的赫拉克勒斯神庙

Hercules 赫拉克勒斯

Hermocrates 赫莫克拉提斯

Herodotus 希罗多德

Herons 苍鹭

Herophile 赫拉菲勒

Herophilus 希罗菲卢斯

Hesiod 赫西俄德

Hesione 赫西俄涅

Hierapolis 希拉波利斯

Hieronymus of Rhodes 罗德岛的谢洛尼莫斯

Hindering, vitiosus 妨害

Hippocrates 希波克拉底

Hirpini 赫彼奈

Homer 荷马

Honour and Courage 荣耀与勇武神庙

Horatius 贺拉斯

Hortensius 赫腾西乌斯

Hydromancy 水占术

Hyginus 西吉努斯

Hymn to Zeus《宙斯颂》

Hypochondriacs 疑病症患者

hypothetical syllogism 假设三段论

I

Iasus 伊阿索斯

Ilium 伊利昂

Imperative festivals 指定节日

Imperium 最高权力、统治权

Impetrative auspices 祈愿占卜

In Catilinam 反喀提林演说

inauspicato 未经占卜的

Inclusa 使之留在

Incubation 召梦，召梦术，在圣所召梦

Infamia 公民身份

Infinite Wisdom 无限智慧

Iniecta 强加之力

Inmusulus 小海雕

Insignitae 铭刻

Inspiration 激启，神的激启

Inspired 受到激启，启激

Instant substitution 即时替换

Instinctu 棒激

Insubstantiate 虚化

Interpreters 解释者

Ionia 爱奥尼亚

Isidore 伊西多尔

Isis-seers 伊希斯预言家

Italy 意大利

itaque 因此

Ius auspicandi 占卜权

J

Jason of Pherae 斐赖的伊阿宋

Jove 朱庇特

judicial adviser 司法顾问

Jugurtha 朱古达

Junius 朱尼乌斯

Juno Sospita 守护者朱诺神庙

Juno the Adviser 劝告者朱诺

Juno 朱诺

Juno's temple at Lacinium 拉辛宁的朱诺神庙

Jupiter Hammon 朱庇特·哈蒙

Jupiter Latiaris 阿尔巴努斯山上的朱庇特

Jupiter Optimus Maximus 至善的最高者朱庇特、朱庇特神殿

Jupiter Stator 支持者朱庇特

K

King Cleombrotus 克列翁布罗特王

King Deiotarus 德奥塔鲁斯王

King Perses 珀耳塞斯王

King Priscus 普里斯库斯王

King Tarquin 罗马王塔克文

King Theompompus 西奥庞普斯王

Knowledge, scientia 认知

L

L. Cornelius Cinna 科尼利乌斯·秦纳

L. Sergius Catilina L. 塞尔吉乌斯·喀提林

L. Accius 阿修斯，古罗马剧作家

L. Julius Caesar 朱利乌斯·凯撒

Labienus 拉比努斯

Laches 拉凯斯

Lagash 拉格什

Lake Albanus 阿尔巴努斯湖

Lake Ampsanctus 安普桑塔斯湖

Lake Regillus 雷吉路斯湖

Lanuvium 拉努维乌姆

Lar Familiaris 氏神

Lebadia 勒巴迪亚

Lectisternium Lectisternium 仪式

Lector 高级执法吏

Leg.《论法律》

Leontine 勒奥提尼

Lesbians 莱斯博斯岛人

Lesbos 莱斯博斯岛

Leukai 白/白衣

Levodopa 左旋多巴

Lex Iulia de civitate of 90 公元前 90
　年的《尤利乌斯公民权法》

Lex Trebonia《特里朋纽斯法》

libri fulgurales《闪电记录书》

libri fulgurales of the haruspices 闪
　电记录册

lictor proximus 高级执法吏

Lightnings 闪电

Liguria 利古利亚

Litatio 典仪

Lituus 仪式杖

Locus de ignorantia 知其然，不知其
　所以然

Logical division 基本逻辑划分

Logical priority 逻辑上的先在性

Lucilius Balbus 路西律斯·巴尔
　布斯

Lucilius 路西利乌斯

Lucius Flaccus 卢修斯·弗拉库斯

Lucius Junius, Lucius Junius Pullus
　卢修斯·朱尼乌斯

Lucius Paulus 卢修斯·保罗斯

Lucretius 卢克莱修

Lupercal 卢佩尔卡

Lustrasti 净化祭品

Lustratio 净化仪式

Lustrum 大祓

Lux 光

Lyceum 吕克昂

Lyceum's dazzling effulgence 吕克昂
　的光芒

Lycia 利西亚国

Lycurgus 吕库古

Lydia 吕底亚

Lydian diviner 吕底亚卜者

Lymphata 疯狂

Lysander 吕桑德

M

M. Manlius Capitolinus 卡皮托林
　努斯

M. Porcius Cato 马库斯·博尔基乌
　斯·加图

Macedonia 马其顿

Macrobius 马克罗比乌斯

Magi 占星师

Magistrates 治安官

Magu 祭司

Makra 长草

Mallus 马罗西

Malum 恶兆

Mania 躁狂

manteis 预见者

Mantike 狂乱的占卜

Mantis 占卜者

Marcellus 马塞勒斯

Marcus Cato 马库斯·加图

Marcus Crassus 马库斯·克拉苏

Marcus Tullius Cicero 马库斯·图留
　斯·西塞罗

Marcus Valerius 马库斯·瓦勒琉斯

Marcus Varro 马库斯·瓦罗

Marcus 马库斯

Mari 玛里

Marius 马略

Mars Gradivus 前进着战神马尔斯

Mars 战神马尔斯

Marsian augurs 马西安卜者

Marsian War 马尔西战争

Martian beast 战神的兽

Medea《美狄亚》

Medes 米底国

Megara 墨伽拉

Megasthenes 麦加斯梯尼

Melampus 墨兰普斯

Melancholia 忧郁症

Melanopus 梅兰诺佩斯

Meliboea 墨利玻亚.

Mephitis 麦费提斯

Mercury 墨丘利

Mesopotamia 美索不达米亚

Metapontum 麦塔庞顿

Metellus 梅特鲁斯

Meteor 流星

Midas 弥达斯

military auspices 军事占卜师

military tribune 军队保民官

Minerva 密涅瓦

Mithradates of Pergamum 帕加马的
　　米德拉底特斯

Mithradates 米德拉底特斯

Mollis 凄婉

Molo 莫洛

Molossia 摩洛西亚

Monstrant 暗示

Monstrum 畸胎预兆

Mopsucrene 摩普苏克任

Mopsuestia 摩普随提亚

Mopsus 摩普索斯

Mount Caucasus 高加索山脉

Mount Taygetus 泰哥图斯山

Munichia 穆尼基亚

Muse 缪斯，缪斯女神

My Consulship《我的执政官生涯》

mythical times 神话时代

Mytilene 米蒂利尼

N

Natta 纳塔

Natural divination 自然占卜

Natural Philosophy《自然哲学》

Nature，natura 自然

Neleus 奈尔乌斯，科德鲁斯之子

Nemesis 希腊神涅墨西斯，复仇女神

Neoptolemus 尼奥普托勒墨斯

Nepos 尼波斯

Neptune 海神

Nicander 尼坎得

Nightingale 夜莺

Nineveh 尼尼微，古亚述首都

Nisaba 尼沙巴女神

Nolan district 诺拉地区

Nones，Nonae 诺那斯日

Numen 灵验之力

Numerius Suffustius 努梅里乌斯·
　　苏福斯提乌斯

Nuptial auspices 婚礼占卜

Nympholepsy 狂乱/入迷

O

Oblative auspice 迹象显示的好兆头

oblative sign 偶得征兆

Obnuntiatio(征兆的)宣告，显示反对

的迹象

Octavian War 屋大维战争

Offa 面团

Officium 职责

Ogulnii brothers 奥古尼乌斯兄弟

Old Academy 老学园派

Olympias 奥林皮娅

Olympus 奥林匹斯山

Omens 言兆/征兆

On Divination《论占卜》

On Oracles《论神谕》

On Prophecy《论预言》

On Providence《论天意》

On Signs《论迹象》

On the Gods《论诸神》

On the Nature of the Gods《论神性》

On the Soul《论灵魂》

Oneirocrisis 梦境成真

oneiros theorematikos 一种依其所见
　来解释的梦

Onesicrates 奥尼斯克里特斯

Operam dare auspicio 给予征兆

Oracles 神谕

Oracular responses 神谕应答

Oratio 谈话（本义"言辞"，也有"演
　说"的含义）

Orchomenus 奥科美那斯

Ordo LX haruspicum 六十人占卜团

Orestes 俄瑞斯忒斯

orneon zoon enhydron 水鸟

Oropus 奥洛波斯

Oscine 鸣禽

Ostendunt 展现

Otium 闲暇

P

P. Cornelius Lentulus Spinther 普布
　利乌斯·科尼利乌斯·兰图鲁
　斯·斯宾特

P. Rutilius Lupus 鲁提留斯

Pacuvius 帕库维乌斯

Palatine Hill 帕拉廷山

Palatine 巴勒登丘

Paliokhani 帕里欧卡尼

Pamphylians 潘菲利亚人

Pan 潘神

Panaetius，Panaetius of Rhodes 帕那
　尔提斯

Paraselene 幻月

Parhelion 幻日

Paris 帕里斯

Parmenion 帕曼纽

Paros 派洛斯岛

Pasiphae 帕西法厄神殿

Pasiteles 帕西特里斯

Patera 圆盘饰

Pausanias 保塞尼亚斯

pax deorum 神的和平

Penthilus 潘西勒斯

Perfectio 全德

Pergamos 别迦摩

Pericles 伯里克利

Perilaus 培利拉欧斯，铜牛的雕刻者

Peripatetic Cratippus 逍遥学派的克
　拉提普斯

Peripatetics 逍遥学派

Phaedrus 菲德洛斯

Phaedrus《斐德罗篇》

Phaenomena《星象》

Phalaris 法拉里斯

Pharsalus 法萨卢

Phaselis 法赛里斯

Pherae 斐赖

Pherecydes 菲瑞希德斯

Philinus 腓里诺斯

Philistus 菲利斯托斯

Philo 菲洛

Philosophy and Power《哲学与权力》

Phocian 福基安人

Phocis 福基斯

Phrygia 佛里吉亚

Phthia 佛提雅

Phyle 斐勒

Physika 物理学

Physiologia 生理学

Piacenza 皮亚琴察

Piety, *pietas* 虔敬

Pisidians 彼西底人

Pisistratus 庇西特拉图

Plain of Atina 阿蒂纳平原

Planetes 流浪者

Planets in conjunction 恒星会合

Plato's *Epinomis* 柏拉图的《厄庇诺米篇》

Plato 柏拉图

Plautus 普劳图斯

Pliny the Elder 老普林尼

Plutarch 普鲁塔克

Plutonia 普卢托尼亚

Politicus《政治家篇》

Polybius 波里比阿

Polyidus of Corinth 科林斯的波吕伊多斯

Polyphron 波利弗朗

Pomerium 圣墙, 城界

Pompeius Strabo 庞培·斯特拉博

Pompey 庞培

Portendunt 预示

Portents 奇事征兆

Poseidon 波塞冬

Posidonius, Posidonius of Apamea 波希多尼

Possit 可能

Post eventum 事后

Potidaea 波提狄亚

Praedicunt 预测

Praeneste 普雷尼斯特

Praenomen 首名

Praesagire 预先感知, 预感

Praesentit 提前感知

Praetor's tribunal 执政官的裁判所

precatio maxima 至伟的祷告

Prerogative century 优先投票百人团

prerogative omen 特权的征兆

prerogative tribe or century 特权部落或百人团

Priam 普里阿摩斯, 特洛伊末代国王

Principes 族长/领头公民

Privernum 普里乌努姆

Pro Ligario《为利加瑞乌斯辩护》

Pro Marcello《为马尔刻洛斯辩护》

Procos 代理执政官

Procuration 解释和代理工作

Procuration 征兆

Prodigies 奇事异兆

Prodigies 预言

Prodigy 异人

pro ferre diem 推迟到另一天

Prognostica "预测"

Publius Africanus 普布利乌斯・阿菲里加努斯

Publius Claudius 帕布琉斯・克劳狄乌斯

Publius Decius 帕布琉斯・德西乌斯

Publius Rutilius 普布留斯・鲁提留斯

Puteal 井栏

Pyrrhus 皮洛士

Pythagoras 毕达哥拉斯

Pythagoreans 毕达哥拉斯学派

Pythian Apollo 皮同・阿波罗

Pythian 皮同,即阿波罗的别称,也用来表示皮同女祭司

Q

Quaestor 财务官

Quale 性质

Quintilian 昆体良

Quintus Caecilius Metellus 昆图斯・凯西留斯・梅特鲁斯

Quintus of Smyrna 士麦那的昆图斯

Quintus, Quintus Tullius Cicero 昆图斯

R

Realpolitik 实用政治

Recessit 消失无踪

Registes 雷吉斯特斯

religious observances 宗教仪式

Remora 雷莫拉

Remus 雷穆斯

Rep. *Res publica*《论共和国》

river Atratus 阿德拉塔斯河

rogator 主持官

Roman liberty 罗马人的自由

Romans 罗马人

Rome 罗马城,罗马

Romulus 罗慕路斯

Roscius, Q. Roscius Gallus 罗西乌斯

Rostra 讲坛

Royal trine 王家三位一体

S

sacred rites 神圣仪式

Sacrificium consultatorium 献祭问询

Sagaces 精明的、有远见的

Sagae 女巫

Sagire 有敏锐的感觉

Saguntum 萨贡托

Salii 两组十二祭司

Sallustius 撒路斯提乌斯

Samnites 萨谟奈人

Sangualis 胡秃鹫

sanguinaceous creature 无心的有血生物

Sapientia 智慧

Sardis 萨狄斯,吕底亚首都

Satyr 萨梯,森林之神,半人半羊

Scammony, Convolvulus scammonia L.（Levant scammony）黎凡特薯

Sceptical New Academy 新学园派怀疑主义

Scholarch 逍遥学派学校校长,古代雅典哲学学校校长

School of Megara 麦加拉学派

Scientia 知识

Scipio Africanus 西比奥
Scotussa 斯科图萨
Seleucia 塞琉西亚
Senate 元老院
Senatorial Authority 元老院的权威
senatus consultum ultimum 元老院
　　最终决议
Sentinum 森缇努姆
Servius Tullius 塞维斯·图留斯
Sevocatus 非暴力的
Sibyl of Cumae 库美的女预言家
Sibyl of Erythraea 艾力西拉的女预
　　言家
Sibylline Books 女预言家典籍，西卜
　　林预言集，预言书/神谕集
Sibylline 女预言家
Sicily 西西里
Siculi 西丘里人
Signa caelestia 天体现象
Signs 迹象
Silenus 西勒诺斯
Silius Italicus 西里乌斯·伊塔利
　　库斯
Simonides of Ceos 西蒙尼德斯，喀俄
　　斯岛的西蒙尼德斯
Sinisterum solistimum 最吉利之兆、
　　大吉
Sirius 天狼星
Sisenna, L. Cornelius Sisenna 西
　　塞纳
Siwa 锡瓦
Smyma 士麦那
Social War 同盟战争
Socrates 苏格拉底
sol albus 晨星

Solar year 太阳年
Solinus 索林诺斯
Solon of Athens 雅典的梭伦
Solonium 索洛尼乌姆
Soma 苏摩
Soothsayers, seers 预见家
Sophocles 索福克勒斯
Soran 索兰人
Sparta 斯巴达
Spartans 斯巴达人
Special permanently "inaugurated"
　　state 特别的永恒"开辟的"国度
Sphines 思凡斯
Spiskepseis 公共咨询活动
Spoletum 斯波莱托
Spurinna 斯普林纳
Stoic Zenodotus 斯多葛学派芝诺多
　　托斯
Stoics 斯多葛派
Strabo 斯特拉波
Strategos autokrator 全权将军
Subterraneous exhalations 地下之气
Sulla 苏拉
Summanus 萨玛努斯
Suovetaurilia 三牲祭祀仪式
Superstitio 迷信
Supremacy of the Empire 帝国的
　　声望
Susa 苏萨城
Syracuse 叙拉古

T

tabernaculum capere 取圣体龛
Tabernaculum 圣体龛
Talent 塔兰特币

Talus 骰子

Tarquinii 塔克文尼城

Tarquinius Priscus 塔克文·普里斯库斯

Tarquinius Superbus 傲王塔克文

Tarquitius 塔克提乌斯

Tauris 陶里刻人

Techne 技艺

Tegeans 忒格亚人

Tei kallistei technei 最高贵的技艺

Telamon《忒拉蒙》

Tellus 特勒斯，大地女神

Telmessian 特尔墨索斯人

Telmessus in Caria 卡里亚的特尔墨索斯

Temple of Hercules 赫拉克勒斯神庙

Tener 温柔

tent-comrades, suskenoi 帐中幕僚

Tereus《忒柔斯》

Tertia 特尔奇娅

Tertullian 特土良

Testimonia《旁证》

Tetaragmenai 紊乱

Teucer《透克洛斯》

Teutones 条顿人

Thalassocracy 制海权

Thales of Miletus 米利都的泰勒斯

The Academy 学园，学园派

The Andromache 安德洛玛刻

The Areopagus 阿勒奥帕格斯山，雅典一山丘，也作最高法院义

The Board of Ten for Ritual Action 仪式十人委员会

the campaign of the Seven against Thebes 七勇士远征底比斯

The Clutidae 克拉提达家族

The college of augurs 占卜师学院，占卜学院

The cryptic utterances 隐秘言辞

The Divine Mind 神性的灵慧

the doctrine of world conflagration 宇宙大火灾的学说

The Eternal Intelligence 永恒的智慧

The Father of Gods 诸神之父

The Great Votive Games 大献祭比赛

The Iamidae 伊阿米达家族

the Peisistratid period 庇西斯特拉图时期

The Persian Wars 波斯战争

the power of nature 自然神力

the power of the earth 土地神力

the sacred ship 朝圣大船

The Second Punic War 第二次布匿战争

The Socratic School 苏格拉底学园

The Temple of Castor and Pollux 卡斯特和帕勒克神庙

the temple of Diana 狄安娜神庙，狄安娜，罗马的月亮与狩猎女神

The Temple of Hercules the Informer 告发者赫拉克勒斯神庙

The temple of Juno, the Saviour 救主朱诺神殿

the Temple of Jupiter Best and Greatest 卡比托利欧山上的朱庇特神庙

the temple of Piety 虔敬神庙

The temple of the Salii 祭司庙

The virgins white 白衣贞女

Theophrastus 提奥弗拉斯特

Theos 神

Thermopylae 温泉关

Theseus 特修斯

Thesmophoria 播种节

Thessaly 塞萨利

Thoas 托阿斯

Thucydides 修昔底德

Tib. Sempronius Gracchus 提比略·
　辛普洛捏斯·格拉古

Tiber 台伯河

Tiberius Gracchus 提比略. 格拉古

Timaeus 蒂迈欧

Timpanaro, S. 提姆帕纳罗

Tiresias 忒瑞西阿斯

Titus Tatius 提图斯

To atechnon 非技艺的

To technikon 技艺的

Torquatus 托夸塔斯

Trasimene 特拉西米恩

Treaty of Spurius Cassius 卡西乌斯
　协议

Tripod《三足鼎》

Tripudia 圣鸡在受到喂食时激动地
　跺脚

Tripudium solistimum 最吉利的鸡
　卜预兆

Tripudium 鸡卜,鸡占

Troad 特洛阿德

Trocmi 特罗克米人

Trojan War 特洛伊战争

Trophonius 特洛佛尼乌

Troy 特洛伊

Trygon 斑鸠

Tullus Hostilius 图鲁斯·霍斯提利
　乌斯

Tusc.《图斯库路姆辩论集》

Tusculan Villa 图斯库路姆庄园

Tyro 提洛

U

Ubiquity, *locus de consensuomnium*
　普遍法

Ultimis 最远古的

Umbrians 翁布里亚人

Untrammeled impulse 自由无羁的
　冲动

Upper gymnasium 楼上练身馆

Urania 乌拉妮娅

V

Valerius Maximus 瓦勒琉斯·麦西
　穆斯

Varro 瓦罗

Veientian War 维爱战争

Velleius 维里乌斯

Venus of Cos 科斯的维纳斯

Venus, Venus throw 维纳斯,也指扔
　骰子的一种结果

Veri simile 可能

Veseris 维塞里斯

Vesta's sacred grove 维斯塔的神圣
　树丛

Vestal Virgin 维斯太贞女

Village mountebanks 江湖骗子

Vincula 枷锁/锁链

Virgil 维吉尔

Vital principle 生命力

Vitruvius 维特鲁威

Vocal tones 口头声调

Vultures 秃鹫

W

Wagon 马车
Whetstone, puteal 栏石

X

Xenophanes of Colophon 克勒芬的色
  诺芬尼
Xenophon 色诺芬

Z

Zagreb 萨格勒布
Zaleucus 赞鲁克斯
Zeno 芝诺
Zeus 宙斯
Zodiac's girdle 黄道带
Zodiacal light 黄道光

参 考 文 献

一、《论占卜》校勘本和译本

W. Ax,*M. Tulli Ciceronis De Divinatione*, *De Fato*, *Timaeus*, Leipzig, 1938.

W. Falconer,*Cicero. De Senectute*, *De Amicitia*, *De Divinatione*, Cambridge, Mass. , 1923.

R. Giomini,*M. Tulli Ciceronis De Divinatione*, *De Fato*, *Timaeus*, Leipzig, 1975.

J. Kany-Turpin,*Cicéron. De la Divination*,Paris, 2004.

A. S. Pease,*M. Tulli Ciceronis. De Divinatione*, Urbana, 1920—1923.

C. Schäublin,*Uber die Wahrsagung*, Munich, 1991.

J. Scheid and G. Freyburger,*Cicéron. De la Divination*, Paris, 1992.

V. Thoresen,*M. Tulli Ciceronis De Divinatione libri*, *udgivine og fortolkede*, Copenhagen, 1894.

S. Timpanaro,*Cicerone. Della divinazione*, Milan, 1988.

二、残片集

Accius, ed. J. Dangel,*Accius: Oeuvres (fragments)*, Paris, 1995.

Claudius Aelianus, ed. D. Domingo-Forasté, *Epistulae et fragmenta*, Stuttgart, 1994.

Aristotle, ed. R. Walzer, *Aristotelis dialogorum fragmenta*, Florence, 1934.

Carneades, ed. H. J. Mette, 'Karneades von Kyrene', *Lustrum* 27 (1985), 53—141.

Diogenes of Oenoanda, ed. M. F. Smith, Naples, 1993.

Epicurus, ed. G. Arrighetti, *Epicuro: Opere*, 2nd edn. , Turin, 1973.

Fabius Pictor, ed. M. Chassignet, *L'Annalistique romaine : Les Annales des pontifes et l'annalistique ancienne*, Paris, 1996.

Granius Licinianus, ed. N. Criniti, *Granii Liciniani reliquiae*, Leipzig, 1981.

Iamblichus, ed. E. des Places, *Les Mystères d'Égypte*, Paris, 1966.

Nemesius, ed. M. Morani, *De natura hominis*, Leipzig, 1987.

Numenius, ed. E. des Places, *Fragments*, Paris, 1973.

Pacuvius, ed. G. D'Anna, *M. Pacuvii Fragmenta*, Rome, 1967.

Posidippus, ed. C. Austin and G. Bastianini, *Posidippi Pellaei quae supersunt omnia*, Milan, 2002.

Sisenna, ed. G. Barabino, 'I frammenti delle Historiae', *Studi Noniani* 1 (1967), 67—251.

Solon *Iambi et elegi Graeci*, 2nd edn. , ed. M. L. West, Oxford, 1992.

Stobaeus, ed. O. Hense and C. Wachsmuth, *Anthologium* (Berlin, 1884—1912). Suda, ed. A. Adler, Stuttgart, 1933.

Varro, ed. B. Cardauns, *M. Terentius Varro. Antiquitates rerum divinarum*, Mainz, 1976.

三、论文

Albis, R. V. (2001), 'Twin Suns in Ennius' *Annales*', in Tylawsky and Weiss (2001: 25—32).

Alesse, F. (1994), *Panezio di Rodi e la Tradizione Stoica* (Naples).

—— (2000), *La stoa e la tradizione socratica* (Naples).

Allen, J. (2001), *Inferences from Signs* (Oxford).

Amat-Seguin, B. (1986), 'Ariminum et Flaminius', *RSA* 16: 79—109.

André, J. (1949), *Étude sur les termes de couleur dans la langue latine* (Paris).

—— (1967), *Les Noms d'oiseaux en latin* (Paris).

Badal, R. (1976), 'Il proemio de *De Divinatione*', *RCCM* 18: 27—47.

Bannon, C. J. (1997), *Brothers of Romulus* (Princeton).

Barton, T. (1994), *Ancient Astrology* (London).

Baudy, D. (1998), *Römische Umgangsriten : Eine ethnologische Untersuchung der Funktion von Wiederholung für religiöses Verhalten* (Berlin).

Bayet, J. (1971),*Croyances et rites dans la religion romaine antique* (Paris).

Bergamini, M. (ed.) (1991),*Gli Etruschi maestri di idraulica* (Perugia).

Bernstein, A. H. (1978),*Tiberius Sempronius Gracchus: Tradition and Apostasy* (Ithaca, NY).

Bettini, M. (1991),*Anthropology and Roman Culture* (Baltimore).

Bingen, J., and Schachter, A. (eds.) (1992), *Le sanctuaire grec* (Geneva/Vandoeuvres).

Bispham, E., and Smith, C. (eds.) (2000),*Religion in Archaic and Republican Rome and Italy* (Edinburgh).

Bobzien, S. (1998),*Determinism and Freedom in Stoic Philosophy* (Oxford).

BonnechLre, P. (2003), *Trophonios de Lébadée: Cultes et mythes d'une cité béotienne au miroir de la mentalité antique* (Leiden).

Bonnefond-Coudry, M. (1989), *Le Sénat de la république romaine* (Rome).

BouchÉ-Leclercq, A. (1879—1882), *Histoire de la divination dans l'antiquité* (Paris), i—iv.

Bowden, H. (2005),*Classical Athens and the Delphic Oracle Divination and Democracy* (Cambridge).

Bradley, K. R. (1998), 'The Sentimental Education of the Roman Child: The Role of Pet-Keeping',*Latomus* 57: 523—557.

Briquel, D. (1986), 'Art augural et Etrusca Disciplina: Le Débat sur l'origine de l'augurat romain',

Briquel, D. (1997), 'Le Cas étrusque: Le Prophétisme rejeté aux origines', in Heintz (1997: 439—55).

Brunt, P. A. (1989), 'Philosophy and Religion in the Late Republic', in Barnes and Griffin (1989: 174—198).

Burnyeat, M. F. (1982), 'The Origins of Non-Deductive Inference', in Barnes et al. (1982: 193—238).

Capponi, F. (1979),*Ornithologia latina* (Genoa).

Castellani, V., and. Dragoni, W. (1991), 'Opere archaici per il controllo del territorio: gli emissari sotterranei dei laghi albani', in Bergamini (1991: 43—60).

Catalano, P. (1960), *Contributi allo studio del diritto augurale* (Turin).

Caven, B. (1990), *Dionysius I : Warlord of Sicily* (New Haven).

Cipriano, G. (1984), *L'Epifania di Annibale* (Bari).

Cornell, T. J. (1995), *The Beginnings of Rome* (London).

Courtney, E. C. (1993), *Fragmentary Latin Poets* (Oxford).

De Casanove, O. , and Scheid, J. (eds.) (1993), *Les Bois sacrés* (Naples).

De Jong, P. (1997), *Traditions of the Magi* (Leiden).

Del Corno, D. (1969), *Graecorum de re oneirocritica scriptorum reliquiae* (Milan).

Develin, R. (1985), *The Practice of Politics at Rome* 366—167 bc (Brussels).

Dickey, E. (2002), *Latin Forms of Address : From Plautus to Apuleius* (Oxford).

Di Sacco Franco, M. T. (2000), ' Les Devins chez Homère : Essai d'analyse', *Kernos*, 13 : 35—46.

Douglas, A. E. (1995), ' Form and Content in the Tusculan Disputations', in Powell (1995 : 197—218).

Eckstein, A. M. (1981), 'The Foundation Day of Roman Coloniae', *CSCA* 12 : 85—97.

Edelstein, L. , and Kidd, I. G. (1972), *Posidonius I : The Fragments* (Cambridge).

Ernout, A. , and Meillet, A. (1959), *Dictionnaire étymologique de la langue latine*, 4th edn. (Paris).

Erskine, A. (2001), *Troy between Greece and Rome* (Oxford).

Falconer, W. A. (1923), ' A Review of M. Durand's *La date du De Divinatione*', *CP* 18 : 310—27.

Fauth, W. (1976), 'Der Traum des Tarquinius, Spüren einer etruskisch-mediterranen Widder—Sonnensymbolik bei Accius', *Latomus* 35 : 469—503.

Fehrle, R. (1983), *Cato Uticensis* (Darmstadt).

Fleck, M. (1993), *Cicero als Historiker* (Stuttgart).

Fontenrose, J. (1978), *The Delphic Oracle* (Berkeley, Calif.).

Forsythe, G. (1994), *The Historian L. Calpurnius Piso Frugi and the Roman Annalistic Tradition* (Lanham, Md.).

Fortenbaugh, W. W. , and Steinmetz, P. (eds.) (1989), *Cicero's*

Knowledge of the Peripatos (New Brunswick, N. J.).

Frier, B. W. (1979), *Libri Annales Pontificorum Maximorum*: *The Origins of the Annalistic Tradition* (Rome).

Gallop, D. (1996), *Aristotle. On Sleep and Dreams*, 2nd edn. (Warminster).

Giovannini, A. (1998), 'Les Livres auguraux', in Moatti (1998: 103—122).

Gordon, A. E. (1938), *The Cults of Lanuvium* (Berkeley, Calif.).

Graf, F. (1992), ' Heiligtum und Ritual: Das Beispiel der griechischrömischen Asklepeia', in Bingen and Schachter (1992: 159—203).

Griffin, M. T. (1995), 'Philosophical Badinage in Cicero's Letters to his Friends', in Powell (1995: 325—346).

Guillaumont, F. (1984), *Philosophe et augure*: *Recherches sur le théorie cicéronienne de la divination* (Brussels).

——— (1985), 'Laeva prospera: Remarques sur la droite et la gauche dans la divination romaine', in R. Bloch (ed.), *D'Héraklès à Poseidon*: *Mythologie et protohistoire* (Geneva), 159—177.

——— (1986), 'Cicéron et les techniques de l'haruspicine', in Guittard (1986: 121—135).

Haack, M. -L. (2002), ' *Haruspices* publics et privés; tentative d'une distinction', *RÉA* 104: 111—133.

Hamilton, J. R. (1969), *Plutarch, Alexander*: *A Commentary* (Oxford).

Hankinson, R. J. (1988), 'Stoicism, Science and Divination', *Apeiron* 21, 123—160.

Harris, W. V. (2003), ' Roman Opinions about the Truthfulness of Dreams', *JRS* 93: 18—33.

Heeringa, D. (1906), *Quaestiones ad Ciceronis de Divinatione Libros Duos pertinentes* (Diss. , Groningen).

Heintz, J. -G. (ed.) (1997), *Oracles et prophéties dans l'antiquité* (Paris).

Herrmann, W. (1979), *Die Historien des Coelius Antipater*: *Fragmente und Kommentar* (Meisenheim).

Hine, H. M. (1981), *An Edition with Commentary of Seneca*, *Natural Questions Book Two* (New York).

Holowchak, M. A. (2002),*Oneirology in Greco-Roman Antiquity* (Lanham, Md.).

Jacquemin, A. (1999),*Offrandes monumentales à Delphes* (Athens).

Jaeger, F. (1910), *De oraculis quid veteres philosophi iudicaverunt* (Diss. Munich).

Jocelyn, H. D. (1967),*The Tragedies of Ennius* (Cambridge).

——(1971), '*Urbs augurio augusto condita*', *PCPS* 17: 44—74.

——(1973), 'Greek Poetry in Cicero's Prose Writing',*YCS* 23: 61—111.

——(1984), 'Urania's Discourse in Cicero's*On his Consulship*', *Ciceroniana* 5: 39—54.

——(1989—90), 'Ennius and the Impregnation of Ilia', *AFLP* 27: 19—46.

Johnston, S. I. , and Struck, P. T. (eds.) (2005),*Mantikê: Studies in Ancient Divination* (Leiden).

Jones, M. R. (2001), 'The Performer's Curious Power: Theater and Anxiety in Ancient Rome', in Tylawsky and Weiss (2001: 129—145).

Kany-Turpin, J. and Pellegrin, P. (1989), 'Cicero and the Aristotelian Theory of Divination by Dreams', in Fortenbaugh and Steinmetz (1989: 220—245).

Kessels, A. H. M. (1969), 'Ancient Systems of Dream-Classification', *Mnem.* 22: 389—424.

Kidd, D. (1997),*Aratus: Phaenomena* (Cambridge).

Koch-Westenholz, U. (2000),*Babylonian Liver Omens* (Copenhagen).

Kves-Zulauf, T. (1997), 'Die Vorzeichen der catilinarischen Verschwo¨rung',*ACUSD* 33: 219—227.

Kragelund, P. (2001), 'Dreams, Religion and Politics in Republican Rome',*Historia* 50: 53—95.

Krevans, N. (1993), 'Ilia's Dream: Ennius, Virgil and the Mythology of Seduction',*HSCP* 95: 257—271.

Krostenko, B. (2000), 'Beyond (Dis)belief: Rhetorical Form and Religious Symbol in Cicero's*De Divinatione*', *TAPA* 130: 353—391.

Kubiak, D. P. (1994), 'Aratean Influence in the*De Consulatu Suo* of Cicero', *Philologus* 138: 52—66.

Lane Fox, R. (1986),*Pagans and Christians* (Harmondsworth).

La Penna, A. (1975), 'Polemiche sui sogni nella storiografia latina arcai-

324   论 占 卜

ca', *Studi Urbinati* 49: 49—60.

Lefkowitz, M. (1981), *The Lives of the Greek Poets* (London).

Leiderer, R. (1990), *Anatomie der Schafsleber in babylonischen Leber-orakel* (Munich).

Leonhardt, J. (1999), *Ciceros Kritik der Philosophenschulen* (Munich).

Leppin, H. (1992), *Histrionen: Untersuchungen zur sozialen Stellung von Bühnenkünstlern im Westen des ro"mischen Reiches zur Zeit der Republik und des Prinzipats* (Bonn).

Leschhorn, W. (1985), 'Ausdrücke der übermenschlichen Ehrung bei Cicero', in A. Alföldi (ed.),*Caesar in 44 v. Chr.* (Bonn), 387—397.

LÉvy, E. (1997), 'Devins et oracles chez Hérodote', in Heintz (1997: 345—365).

Liebeschuetz, J. H. W. G. (1979),*Continuity and Change in Roman Religion* (Oxford).

Linderski, J. (1975), ' Review of T. Köves-Zulauf, *Reden und Schweigen*', *CP* 70: 284—289.

—— (1982), 'Cicero and Divination',*PP* 37: 12—38.

—— (1985), 'The*libri reconditi* ', *HSCP* 89: 207—234.

—— (1986a), ' The Augural Law',*ANRW* ii/16. 3 (Berlin), 2146—2312.

—— (1986b), 'Watching the Birds: Cicero the Augur and the Augural*Templa*', *CP* 81: 330—340.

—— (1989), 'Garden Parlors: Nobles and Birds', in R. I. Curtis (ed.), *Studia Pompeiana & Classica in Honor of Wilhelmina F. Jashemski* (New Rochelle,N. J.), 105—127.

—— (1995),*Roman Questions* (Stuttgart).

Long, A. A. (1982), 'Astrology: Arguments Pro and Con', in Barnes*et al.* (1982: 165—192).

—— (1995), 'Cicero's Plato and Aristotle', in Powell (1995: 37—61).

Luterbacher, F. (1904), *Der Prodigienglaube und Prodigienstil der Römer* (Burgdorf).

Maass, E. (1907), 'Der Kampf um Temesa',*JDAI* 22: 18—53.

MacBain, B. (1982),*Prodigy and Expiation: A Study in Religion and Politics in Republican Rome* (Brussels).

MacKendrick, P. L. (1989), *The Philosophical Books of Cicero* (London).

Magie, D. (1950), *Roman Rule in Asia Minor* (Princeton).

Maurizio, L. (2001), 'The Voice at the Center of the World', in A. Lardinois and L. McClure (eds.), *Making Silence Speak* (Princeton), 38—54.

Mazurek, T. (2004), 'The *decemviri sacris faciundis*: Supplication and Prediction', in Konrad (2004a: 151—168).

Miller, T. (1997), *Die griechische Kolonization* (Munich).

Mitchell, T. N. (1979), *Cicero: The Ascending Years* (London).

Momigliano, A. D. (1984), 'The Theological Efforts of the Roman Upper Classes in the First Century', *CP* 79: 199—211.

Mommsen, T. (1887), *Römisches Staatsrecht*, 3rd edn., i. (Leipzig).

Montero, S. (1993), 'Mántica inspirada y demonología: los *Harioli*', *AC* 62: 115—129.

Mynors, R. A. B. (1990), *Virgil: Georgics* (Oxford).

Oakley, S. P. (1998), *A Commentary on Livy Books* VI—X, ii (Oxford).

Obbink, D. (1992), 'What All Men Believe-Must be True', *OSAP* 10: 193—231.

Ogden, D. (2001), *Greek and Roman Necromancy* (Princeton).

Ogilvie, R. M. (1965), *A Commentary on Livy Books* 1—5 (Oxford).

O'Grady, P. F. (2002), *Thales of Miletus: The Beginning of Western Science and Philosophy* (Aldershot).

Orlin, E. M. (1997), *Temples, Religion and Politics in the Roman Republic* (Leiden).

Pailler, J. -M. (1997), 'La Vierge et le serpent', *MÉFRA* 109: 513—575.

Palmer, R. E. A. (1974), *Roman Religion and Roman Empire: Five Essays* (Philadelphia).

Pease, A. S. (1955), *M. Tulli Ciceronis: De Natura Deorum* (Cambridge, Mass.).

Pendrick, G. J. (2002), *Antiphon the Sophist: The Fragments* (Cambridge).

Pfeffer, F. (1976), *Studien zur Mantik in der Philosophie der Antike* (Meisenheim am Glan).

Philippson, R. (1922), 'Review of Pease', *PhW* 42: 101—107.

Piccaluga, G. (1969), 'Attus Navius', *SMSR* 40: 151—208.

Pigeaud, J. (1981), *La Maladie de l'âme* (Paris).

Poncelet, R. (1957), *Cicéron traducteur de Platon* (Paris).

Radke, G. (1965), *Die Götter Altitaliens* (Münster).

Rankin, H. D. (1987), *Celts and the Classical World* (London).

Reinhardt, K. (1921), *Poseidonios* (Munich).

—— (1926), *Kosmos und Sympathie: Neue Untersuchungen über Poseidonios* (Munich).

Renard, M., and Schilling, R. (eds.) (1964), *Hommages à Jean Bayet* (Brussels).

Reydam-Schils, G. (1997), 'Posidonius and the Timaeus of Plato: Off to Rhodes and Back to Plato?', *CQ* 47: 455—476.

Rhodes, P. J. (1981), *A Commentary on the Aristotelian Athenaion Politeia* (Oxford).

Richer, N. (1998), *Les Éphores: Études sur l'histoire et sur l'image de Sparte* (Paris).

Riginos, A. S. (1976), *Platonica: The Anecdotes concerning the Life and Writings of Plato* (Leiden).

Robinson, A. (1994), 'Cicero's References to his Banishment', *CW* 87: 475—480.

Rochberg, F. (1998), *Babylonian Horoscopes* (Philadelphia).

Rosenstein, N. (1991), *Imperatores victi. Military Defeat and Aristocratic Competition in the Middle and Late Republic* (Berkeley, Calif.).

Rupke, J. (1990), *Domi militiae: Die religiöse Konstruktion des Krieges in Rom* (Stuttgart).

Salmon, E. T. (1967), *Samnium and the Samnites* (Cambridge).

Sambursky, S. (1956), 'On the Possible and the Probable in Ancient Greece', *Osiris* 12: 35—48.

Sandbach, F. H. (1975), *The Stoics* (London).

Sanders, L. J. (1987), *Dionysius I of Syracuse and Greek Tyranny* (London).

Santangelo, F. (2005), 'The Religious Tradition of the Gracchi', *ARG* 7: 198—214.

Schachter, A. (1981—1994), *Cults of Boiotia* (London), i—iv.

Schibli, H. S. (1990), *Pherekydes of Syros* (Oxford).

Schiche, T. (1875), *De fontibus librorum Ciceronis qui sunt de Divinatio-*

ne (Diss. Jena).

Schofield, M. (1986), 'Cicero for and against Divination', *JRS* 76: 47—65.

Schultz, C. (2006), 'Juno Sospita and Roman Insecurity in the Social War',*YCS* 33: 207—227.

Schulze, W. (1904),*Zur Geschichte lateinischer Eigennamen* (Berlin).

Scodel, R. (1980),*The Trojan Trilogy of Euripides* (Göttingen).

Scullard, H. H. (1981),*Festivals and Ceremonies* (London).

Sehlmeyer, M. (1999), *Stadrömische Ehrenstatuen der republikanische Zeit* (Stuttgart).

Seibert, J. (1993),*Forschungen zu Hannibal* (Darmstadt).

Skutsch, O. (1985),*The Annals of Ennius* (Oxford).

Slater, N. W. (2000), 'Religion and Identity in Pacuvius's*Chryses*', in Manuwald (2000: 301—314).

Soubiran, J. (1972),*Cicéron: Aratea. Fragments poétiques* (Paris).

Starr, I. (1983),*The Rituals of the Diviner* (Malibu).

Stewart, R. (1998),*Public Office in Early Rome* (Ann Arbor).

Szemler, G. J. (1972),*The Priests of the Roman Republic* (Brussels).

Theiler, W. (1982),*Posidonius. Die Fragmente* (Berlin).

Thulin, C. O. (1905—1909), *Die etruskische Disciplin* (Gothenburg), i—iii.

Traglia, A. (1966),*La lingua di Cicerone poeta* (Rome).

Treggiari, S. (1991),*Roman Marriage: Iusti Coniuges from the Time of Cicero to the Time of Ulpian* (Oxford).

Tuplin, C. J. (1987), 'The Leuctra Campaign: Some Outstanding Problems',*Klio* 69 (1987), 72—107.

Tylawsky, E. , and Weiss, C. G. (eds.) (2001),*Essays in Honor of Gordon Williams* (New Haven).

Vaahtera, J. (2001), *Roman Augural Lore in Greek Historiography* (Stuttgart).

van der Meer, L. B. (1987),*The Bronze Liver of Piacenza: Analysis of a Polytheistic Structure* (Amsterdam).

van Straaten, M. (1946),*Panétius: Sa vie, ses écrits et sa doctrine avec une édition des fragments* (Amsterdam).

VeglE'ris, E. (1982), 'Platon et le rêve de la nuit',*Ktema* 7: 53—65.

von Staden, H. (1989), *Herophilus: The Art of Medicine in Early Alexandria* (Cambridge).

Wardle, D. (1998), *Valerius Maximus: Memorable Deeds and Sayings, Book I* (Oxford).

Wide, S. (1903), *Lakonische Kulte* (Leipzig).

Wiseman, T. P. (1979), *Clio's Cosmetics* (Leicester).

—— (1994), *Historiography and Imagination* (Exeter).

—— (1995), *Remus: A Roman Myth* (Cambridge).

Wissowa, G. (1912), *Religion und Kultus der Römer*, 2nd edn. (Munich).

Zecchini, G. (2001), *Cesare e il mos maiorum* (Stuttgart).

Ziolkowski, A. (1992), *The Temples of Mid-Republican Rome and their Historical and Topographical Context* (Rome).

图书在版编目(CIP)数据

论占卜/(古罗马)西塞罗著;戴连焜译.
--上海:华东师范大学出版社,2019
ISBN 978-7-5675-9393-0

Ⅰ.①论… Ⅱ.①西… ②戴… Ⅲ.①占卜—研究—古罗马
Ⅳ.①B995.46

中国版本图书馆CIP数据核字(2019)第132008号

华东师范大学出版社六点分社
企划人 倪为国

论占卜

著　　者　（古罗马）马库斯·图留斯·西塞罗（Marcus Tullius Cicero）
译　　者　戴连焜
责任编辑　徐海晴
封面设计　卢晓红

出版发行　华东师范大学出版社
社　　址　上海市中山北路3663号　邮编　200062
网　　址　www. ecnupress. com. cn
电　　话　021－60821666　行政传真　021－62572105
客服电话　021－62865537
门市(邮购)电话　021－62869887
地　　址　上海市中山北路3663号华东师范大学校内先锋路口
网　　店　http://hdsdcbs. tmall. com

印刷者　上海景条印刷有限公司
开　　本　890×1240　1/32
印　　张　10.5
字　　数　210千字
版　　次　2019年12月第1版
印　　次　2019年12月第1次
书　　号　ISBN 978－7－5675－9393－0
定　　价　68.00元

出版人　王　焰

（如发现本版图书有印订质量问题,请寄回本社客服中心调换或电话021－62865537联系）